처음부터
다시 배우는

팀장도 알려주지 않는 기획의 노하우 ;

웹 기획

처음부터 다시 배우는 웹 기획 : 팀장도 알려주지 않는 기획의 노하우

초판발행 2016년 07월 15일
6쇄발행 2022년 07월 15일

지은이 정재용, 최준호, 조영수 / **펴낸이** 김태헌
펴낸곳 한빛미디어(주) / **주소** 서울시 서대문구 연희로2길 62 한빛미디어(주) IT출판부
전화 02-325-5544 / **팩스** 02-336-7124
등록 1999년 6월 24일 제25100-2017-000058호 / **ISBN** 978-89-6848-299-1 93000

총괄 전정아 / **기획** 조희진 / **진행** 홍성신 / **편집** 조경숙
디자인 표지 정은경, 내지 강은영, 조판 이경숙
영업 김형진, 김진불, 조유미 / **마케팅** 박상용, 송경석, 한종진, 이행은, 고광일, 성화정 / **제작** 박성우, 김정우

이 책에 대한 의견이나 오탈자 및 잘못된 내용에 대한 수정 정보는 한빛미디어(주)의 홈페이지나 아래 이메일로
알려주십시오. 잘못된 책은 구입하신 서점에서 교환해 드립니다. 책값은 뒤표지에 표시되어 있습니다.

한빛미디어 홈페이지 www.hanbit.co.kr / 이메일 ask@hanbit.co.kr

지금 하지 않으면 할 수 없는 일이 있습니다.
책으로 펴내고 싶은 아이디어나 원고를 메일(writer@hanbit.co.kr)로 보내주세요.
한빛미디어(주)는 여러분의 소중한 경험과 지식을 기다리고 있습니다.

처음부터 다시 배우는 웹 기획

팀장도 알려주지 않는 기획의 노하우;

정재용 · 최준호 · 조영수 지음

H3 한빛미디어
Hanbit Media, Inc.

지은이의 글

2013년 4월, 이 책의 공동저자인 정재용을 필두로 최준호, 조영수는 "실무 기획자들에게 꼭 필요한 지침서를 만들어보자!!"는 신조로 처음 만났습니다. 그 뒤로 매주 정기적인 미팅을 통해 책에 포함될 내용을 정리하고 각자의 집필 범위를 나눴습니다. 의견을 나누며 이견을 좁히고 같은 생각에 공감해가며 약 1년여에 걸친 즐거운 정리 과정 끝에 원고 초안이 완성되었습니다. 그리고 곧 책이 나올 줄 알았습니다.

책 소개에서도 언급하겠지만, 출간을 위해 여러 출판사와 미팅하는 과정에서 우리가 생각하는 시장과 출판사의 관점이 180도 다르다는 것을 알았습니다. 한마디로 최신 트렌드를 다루지 않았기에 팔리지 않을 거란 우려였습니다. 이러한 현실에 조금은 좌절하기도 했습니다만 우리는 이 책이 필요한 독자가 분명히 존재할 것이라 믿었습니다. 그리고 결국 그 가능성을 알아본 IT/컴퓨터 전문 출판사인 한빛미디어와 정식 계약을 맺기에 이르렀습니다. 그리고 책이 곧 나올 줄 알았습니다. 하지만 그 기쁨도 잠시… 1년여간 정리했던 우리의 원고는 책으로 출판하기엔 많이 부족하다는 사실을 뒤늦게 깨달았습니다. 그때가 2014년 7월입니다.

정말 뒤통수를 세게 맞고 또 맞은 기분이었습니다. 책을 쓴다는 것을 너무 안일하게만 생각했던 탓에 초안 수준의 원고를 출판사에 전달해주면 알아서 뚝딱 책으로 만들어 줄 것이란 순진무구한, 아니 바보 같은 생각을 했던 것이죠. 제대로 상황파악이 된 우리는 속된 말로 멘탈 붕괴가 오고야 말았습니다. 하지만 눈앞에 닥친 원고 제출 일정을 지키기 위해 너덜너덜해진 정신을 다잡고 매일같이 밤샘 집필을 이어갔습니다.

그 결과, 비록 정해졌던 원고 제출 일정보다 늦어지긴 했으나 집필진 한 명 한 명의 많은 기획의 경험들이 원고로 쌓이고, 연구한 자료들이 모이면서 드디어 출간을 앞두게 되었습니다. 점차 변화되는 시장의 흐름에서 시대의 트렌드에 맞추기보다는 기획자로 생활하면서 숱한 실수와 좌절의 순간 그리고 내게 조언을 해줄 사수가 있었다면 이란 아쉬움 속에서 얻어진 기획의 비결을 담은 이 책을 마무리하게 되어 정말 기쁘기도

하고 기획자 선배로서 좀 더 많은 후배분께 조금이나마 도움을 드릴 수 있다는 생각에 보람을 느낍니다.

그동안 많은 격려와 응원을 해주신 기획자분들과 믿고 출간을 진행해주신 한빛미디어 관계자분께 감사드립니다.

저자 소개

정재용 carrotcap@naver.com

입시 소묘 강사 4년, 웹 기획 15년 차. BMBANK, 누리아이씨 등 에이전시를 통해 대기업 전략제휴 및 PM 역할 수행. 이후 에이전시에서 다수 사업 기획, S/W, H/W Platform 구축 등 공공기관, 금융권, 대기업 프로젝트의 제안, 기획 설계 업무를 담당했으며, 웅진패스원에서 이러닝 웹 기획자로 6년간 재직 후 현재는 미국 Houston에서 웹 기획자로 활동하고 있음. "웹을 만드는 사람들" (http://cafe.naver.com/netmaru)에서 4년간 스토리보드 제작기술 웹 기획 강의를 진행하고 있으며, "웹 기획자 story" 블로그(http://blog.naver.com/carrotcap)를 통해 웹 기획 스토리 연재 중.

최준호 live56@naver.com

웹 기획 16년 차, Online, Digital 분야 SME(Subject Matter Expert). 딴지일보, 아이러브스쿨, YES24 등의 회사를 거쳐, 현재 판다코리아닷컴 총괄 PM으로 재직 중. 네이버 "웹을 만드는 사람들"(http://cafe.naver.com/netmaru)에서 운영진으로 활동하고 있으며, 2008년부터 약 8년간 500여 회의 웹 기획 강좌 진행. 웹 기획 블로그인 "야메의 이상한 생각과 공감"(http://www.yamestyle.com)을 통해 웹 기획 가이드 연재 중.

조영수 cysstory@naver.com

웹 기획 9년 차. 여행을 좋아해 6년 넘게 여행 분야의 서비스 기획을 담당하고 있으며 항공권, 숙박, 렌터카, 입장권, 여행정보 콘텐츠 등 모든 분야의 여행 서비스를 경험함. 하나투어의 자회사 투어팁스의 창업멤버로 참여했으며 현재는 옐로트래블랩스 UX팀에서 웹 기획자로 활동하고 있음. 웹 기획 관련 블로그 "IT 기획 연구소" 블로그(http://yslab.kr)를 운영하고 있으며, 기획자와 UX 디자이너를 대상으로 Axure 프로토타이핑 강의 진행 중.

30대 초반의 커리어우먼 엄민혜 씨는 매일 아침 눈을 뜨면 오늘의 날씨를 확인합니다. 출근길 지하철 혹은 버스의 정차 시간을 검색하고, 전자결재로 업무를 처리하기도 하고 친구와 메신저로 안부를 묻고 회식 장소에 어울리는 맛집을 검색합니다. 그리고 여름 휴가지를 검색하려 여행 사이트에 들어갑니다.

이뿐만이 아닐 겁니다. 돌이켜보면 우리는 쉼 없이 인터넷을 이용합니다. 그런데 삶의 필수불가결한 요소 같은 인터넷이 사실 우리 삶에 들어와 생활의 모든 것에 영향을 준 지는 고작 10여 년밖에 지나지 않았습니다. 소수는 이미 1990년대에도 사용했지만, 범용화된 건 2000년대라 할 수 있습니다. 2000년대 초반 불붙기 시작한 인터넷은 누구도 예측하지 못할 만큼 빠른 속도로 퍼졌고 그 확산과 변화의 속도는 정말 엄청났습니다. 흔히 1994년부터 2004년까지 10년을 웹 1.0 시대로 정의합니다. 그로부터 10년이 훌쩍 지난 지금, 우리는 웹 4.0 시대에 살고 있습니다. 이 변화는 '기술이 주가 된 또는 운영체제 중심의 환경에서 점차 개인에게 최적화된 환경 중심'으로 이동한 것이라고 짧게 요약할 수 있습니다.

2000년대 초반의 웹 1.0이 단순히 정보를 제공했다면 웹 4.0인 오늘날은 개인에게 맞춰진 양질의 정보를 맞춤 제공하고 있습니다. 덕분에 사용자는 정보를 찾아 헤매지 않아도 되는 시대에 살고 있습니다. 사용자의 행동 패턴이나 성향 등을 분석하면 정보의 가치가 사용자마다 달라지는데, 이제는 이 정보를 최적화해 사용자에게 제공합니다. 이런 변화는 스마트폰의 등장으로 더욱 가속화되었습니다.

또한, 스마트폰의 등장은 플랫폼에도 큰 영향을 끼치고 있습니다. 최근 몇 년간에 걸친 스마트폰 가입자 수가 4,000만 명[1]에 육박하고 있으며 스마트폰 사용시간이 PC의

저자주

1 — 출처: 미래창조과학부 무선 통신서비스 통계현황('14. 6월 말 기준)

사용시간을 앞지른다는 통계[2]가 보고되고 있습니다. 또한, 플랫폼별 일 평균 이용시간[3]도 Mobile > TV > PC 순으로 역전되어 이에 대응해 인터넷 기반 서비스들의 탈 PC화가 가속되고 있습니다.

이 같은 환경의 변화는 서점에서도 확인할 수 있습니다. 아이폰의 등장과 함께 UI나 UX가 잠시 눈길을 끄는가 했지만, 지금은 빅데이터Big Data와 웨어러블Wearable 등의 최신 트렌드와 관련된 정보와 서적이 넘쳐나고 있습니다. 여러 매체에서도 연일 관련 기사를 다루다 보니, 일흔이 다 되신 제 아버지도 "빅데이터가 뭐냐?"하고 물어보실 정도입니다. 이렇게 빠르게 변화하는 시장의 트렌드를 분석하고 따라가기 위해서는 이전보다 훨씬 많은 노력을 기울여야 합니다.

이러한 상황에서 독자에게 이 책은 어찌 보면 새롭지 못한 낡았다는 느낌마저 줄 수 있다는 점을 저자들도 잘 알고 있습니다. 책을 내겠다니 지인들은 지금이 어떤 때인 줄 잘 아는 사람이 10년 전에나 팔릴 고루한 주제로 책을 내느냐고 걱정합니다. 출간을 위해 여러 출판사와 미팅했을 때도 역시 주제의 진부함과 함께 정유진[4] 시절이라면 모를까, 지금은 웹 기획 출판 시장이 이미 죽었다는 표현과 함께 책의 내용에 UI나 UX, 디자인이나 모바일, 혹은 반응형 웹에 대한 내용도 꼭 넣길 권유했습니다.

지금은 그런 주제가 들어가야 더 잘 팔린다는 것 또한 잘 알고 있습니다. 하지만 지난 2년간 이 책을 집필하기 위해 현업 기획자에게 필요한 것이 무엇인가를 끊임없이 고민한 결과, 하나의 결론에 도달했습니다.

바로 "기본이 없으면, 트렌드도 없다"입니다. 그리고 우리는 트렌드나 기술이 아니라 기본이 중심이 되는, 어떤 책에서도 알려주지 않았던 기본을 익히는 방법을 독자에

저자주

2 … 출처: 유무선 통신서비스 통계현황(미래창조과학부, '14. 6월 말 기준)/스마트폰 보유 및 이용행태 변화 2012년과 2013년 비교(정보통신정책연구원, '13.11), http://me2.do/GgohkDiv

3 … 출처: TV콘텐츠를 소비하는 이용자의 이종 매체확산(닐슨코리아 News Flash, 2014년 제228-2호), http://koreanclick.com/information/info_data_view.php?id=343, 단축URL http://me2.do/FgJyDCjL

4 … 『정유진의 웹 기획론』(한빛미디어, 2003)과 『정유진의 웹 2.0 기획론』(한빛미디어, 2006)의 저자

게 전달하기로 마음먹었습니다. 그래서 '기획의 기본'을 강조한 이 책을 집필했습니다. 기획의 기본을 다지고 기획력을 향상하면 어떠한 트렌드도 대응할 수 있다는 것이 저자들의 생각입니다.

이 책에서는 기획력의 중요성을 기반으로 초보 기획자가 겪게 될 다양한 업무를 어떻게 처리하는가에 대한 노하우가 담겨있습니다. 또한 주니어에서 시니어 기획자로 성장하는 과정에서 알아야 할 방법을 담으려 노력했습니다.

여덟 개의 챕터로 구성된 이 책은 기획의 올바른 이해를 돕기 위한 정의와 기획 과정에서 알아둬야 할 기본 개념들을 담았습니다. 크게 세 파트로 나눠 Part 1은 기획자가 알아야 할 기본 상식과 실 기획 노하우를 담아 처음 웹 기획을 접하는 기획자에게 앞으로 전개될 직무에 대한 이해를 도왔으며 Part 2는 실전 웹사이트 구축하기로 기획자가 실무에서 하게 될 기본적인 도구의 이해와 정책 정의 및 실무 설계 기법을 적용한 스토리보드 작성 가이드를 제공하였습니다. Part 3은 기획자의 성장을 이끄는 팁으로 앞으로 성공적인 기획자로 발전하기 위한 노하우와 방향을 제시하였습니다.

이 책은 웹/모바일 기획자를 꿈꾸는 입문자에게 반드시 권할 내용으로 채웠다고 자부합니다. 또 웹과 모바일 현업 기획자 중에서도 단순 반복적인 스토리보더의 한계를 절감하고, 기획자로서의 정체성을 고민하는 분에게도 추천합니다. 끝으로 웹 디자이너 혹은 웹 개발자 중 웹 기획자로 전향할 계획을 세우고 있거나 기획자의 업무에 관심이 있으신 분들께도 권합니다. 제대로 된 생생한 기획, 생각하는 기획의 정수를 알려주며, 기존에 출간된 웹 기획 관련 서적과는 분명한 차별성을 가진 웹/모바일 기획자를 위한 '개념 정의서'라고 자신 있게 단언합니다.

감사의 글

정확히 언제인지는 기억나지 않지만, 책을 내야겠다는 생각을 조금씩 가질 무렵, 한국 최초 JAVA 챔피언인 양수열 님께서 제게 이런 말씀을 하셨습니다.

"책을 내기 전과 낸 후의 인생이 달라진다."

사실 그 당시에는 그냥 웃고 넘겼습니다. 하지만 책을 준비하는 과정에서 수많은 자료들을 검토하고, 일일이 나열할 수 없는 많은 양의 책을 읽으며 생각을 정리했습니다. 또 많은 이들과의 인터뷰를 통해 실무의 생생한 이야기를 들었습니다. 이런 지식 습득 과정과 고민 그리고 커뮤니케이션을 거쳐 원고를 작성하면서 인생이 변한다는 말씀을 어렴풋이나마 이해할 수 있을 듯합니다. 이 책을 출간하기까지 손에 꼽을 수 없을 만큼 많은 분들께 도움과 격려를 받았으며, 도와주신 모든 분들께 감사의 인사를 전합니다.

2016. 06.
정재용, 최준호, 조영수

CONTENTS

PART
01
기획자가 알아야 할 **기본 상식과 실전 기획 노하우**

PART
02 실전 웹사이트 구축하기

CONTENTS

기획자가 알아야 할
기본 상식과
실전 기획 노하우

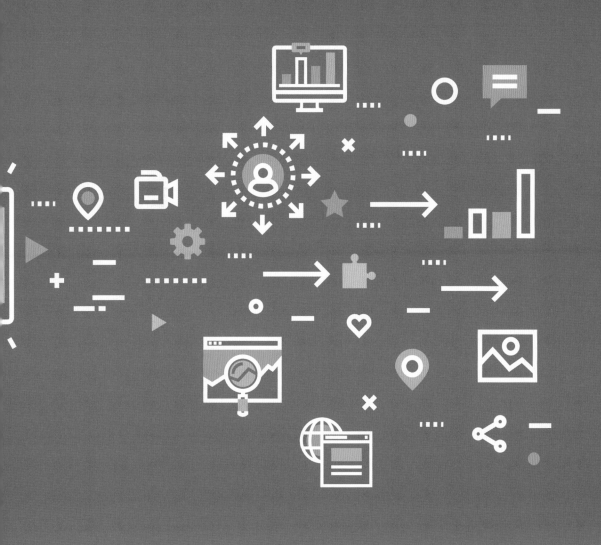

chapter 01

기획자? 웹 기획자!?

뻔한 말이지만 웹/모바일, 시스템 기획도 기획의 한 줄기입니다. 따라서 웹 기획을 잘하려면 당연히 기획력이 있어야 합니다. 여기서 말하는 기획력은 흔히 말하는 스토리보드를 잘 그리거나 웹 관련 전문지식을 많이 안다는 걸 의미하지는 않습니다. 기획력은 주어진 프로젝트에 임하면서 왜 그것을 해야 하는가에 대한 이유를 찾는 사소한 생각에서부터 시작합니다. 그리고 그 이유를 해결하기 위해 특성과 행동 패턴을 연구하고 이를 하나의 솔루션으로 만들어 사람을 움직이는 능력이 바로 기획력입니다.

하지만 실무를 담당하는 기획자 중 상당수는 기획의 초점을 단순히 웹사이트나 모바일 서비스를 예쁘게 만드는 것 또는 고객이 요구하는 기능 중심에 초점을 맞추고 있습니다. 결과적으로 '웹 기획 = 스토리보드를 만드는 일'이라는 한계를 스스로 만들어 기획이 재미없고 단순업무로 느끼는 분들이 많습니다. 이 책에서는 이런 웹 기획에 관한 좁은 시각을 깨트리고 '진짜 웹 기획이 무엇인가?'를 설명하려 합니다. 'chapter 01_ 기획자? 웹 기획자!?[23p]'에서는 대표적인 몇몇 사례를 분석해서 올바른 기획의 역할과 정의를 내리고, 웹 기획자로 성장하는 데 필요한 사전 지식을 전달하겠습니다.

1_ 나? 웹사이트 기획하는 사람이야!!

네, 맞습니다. 이 책을 보는 여러분은 대부분 웹사이트나 모바일을 기획하는 사람, 즉 웹 기획자나 모바일 기획자일 겁니다. 그뿐만 아니라, 웹이나 모바일을 매개로 사업을 진행하는 온라인 기업에 근무하고 있다면 여러분은 그 회사 내에서 핵심적인 역할과 발언권을 지닌 사람이기도 할 겁니다. 그런데 실제로 여러분은 정말로 핵심적인 역할을 담당하고 있나요?

서비스, SI, 에이전시 등 회사의 성격이나 직군을 막론하고 아마도 대다수 기획자는 그렇지 않다고 말할 겁니다. 위를 보면 저마다 한마디씩 하는 경영진들의 의견에 스트레스가 쌓입니다. 대개 의견도 제각각이죠. 여기에 옆을 보니 함께 일하는 디자이너, 개발자 등의 협업 대상자들이 기획이 제대로 안 나와서 일정이 늦어진다며, 기획자를 온갖 투정과 불만을 받아주는 샌드백 또는 온갖 허드렛일 하는 사람 정도로 생각합니다. 여러분의 현실 역시도 이와 크게 차이가 없을 겁니다.

그렇다면, 이런 현실만을 탓하면서 안주하고 있을 건가요? 아닐 겁니다. 여러분은 모두 회사 내에서 핵심적인 역할을 담당할 수 있는 역량을 키우고 또 인정받고 싶을 겁니다. 그렇다면 지금 이 시점부터 '웹 기획자', '모바일 기획자'라는 이름에서 웹과 모바일이란 단어를 과감히 떼고 '기획자'의 시각으로 웹과 모바일을 바라봅시다. 그리고 '어떻게 스토리보드를 그릴까'가 아니라 **'왜 사람들은 우리 서비스를 이용할까?', '왜 사람들이 경쟁사 서비스를 많이 이용할까?'** 바로 이런 것을 한번 생각해봅시다.

웹/모바일 기획자는 온라인 환경에서 기획하는 사람입니다. 환경의 차이만 있을 뿐 기획 그 자체는 달라지지 않습니다. 기획자가 어떤 관점을 가지고 서비스를 만드느냐에 따라 성과물의 차이가 크게 벌어지는데 여기서 이야기하는 관점이란 바로 **웹이나 모바일은 그저 수단에 불과하다**는 인식입니다.

1-1 수단과 목적의 차이?

웹 기획은 수단과 목적으로 구분할 수 있습니다. 웹 기획을 하는 데 있어 **수단은 웹이고, 목적은 기획**입니다. 즉 다시 말해서, "비즈니스 기획을 하는 데에 있어, 웹과 모바일이란 도구를 활용한다"라는 관점으로 웹과 모바일을 기획해야 합니다. 하지만 반대로 생각하는 기획자가 사실 더 많을 겁니다. 즉 "웹을 만드는 것이 목적이고, 여기에 비즈니스를 녹여낸다"와 같은 의미로 웹 기획의 역할을 정의하곤 하는데 이 같은 정의는 웹과 모바일이라는 편협한 테두리 안에 기획자 스스로를 가둬놓는 꼴입니다.

우리가 웹 기획을 하는 데에 있어 분명히 알아야 할 전제 조건은 바로 **'웹사이트를 만드는 이유'**입니다. 왜 웹사이트를 만들까요? 매년 연말에 진행하는 'Web Award'에서 상 받으려고? 뭐, 이런 이유를 완전히 배제할 수는 없지만, 대부분은 사람을 끌어모아 돈을 벌고자 웹사이트를 만듭니다.

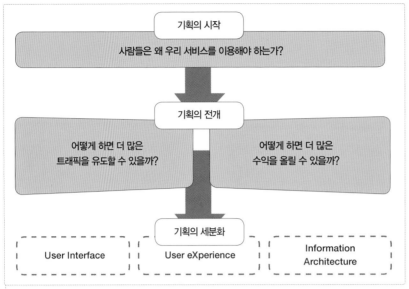

• 그림 1-1 당위성을 기반으로 한 웹 기획의 흐름도

즉 웹 기획에는 돈을 벌기 위한 전략과 방법이 포함되야 합니다. 따라서 전략과 방법이 UIUser interface나 UXUser experience 혹은 IAInformation architecture에 충분히 녹아 있어야 합니다. 하지만 많은 웹 기획자는 전략과 방법을 고려하지 않는 별개의 UI/UX, IA를 기획하곤 합니다. 그런데 이런 이야기를 하면 "돈 버는 방법이야 전략 기획 쪽 일이잖아?"라고 반문하는 분이 있습니다. 네, 물론 전략 기획 혹은 사업 기획이 따로 있습니다. 하지만 웹 기획자가 "돈을 벌어야 한다"는 대전제를 이해하지 못하는 상황이라면 돈을 버는 방법이 있다 한들 큰 도움이 되지 않을 겁니다. 목적은 돈을 버는 건데 그 목적을 구현해야 하는 웹사이트가 목적을 모른다면 당연히 좋은 성과가 나기는 힘들 겁니다.

따라서 웹 기획자도 목적으로써의 기획, 즉 '왜 사람들은 이 서비스를 이용할까?'나 '돈을 벌수 있는 방법' 등의 사람을 끌어모을 수 있는 방법을 충분히 고민해야 하며 그에 맞는 수단으로써의 웹이나 애플리케이션을 만들어야만 성과 역시 극대화할 수 있습니다.

1-2 당위성, 가치 제안을 먼저 고민하자!!

여기서의 당위성이란 앞에서 언급한 바 있는 **'왜?'** 입니다. "왜 사람들은 우리 서비스를 이용하지 않고, 경쟁사 서비스만 이용할까?"와 같은 고민을 통해 당위성을 수립하게 되는데 당위성은 서비스의 핵심적인 가치Value입니다. 이 가치를 부여하지 않은 서비스는 잠시 이슈가 될 수 있을지언정 오래가는 서비스는 만들 수 없습니다. 실제로도 많은 웹사이트, 모바일 서비스가 이러한 당위성의 유무에 따라 반짝했다가 사라졌습니다. 몇몇 사례를 들어보면 2000년대 초반에 서비스했던 아이러브스쿨(http://www.iloveschool.co.kr)이나 2000년대 중반 UCCUser Created Contents 열풍을 이끌었던 판도라TV가 있습니다.

* **그림 1-2** 온라인 동창회라는 개념으로 한 획을 그은 아이러브스쿨(http://www.iloveschool.co.kr)

아이러브스쿨은 0.5세대 혹은 1세대 SNS라 할 수 있습니다. 학창시절을 추억하며 오프라인 상에서만 간간이 이루어졌던 동창회를 온라인 환경으로 이끈 서비스로, 단시간 내 천만 명의 실명회원을 보유하며 폭발적으로 성장했습니다. 이런 성과를 바탕으로 아이러브스쿨은 벤처기업의 신화로 자리매김했었습니다. 하지만 큰 이슈도 잠시, 온라인 동창회라는 개념적인 당위성만

이 존재할 뿐 "어떻게 돈을 벌어야 하는지?" 같은 구체적인 당위성을 갖추지 못했습니다. 이런 상태가 계속되다 보니 의도치 않게 얻었던 온라인 동창회라는 콘셉트에서 발전하지 못했습니다.

1-3 당위성이 좌우한 UCC 서비스의 성패

2006년 즈음에 이슈가 되기 시작한 판도라TV나 엠군도 급속히 성장했다가 당위성의 부재로 인해 명맥을 이어가지 못한 채 잊혀졌습니다. 그렇다면 비슷한 시기에 서비스를 시작한 해외의 UCC 서비스인 유튜브(http://www.youtube.com)는 어떨까요?

2005년에 창립된 유튜브는 1년 뒤인 2006년 구글이 16억5천만 달러에 인수했습니다. 현재 유튜브는 UCC 서비스의 독보적인 위치를 차지하고 있으며 아마도 유튜브를 위협할 경쟁 서비스는 한동안 나타나기 힘들 겁니다. 애당초 유튜브는 '오프라인상에서 생성된 사용자들의 동영상을 온라인으로 편리하게 공유'하고자 하는 목적을 기반으로 만들어졌습니다. 앞서 이야기한 '왜'라는 당위성이 명확했습니다. 이 당위성의 근거를 조금 더 풀어보면 다음과 같은 세 가지로 요약할 수 있습니다.

1. 70년대 비디오카메라가 각 가정으로 보급된 뒤로 각 가정에는 성장/파티/결혼 등의 동영상 비디오테이프가 넘쳐납니다.
2. 비디오테이프는 공간을 많이 차지하는 데다 장기간 보관하기가 힘듭니다.
3. 동영상을 온라인으로 옮겨 공간의 제약을 덜 받으며 동시에 장기간 보관하고 공유할 수 있는 서비스를 만들어봅시다.

바로 이 세 가지가 유튜브를 만든 이유이자 서비스가 성립하고 유지될 수 있었던 당위성입니다. 하지만 국내 서비스는 서비스의 당위성은 고려하지 않은 채 동영상 파일을 플래시 파일로 변환하는 기술적인 특징만을 내세웠습니다. 그 결과 국내에 UCC 서비스가 활성화되던 시기에도 사용자가 직접 동영상을 찍거나 만들기에는 인프라의 부재가 심각했습니다. 그래서 국내 UCC 서비스 사이트에는 사용자 참여 콘텐츠는 없고 저작권을 무시하고 게재한 영화, 드라마, 애니메이션 등이 전체 동영상의 90% 이상을 기록할 정도였습니다. 국내 UCC 서비스는 User Created Contents가 아닌 User Copy Contents로 변질됐다고 할 수 있습니다.

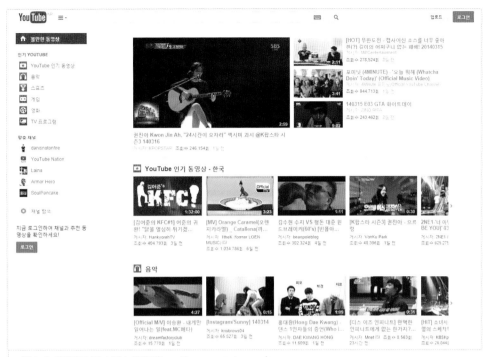

* 그림 1-3 동영상 UCC 서비스 유튜브(http://www.youtube.com)

뒤늦게 국내 UCC 서비스 업체가 이러한 상황을 깨닫고 UCC의 의미에 부합하는 콘텐츠를 확보하고자 노력했지만, 결국 국내 시장을 유튜브에 넘겨주게 된 것입니다(한동안 UCC를 가장한 자체 콘텐츠 촬영팀을 운영하기도 했습니다). 이 시점에서 "초창기 국내 UCC 서비스가 유튜브와 같은 당위성을 가지고 있었는가?"에 대해 생각해볼 필요가 있는데 결과적으로 그렇지 못했습니다. 그 이유를 하나씩 되짚어보면 다음과 같습니다.

1 캠코더를 가지고 있는 사용자가 흔치 않습니다.
2 휴대폰으로 촬영한 동영상을 인터넷으로 올리기가 쉽지 않습니다.
3 한국 사람들은 카메라를 접했을 때 당혹스러워하거나 익숙하지 못합니다.

이러한 요소가 바로 국내 UCC 서비스를 죽게 만든 원인이라 할 수 있습니다. 이처럼 당위성이 없는 서비스는 잠깐의 이슈를 만들 수야 있겠지만, 지속적인 성공을 보장할 수는 없습니다. 따라서 웹 기획자는 서비스의 근간이 되는 당위성을 먼저 고민하여 기획해야만 합니다.

1-4 UI나 UX는 수익 최적화에 초점을 맞춰야 한다. 하지만...

앞에서 이야기했듯이 웹이나 모바일로 돈을 벌려면 '왜?'라는 당위성을 고민해야 합니다. 하지만 지금 이 시간에도 현업 기획자들은 대부분 UI(사용자 인터페이스)나 UX(사용자 경험)를 강조하는 웹사이트를 만드는 데 열을 올리고 있습니다. 이는 알맹이 없이 껍질만 보는 격입니다.

이러한 상황은 기획자나 서비스에 이롭지 못한 결과를 초래할 수도 있다는 사실을 알아야 합니다. 그렇기에 더 이상 '웹사이트를 만든다, 애플리케이션을 만든다'가 아닌 '기획'이라는 단어의 의미에 부합하는 생각과 고민을 해야 합니다. 이를 통해 웹 기획자 스스로 자신의 영역을 확장하며 서비스에 가치, 즉 생명력을 부여하는 것이야말로 진정한 '웹 기획'이라고 생각합니다.

2_ 웹 기획에는 어떤 영역이 있을까?

외견상으로 볼 때 웹 기획자는 웹을 기획하는 것이 맞습니다. 하지만 좀 더 깊이 내용을 들여다보면 웹사이트의 시작에서부터 끝까지 기획자의 손이 가지 않는 일이 없다고 해도 과언이 아닐만큼 업무의 영역이 상당히 폭넓은 편입니다. 기획자의 일을 세분화하기에 앞서 웹 기획과 직간접적으로 연관된 기획 포지션에 대해 먼저 알아보겠습니다.

기획은 사회에서 만들어진 필요에 따라 점점 더 세분화되고 있습니다. 이중 대표적인 유형으로는 SAsystem architecture 기획, 서비스 기획, 마케팅 기획, 운영 기획 등이 있으며, 이 상위 단계에 전략 기획 또는 사업 기획이 있습니다. [그림 1-4]를 보면 기획의 흐름을 간단하게나마 확인할 수 있는데 최상위에 있는 전략 기획부터 하나씩 설명하겠습니다.

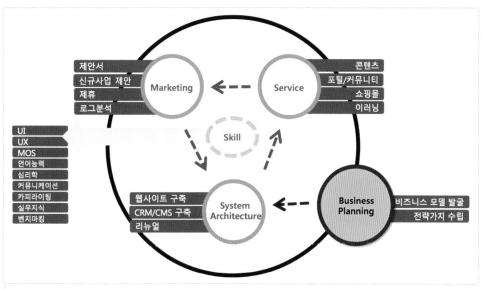

• 그림 1-4 웹 기획과 관련된 직간접적인 기획 포지션의 흐름도

2-1 전략(사업) 기획 : 통찰력을 통한 비즈니스 모델의 발굴

전략 기획은 사업의 핵심적인 비즈니스 모델을 발굴하고 그 모델의 처음과 끝을 그리는 포지션입니다. 전략이나 비즈니스 모델과 같은 단어 탓에 웹 기획과는 전혀 다른 분야라고 생각하는 경우도 있는데 웹이라는 수단을 활용해 사업적 가치를 창출한다는 점에서 웹 기획과 업무적으로 주요 부분을 공유합니다.

전략 기획은 투자 대비 효용성을 극대화해야 합니다. 또한, 다양한 방법으로 정보를 취합하여 기획한 내용이 최상의 결과물로 이어질 수 있도록 위험 요소를 사전에 예방해야 합니다. 또 이상적인 가치가 아닌 현실적인 가치를 계산하여 사업의 전략을 세우는 영역입니다. 전략 기획은 SA 기획, 서비스 기획, 마케팅 기획의 상위에서 큰 틀을 설계하게 되며, 웹사이트 구축 이후의 사후까지 예측해야 합니다. 따라서 보통 7년 차 이상의 경험이 많은 시니어급 기획자가 전략 기획 업무를 담당합니다.[1]

아울러 전략 기획은 다른 기획 포지션에서 수행하는 업무와 달리 아이디어의 구체화 측면보다는 통찰력을 바탕으로 투자 가치를 발굴하여 해당 프로젝트의 수용 여부를 결정하게 됩니다. 그렇기 때문에 전략 기획 업무를 수행하는 기획자는 트렌드나 사회현상, 이와 관련된 각종 통계 데이터를 객관적으로 바라보는 시각을 키워야 합니다. 전략 기획에 대한 방법론은 이후 'chapter 03_ 웹사이트 구축 워밍업[51p]'에서 자세히 다루겠습니다.

2-2 SA 기획 : 경험 기반의 아이디어 실현

SA[2] 기획이란 말 그대로 시스템의 구조를 설계하고 개념에만 머물러 있는 비즈니스를 현실화하는 업무입니다. SA 기획자는 시대의 트렌드에 맞춰 하드웨어 및 소프트웨어에 대한 논리적인 지식과 그에 수반되는 프로젝트에 대한 진행방법론을 알고 있으며, 대부분 웹 에이전시에서 프로젝트의 PM 역할을 수행하는 기획자입니다.

SA 기획은 전략 기획에서 도출한 아이디어를 구체화하고 설계하여 아이디어를 현실화하는 과정을 이끄는 업무 분야입니다. 전략 기획에서 수립된 비즈니스 모델을 구체화하는 위치인 만

저자주
----

1 ⋯ 간혹 전략 기획 업무에 주니어급 인력이 배치되기도 하지만, 이들의 실질적 업무는 전략 기획의 객관적인 근거수립을 위한 데이터 리서치와 브레인스토밍 등의 보조역할에 국한된다.

2 ⋯ System Architecture. 현업에서는 SI 즉 System Integration으로 부르기도 하지만, 의미상으로는 SA가 더 정확한 표현이다.

큼 기획자의 시각과 경험, 방법론이 프로젝트의 성패를 좌우하는 편입니다.

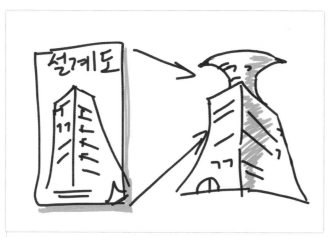

＊ 그림 1-5 설계를 무시한 건물은 문제가 생길 수밖에 없습니다.

　예를 들어 건물을 짓는다고 가정할 때, 설계 도면상에는 층간 높이가 240cm로 나와 있음에
도 현장소장이 "층간 높이를 180cm로 잡고 10층으로 만들 건물을 20층으로 올리자"며 공사를
진행한다면 최초 설계 당시 고려했던 고객의 요구나 설계의 방향성은 완전히 무시됩니다. 이렇
게 만들어진 건물은 다 부수고 새로 지어야 하는 상황에 직면하게 될 겁니다.

　그렇기에 SA 기획은 실무지식과 경험이 많은 시니어급이 담당하는 것이 일반적입니다. 기획
자에게 경험의 중요성은 어떤 미사여구로도 부족할 만큼 중요합니다. 기획자가 게시판을 설계
할 때 대부분은 제일 먼저 기존에 기획했던 게시판에 대한 경험을 끄집어냅니다. 예컨대 "게시
판에는 게시판 목록과 읽기, 쓰기(수정) 페이지가 있어야 하고"와 같은 경험을 떠올립니다. 그
리고 그 경험을 토대로 게시판에 들어갈 요소와 관리자 페이지에서 해당 게시판을 어떻게 관리
할 것인가를 설계할 겁니다. 통상적으로 기획자는 경험에 의한 사고와 현실로서의 가치를 통해
설계 완성도를 높입니다.

　SA 기획자는 프론트 설계부터 운영까지 플랫폼 전체를 고려해야 하며, 이들이 디자인과 개
발 요소보다 우선시해야 하는 과제는 그것을 운영하는 주체의 기술적 능력과 효용성입니다.
SA 기획 업무는 'chapter 04_ 깔끔하게 마무리 짓는 웹사이트 구축[105p]'에서 자세히 다
루겠습니다.

2-3 서비스 기획 : 정보 제공의 카운슬러

혹자는 서비스 기획이 마케팅 기획과 비슷하다고 생각합니다. 물론 두 기획에는 일부 교집합 영역이 있지만, 실제 업무는 굉장히 다릅니다. 서비스 기획은 기존에 구축한 웹사이트 또는 프로세스가 정해져 있는 고객과 최종적으로 만나는 지점에서 고객에 대한 서비스의 질 향상과 개선을 생각해야 하는 영역입니다.

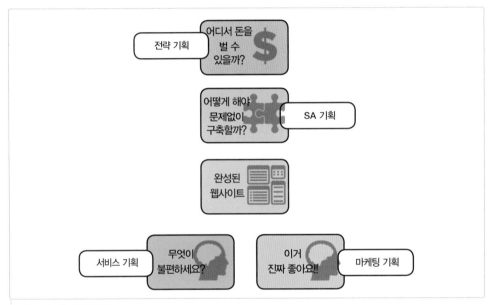

• 그림 1-6 각 기획의 관점

백화점을 예로 들어볼까요? 서비스 기획은 백화점 내의 점포를 임대하고 그 점포에서 고객이 요구하는 서비스를 기획하여 고객의 방문 의도에 맞게 서비스를 제공하는 영역입니다. 반면 마케팅 기획은 백화점 밖에 있는 사람들을 매장 내로 끌어들이거나 밖으로 나가 방문판매 방식으로 고객의 의사를 이끌어내는 영역입니다.

서비스 기획의 역할은 두 가지로 나눌 수 있습니다. 먼저 첫 번째 역할은 고객의 지불 의사를 이끌어내는 일입니다. 그러려면 고객의 방문 방법과 성향에 따라 온라인 또는 오프라인의 제품이나 서비스를 분류해 고객 개개인에게 맞는 제품을 선보여야 합니다. 두 번째 역할은 고객의 재방문 의사를 이끌어내는 일입니다. 이때는 고객의 방문 목적에 맞춰 서비스를 제공해야 합니다.

여기서 우리는 서비스 기획 영역에서 다루는 기술이 콘텐츠의 생산과 정보제공의 카운슬러라는 점을 알 수 있습니다. 콘텐츠의 생산은 현업에서의 기술적인 부분을 좀 더 가치 있게 고객에게 포장 및 전달하여 고객이 그 가치를 기준으로 상품의 구매 욕구를 불러일으키게 하거나 제공되는 정보의 양적, 질적 만족감으로 지갑을 열도록 하는 것입니다.

서비스 기획은 대체적으로 이미 있는 플랫폼을 중심으로 고객에게 제공되는 가치에 새로운 가치를 더하는 역할입니다. 또한, 지속적으로 고객과 소통하며 고객의 충성도를 높이기도 합니다. 서비스 기획이 자칫 "SA 기획과 달리 창조적인 기획자의 역할에서 벗어난 것은 아닌가?"라는 질문을 하는 기획자가 많습니다만, 서비스 기획은 창조를 뛰어넘어 고객의 심리를 꿰뚫는 심리학적 관점이 필요한 영역으로 IT 시장이 발전하면 할수록 그 효용가치는 점점 높아지고 있습니다.

2-4 마케팅 기획 : 숨어있는 1%의 경쟁력

최고의 마케팅 기획은 "잘 파는 것이 아니라 팔릴 수밖에 없는 상품을 선택하는 것이다!"라고 이야기하기도 합니다. 보통 마케팅이라 하면 기존의 제품을 잘 포장하여 소비자에게 내놓는 판촉 활동을 떠올리지만, 사실 마케팅 활동을 하다 보면 우수한 제품도 인프라가 형성되어 있지 않으면 판매하기 쉽지 않다는 것을 깨닫습니다.

마케팅 기획은 유·무형의 제품을 사용자들에게 알리고 판매로 이어지도록 대상고객을 분석하고 잠재적 소비자군을 발굴하는 역할을 수행합니다. 이 과정에는 마케팅 이론이 필요합니다.

최근 온라인을 기반으로 하는 기업의 마케팅 기획 영역은 정보의 노출을 통한 판매에 그 초점이 맞춰져 있습니다. 서비스 내외부의 고객을 대상으로 이벤트 프로모션을 기획하거나, 검색엔진을 활용한 키워드 마케팅, 카페나 블로그, SNS를 통해 상품의 판매를 직간접적으로 지원하게 되는데 이러한 일은 이 책에서 언급하지 않는 홍보 기획과 업무가 어느 정도 비슷하게 보이는 것은 사실입니다. 하지만 마케팅 기획은 단순히 알리는 데 그치지 않고 자신이 속한 기업 제품의 우선 경쟁력을 찾고 제품의 포지셔닝 전략과 함께 세상의 모든 관련 제품에 대해서도 습득해야 하며 시장과 제품의 변화에 민감해야 합니다.

"마케팅 기획 부서는 버는 것도 없이 돈이나 펑펑 쓴다"라는 시각도 일부 있습니다. 분명 타 기획 영역에 비해 적지 않은 고정비가 소요됩니다. 하지만 돈을 써야만 마케팅을 할 수 있는 것은 아니며, 비용 없이 할 수 있는 마케팅 방법을 개발하고 이를 적극적으로 활용하는 것 역시도 마케팅 기획의 몫이라 할 수 있습니다.

2-5 스킬과 기획의 상관관계 : 닭이 먼저일까? 달걀이 먼저일까?

[그림 1-4]를 다시 보면 기획 분야 옆에 UI/UX, 문서작성 능력(MOS), 언어능력, 심리학, 커뮤니케이션, 카피라이팅 등 기획자가 익혀야 할 다양한 스킬이 있습니다. 스킬은 기획자의 역량을 판단하는 척도가 되기도 하며 기획의 표현 범위를 결정짓거나 연결 고리가 되기도 하는, 음식으로 따지면 양념과도 같은 존재입니다.

스킬은 보통 업무 연차가 쌓이면서 자연스럽게 습득하지만, 역량은 한 단계 높이려면 독서나 학습 등을 통해 지식을 쌓아야 합니다. 이 과정에서 스킬을 기획과 동일시하거나 혹은 기획 이상으로 여기기도 하는 문제점이 있습니다. 근래 특히 UI와 UX를 이렇게 보는 경향이 있습니다.

일부 기업이나 취업 사이트의 직종 카테고리를 살펴보면, UI/UX 기획이 있고, 또 이들 기획자를 채용한다는 안내가 자주 눈에 띕니다. 그러나 엄밀히 따지면 UI/UX는 정통적인 기획이라 할 수 없습니다. UI/UX는 HCIHuman Computer Interaction, 즉 사람과 컴퓨터의 상호 관계에 있어 더 편리하고 쉽게 작용할 수 있는 요소를 디자인하고 평가하는 과정에서 파생된 분야입니다. 다시 말해서 디자인의 영역 또는 웹 디자이너가 중요하게 봐야 할 영역입니다.

하지만 실무 기획자들은 종종 UI/UX를 기획 본연의 일로 생각합니다. 그 결과 기획을 하지 못하는 기획자, 자신이 기획한 서비스에 사람들이 찾지 않는 이유를 모르는 기획자들이 늘어나고 있습니다. 물론 UI/UX를 폄하하는 것은 아닙니다. 웹이나 모바일에서 상당히 중요하다는 점은 분명하고, UI/UX의 트렌드가 어떻게 변하는지 잘 캐치하는 것도 중요합니다. 하지만 기획자에게 UI/UX는 스킬, 그 이상도 이하도 아니라는 점을 분명히 인식하고 있어야 하며, 스킬을 익히기 이전에 현재 만들어야 할 제품의 가치를 찾고 그것을 이용하는 고객을 이해하기 위한 학습과 노력이 선행되어야 한다는 점은 꼭 기억하시기 바랍니다.

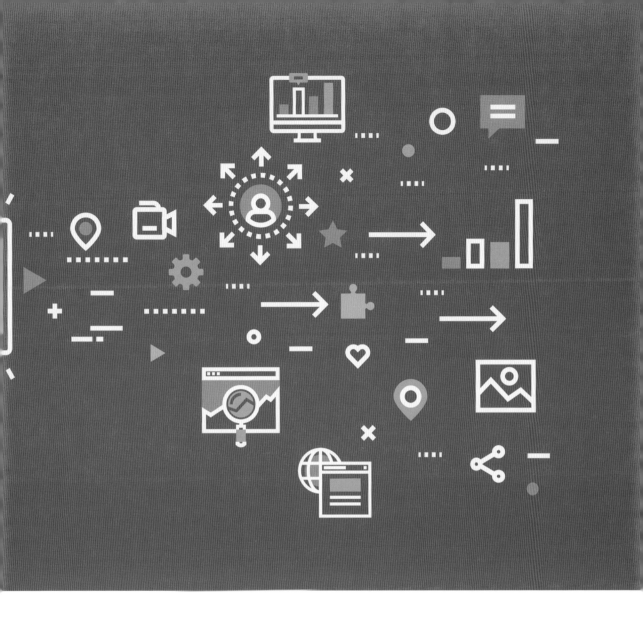

chapter 02

웹사이트 구축
체크리스트

1_ 왜 이 기획을 해야 하는가?

서비스를 기획할 때 가장 먼저 "왜?"라는 질문에 답할 수 있어야 합니다. 바로 여기에 기획의 목적과 이유가 있기 때문입니다. 기획 업무를 진행하다 보면 상사의 강압 또는 촉박한 일정으로 인해 본인 스스로 이해하지 못하는 기획을 진행하게 되는 경우가 발생합니다. 기획은 사업의 방향이고 실행을 위한 설계도인데, 기획자 스스로 이해하지 못하는 프로젝트의 경우 기획의 완성도가 떨어지고 협업 관계자들의 질문에 말문이 막히게 됩니다. 그리고 프로젝트는 점점 산으로 흘러갑니다.

기획자인 우리는 왜 이 기획을 해야 하는지에 대해 스스로 자문해보고 답할 수 있어야 합니다. 어떤 누구에게 사업 설명을 하더라도 짧은 문장으로 설명하고 이해시킬 수 있어야 합니다. 그래야만 제대로 된 방향을 잡을 수 있습니다. 예시를 통해 살펴보겠습니다.

예시 1) 카카오 택시

- **아이디어:** 모바일 위치 기반 택시 중개 서비스
- **기획 이유:** 택시 기사는 유휴시간 없이 많은 고객을 태우기 원하고, 고객은 기다림 없이 택시에 탑승하길 원합니다. 모바일 위치 기반 서비스를 이용하면 고객의 현재 위치를 중심으로 주변 택시를 연결해줄 수 있고, 고객과 택시 기사 모두 만족할 수 있는 서비스가 될 수 있습니다.
- **기대 효과:** 택시 중개를 통한 수익 창출

예시 2) 피키캐스트

- **아이디어:** 모바일 콘텐츠 큐레이션 서비스
- **기획 이유:** 기성 뉴스는 다소 딱딱하고 재미 위주의 콘텐츠가 부족합니다. 사람들이 좋아할 만한 재미 위주의 콘텐츠를 제작해 모바일에 최적화된 형태로 제공하면 젊은 층을 중심으로 많은 사람을 끌어모을 수 있을 것으로 예상합니다. 미국에서는 버즈피드가 이러한 유형의 서비스를 운영하고 있으며 2014년의 매출은 약 1,100억 원을 넘어섰습니다.
- **기대 효과:** 트래픽 기반 광고 수익 창출

예시 3) 백오피스 개선

- **아이디어:** Admin Tool 매뉴얼 기능 강화
- **기획 이유:** 자사 쇼핑몰 솔루션 가입자에게 제공되고 있는 Admin Tool의 운영 숙련도가 떨어지는 것으로 파악되었습니다. 이 같은 원인은 솔루션 사용자에 대한 지속적인 교육 지원 및 관리 부족과 함께 사용자의 문의사항

을 즉시 해결해 줄 수 있는 이용 가이드의 불편함으로 인해 초래되는 문제로 추측됩니다. 이를 해결하고자 기존에 PDF로 제공했던 Admin 이용 가이드를 웹 문서화하고, DB로 구축하여 각각의 메뉴와 연동되는 구조로 개편하여 사용자의 편의성과 함께 Admin Tool에 대한 고객 숙련도를 높이고자 합니다.

- **기대 효과:** 솔루션 이용 고객 만족도 증가 및 CS 상담 업무 감소

수익을 목적으로 하는 사업이라면 기대 효과에 상세한 수익모델을 담는 것이 좋습니다. 수익모델의 종류는 **IT 업계 수익모델**[1] 글을 참고하시기 바랍니다.

저자주

1 — IT 기획 연구소의 'IT 업계 수익모델 총정리'(http://yslab.kr/35, 작성자 조영수)

2_ 주요 고객은 누구인가?

왜?라는 질문을 통해 기획의 방향을 찾았다면 다음으로 서비스를 이용할 주요 고객을 설정합니다. 고객이 있어야 서비스가 존재할 수 있고, 고객 니즈Needs에 맞게 서비스가 구축되어야 오랫동안 지속될 수 있습니다. 간혹, 모두를 대상으로 서비스를 만드는 경우가 있는데 이 경우 누구도 만족시키지 못하는 서비스가 만들어질 가능성이 높습니다. 따라서 주요 고객을 설정하고 이들을 먼저 만족시켜야만 합니다. 주요 고객이 만족하면 자발적인 입소문이 발생하고 이를 통해 일반 고객들이 유입되는 선순환 구조가 만들어질 수 있습니다. 주요 고객을 설정하는 방법은 생각보다 간단합니다. 연령, 성별, 나이, 직업, 취미 등을 고려해 특정 그룹으로 분류하고 대표되는 특징을 뽑아 그룹의 성격을 정의합니다. 그룹의 성격이 정의된 다음에는 그들의 니즈를 철저히 분석해 서비스에 적극 반영해야 합니다. 감으로 하는 기획이 아닌 고객 요구를 바탕으로 기획되어야 서비스의 성공 확률을 높일 수 있습니다.

예시 1) B2C 서비스 주요 고객

- **스트라입스(남성 맞춤 정장 판매):** 20~50대 직장인 남성 고객
- **마이리얼트립(현지 여행 가이드 중개):** 20~40대 해외여행자
- **헬프미(법률 서비스 중개 및 콘텐츠 제공):** 상담이 필요한 법률 소비자

예시 2) B2B 서비스 주요 고객

- **잔디(업무용 메신저):** 100인 이상 중소사업장

예시 3) 내부 고객

- **CRM 시스템 개편:** 운영에 불편함을 겪고 있는 CS 상담원

3 _ 목표 달성을 위한 핵심 요소는 무엇인가?

사업 방향과 주요 고객이 결정되었다면, 목표 달성을 위한 핵심 요소를 확인해야 합니다. 핵심 요소는 서비스 성격에 따라 1개 또는 그 이상이 될 수 있으며 시장, 경쟁사, 자사 분석을 통해 찾아낼 수 있습니다. 핵심 요소는 상품, 콘텐츠, 제휴 등 웹 서비스의 외적인 요소가 많습니다. 따라서, 서비스 구축 단계에서부터 미리 준비해야 합니다. 서비스 오픈 후에는 늦을 수 있습니다.

예시 1) 커머스 서비스
- **소셜커머스:** 우수 영업사원 채용을 통한 가성비 좋은 상품 입점
- **오픈마켓:** 다수의 판매자 입점

예시 2) O2O 중개 서비스
- **야놀자:** 모텔 가맹점 제휴
- **배달의 민족:** 음식점 가맹점 제휴
- **카카오택시:** 택시 기사 모집
- **마이리얼트립:** 현지인 가이드 모집

예시 3) 콘텐츠 서비스
- **피키캐스트:** 재미, 흥미 위주의 콘텐츠 제작 인프라
- **투어팁스:** 가이드북 제작 인프라
- **잡플래닛:** 기업평가 DB

4_ 서비스 채널

아이디어, 고객, 핵심역량 정의를 통해 사업 전반의 밑그림을 완성했다면 어떤 채널을 통해 고객에게 다가갈지 서비스 채널을 결정해야 합니다. IT 1세대에서는 PC 웹 서비스가 주를 이뤘지만 이제는 PC 웹, 스마트 TV, 모바일, 태블릿, 스마트워치, 사물인터넷 등 그 범위가 무한히 확장되고 있습니다. 가능하다면 고객이 이용할 수 있는 모든 채널을 통해 서비스를 배포하면 좋겠지만 서비스가 특정 채널에 특화되어 있거나 예산이 제한되어 있는 경우 대표 채널을 선택해야만 합니다. 각각의 채널별로 특장점이 있으니 서비스 오픈 전에 미리 체크해보고 어떤 채널을 통해 어떠한 형태로 서비스를 제공할지 결정해야 합니다.

- **PC 웹:** 프론트와 백오피스, 기본 브라우저와 최저 해상도, 개발 언어와 데이터베이스 등 체크
- **모바일:** 네이티브 앱, 하이브리드 앱, 모바일 웹/안드로이드와 iOS 중 어떤 것을 선택할지 체크

다음 [표 2-1]은 네이티브 앱과 모바일 웹의 특장점을 비교한 표입니다. 고려할 채널을 다음과 같이 표로 만들어 각각의 장단점을 비교해봅시다.

표 2-1 네이티브 앱과 모바일 웹의 특장점 비교

구분	네이티브 앱	모바일 웹
소요비용	고비용	저비용
개발 기간	1달에서 3달가량 소요	약 1달가량 소요
개발이슈	스마트폰 내에서 구동되는 애플리케이션이기 때문에 애플리케이션의 성격에 따라 대상 하드웨어, 즉 CPU의 성능이나 메모리의 관리 및 사용할 수 있는 리소스 등 많은 기반지식을 가지고 있어야 한다.	기존에 웹 개발 정도의 지식을 가지고 있다면 별도의 기반 지식을 갖출 필요가 없다.
유저환경	최적화된 UX만 고려된다면, 모바일 웹에 비해 빠르고 인터랙티브한 사용자 환경 제공이 가능하다.	브라우저를 통한 웹 호출로 서비스를 제공하기 때문에 와이파이나 3G 망의 회선 속도에 따라 사용자별 체감 속도가 다르며, 매번 웹을 호출하기 때문에 능동성이 떨어진다.
최초접근	기본적으로 아이튠즈나, 구글스토어 등의 애플리케이션 스토어를 중심으로 배포되며, 대부분의 사용자들은 이들 스토어를 통해 애플리케이션에 접근한다.	각 스마트폰에 탑재된 브라우저를 실행하여, URL을 입력해 해당 서비스에 접근한다.
운영 관리	업데이트 또는 버그 등의 개선 이슈 발생 시, 각 OS의 기술적인 검토를 받는 과정이 존재하여 상대적으로 신속성에 따른 대처가 떨어진다.	자사의 웹 서버에 등록된 웹 페이지의 변경 등을 통해 빠른 대처가 가능하고, OS 정책에 영향을 받지 않는다.
기타사항	능동적인 운영 관리가 취약하기 때문에 개발 후, 크리티컬한 버그를 잡기 위한 적지 않은 시간과 노력이 필요하며, 이를 간과할 경우 사용자의 클레임 요소가 다분하다.	브라우저를 통한 2차 접근이 필요하므로 애플리케이션에 비해 사용자 접근성이 떨어진다(즐겨찾기나 홈 화면을 통해 커버할 수 있으나, 상당수의 사용자는 이러한 기능을 인지하지 못한다).

5_ 프로젝트 멤버

사업 방향과 서비스 채널이 결정되었다면 이제 인력 계획을 세워야 합니다. IT 프로젝트를 수행하는 멤버는 직군별로 기획자, 디자이너, 퍼블리셔, 개발자로 구분할 수 있습니다. 조금 더 깊게 들어가면 마케터, 콘텐츠 에디터, MD, 인사/재무, CS 인력도 필요합니다. 인력 계획을 세울 때에는 내부에서 직접 제작할지, 전문업체를 통해 외주 제작할지를 결정해야 합니다. 내부 진행 시에는 전문성과 함께 융화성이 좋은 멤버를 프로젝트 멤버로 참여시키는 것이 유리하며, 외주로 맡길 때에는 경험이 풍부하고 실력 있는 수행사를 선택하는 것이 중요합니다. 어떤 형태의 프로젝트팀이 좋다고 단정 지을 수는 없지만 해당 산업에 대한 경험이 풍부하고 손발을 오랫동안 맞춰본 팀일수록 보다 나은 결과물을 뽑아낼 확률이 높습니다.

> **기획자:** 해당 산업에 대한 경험 및 전문성, 커뮤니케이션 능력 체크
>
> **디자이너:** 웹 기반, 모바일 기반, 과거 포트폴리오 체크(본인 결과물 검증 필요)
>
> **개발자:** 해당 산업에 대한 경험, 개발 언어, 개발 레벨 체크(레벨 테스트를 진행하는 회사도 있음)

6_ 서비스 오픈 시점

이제 체크리스트의 최종 단계로 서비스 오픈 시점을 결정해야 합니다. 오픈 시점을 결정하는 정석적인 방법은 고객이 가장 많이 이용하는 시점을 기준으로 세우는 것입니다. 여행 산업의 경우 7월부터 성수기에 접어들고 6월부터 매출이 급증하는 패턴을 보입니다. 따라서 신규 서비스를 오픈하거나 서비스를 새 단장 할 경우에는 6월 이전에 오픈하는 것이 유리합니다. 스키 산업의 경우에는 겨울 시즌을 노리는 것이 좋겠죠. 시즌이 없는 경우에는 다른 방식으로 오픈 시점을 결정할 수 있습니다. 투자를 받은 경우에는 투자자에게 보고해야 할 시점, 예산이 한정된 경우 운영 예산을 고려한 시점, 특별한 기준이 없다면 멤버들 컨디션을 고려한 합리적인 일정으로 결정하면 됩니다.

7_ 마치며

지금까지 서비스 구축 과정에서 반드시 확인해야 할 여섯 가지 체크리스트를 살펴봤습니다. 각각의 질문에 대해 스스로 자문해보고 충실히 답변한다면 아래의 [표 2-2] 피키캐스트의 체크리스트와 같이 서비스의 전체적인 방향을 한눈에 정리해볼 수 있습니다. (샘플 자료는 피키캐스트와는 무관한 개인적인 생각입니다.)

표 2-2 피키캐스트의 서비스 구축 체크리스트

구분	내용
사업 아이디어	모바일 콘텐츠 큐레이션 서비스
기획 이유	기성 뉴스는 재미없고 볼만한 콘텐츠가 부족하다. 사람들이 좋아할 만한 재미 위주의 콘텐츠를 제작해 모바일에 최적화된 형태로 제공하면 많은 사람을 끌어모을 수 있을 것으로 예상한다. 미국에서는 버즈피드가 이러한 유형의 서비스를 운영하고 있으며 2014년의 매출은 약 1,100억 원을 넘어섰다.
주요 고객	짧은 시간 동안 간편하게 문화생활을 즐기려는 1020 젊은 층 유저
핵심역량	① 분야별 전문 에디터 확보 ② 사진, 움짤, 음악, 짧은 텍스트 등을 이용한 모바일에 최적화된 콘텐츠 제공 ③ 사용자 관심 기반의 콘텐츠 추천
서비스 채널	1차. PC 웹 기반의 콘텐츠 제작 도구/네이티브 앱 기반의 고객 대상 서비스 2차. PC 웹 기반의 고객 대상 서비스
수익모델&기대 효과	트래픽 기반 광고 수익 창출
프로젝트 멤버&서비스 오픈 시점	피키캐스트는 이미 오픈 된 서비스라 5번과 6번 체크리스트는 생략한다.

기획을 해야 하는데 무엇부터 해야 할지 막막할 때, 커뮤니케이션이 계속해서 막힐 때는 복잡한 생각은 잠시 내려놓고 위 리스트에 따라 하나씩 체크해보시기 바랍니다. 혹시, 사업 계획을 세우는 과정이라면 위 내용을 좀 더 상세하게 정리하고 재무 계획을 추가한다면 깔끔하게 딱 떨어지는 사업 계획서를 만들 수 있습니다.

interview 1

지피지기면 백전백승

이현우 (41세 / 16년 차)

네이버 "웹을 만드는 사람들" 대표 매니저(전)

NCSOFT Japan 웹 서비스 총괄(전)

CJ E&M 일본 온라인 사업 총괄(현)

Q1 기획을 잘하려면 어떻게 해야 하나요? 노하우를 공개해주세요.

A1 자신의 기획이 완벽하다는 생각을 버리고 타인의 의견을 들을 수 있도록 귀를 열어두세요.

아이디어를 혼자만 꼭꼭 숨기지 말고 공유하고 나누세요. 연차가 올라가면서 화면 기획이나 프론트 기획보다는 전반적인 사업이나 전략 기획 분야를 많이 하게 되는데, 이때 자신의 산업군 뿐만 아니라 다방면에 대한 인사이트가 필요합니다. 따라서 분야를 가리지 말고 다양한 사람을 많이 만나 생각을 나누어야 합니다.

전혀 관계없는 방송국, 운송회사, 철강회사 사람들을 만나면서 이야기를 나누다 보면, 의외로 공통적으로 느끼는 사회적인 변화나 전반적인 트렌드가 눈에 보이게 됩니다. 만류귀종(萬流歸宗)이라는 말도 있죠? 신기하게도 모든 사업군이 공통적으로 향하는 방향성과 고민이 느껴진다고나 할까요?

또 전혀 관계없는 업종의 사람들에게 새로운 아이템을 이야기해주고 의견을 들어 보면 정말 생각지도 못한 문제점이 도출되기도 하고 아이디어가 덧붙여지기도 하고 전혀 새로운 방향성을 가지게도 됩니다. 굳이 사업 기획이 아니더라도 꾸준한 사람들과의 소통과 의견 공유는 사고의 폭을 넓혀주고 실수를 사전에 줄일 수 있습니다.

Q2 좋은 기획자의 마인드는 무엇인가요?

A2 좋은 기획자는 자신의 강점과 단점을 잘 알고 있는 사람입니다.

크리에이티브Creative와 사업에 대한 인사이트를 가지고 있으며 매사에 꼼꼼하여 실수가 없고 각종 수치와 통계 처리에 능숙하고 대인관계도 좋아서 상사에게는 신뢰를 받고 후배들에게는 존경을 받으면서 사내 정치도 잘하고 기회도 잡을 줄도 아는 그런 기획자가 좋은 기획자일까요? 그런 사람은 없습니다. 물론 있을 수도 있겠지만 아주 극소수일 겁니다.

사실 기획이라고 하더라도 운영 기획, 사업 기획, UI 기획, SI 기획 등 각자 다니는 회사나 팀에 따라서 기획의 형태가 달라지고 때로는 한번에 여러 가지 기획을 진행하게 됩니다. 이 모든 환경에서 완벽한 기획자가 있을까요? 온라인뿐만이 아니라 대부분의 프로젝트나 사업은 팀으로 이루어져 진행되고 아무리 뛰어난 인간이라도 혼자서 할 수 있는 한계는 분명히 존재합니다.

좋은 기획자는 오히려 자신이 모자라는 부분은 과감히 인정하고 도움을 받으며 자신이 가장 잘하는 것을 찾고 그것에 매진함으로써, 팀이나 회사에게 또한 자기 자신에게 이득을 가져다주는 사람이라고 생각합니다.

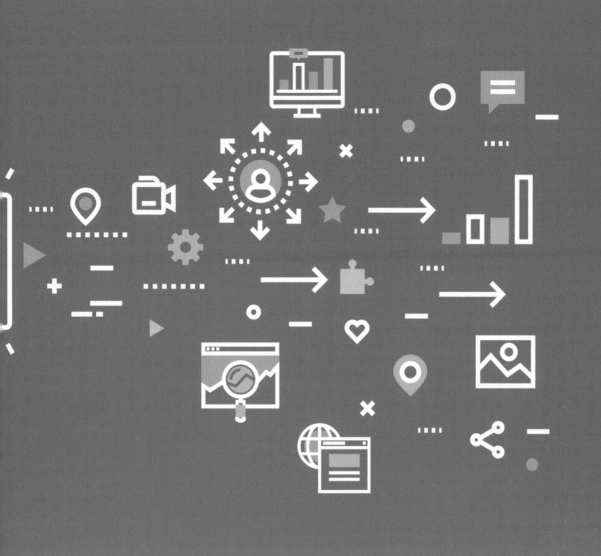

chapter 03

웹사이트 구축 워밍업

온라인 환경에서는 다양한 목적을 위해 매일같이 수많은 웹/모바일 서비스가 만들어집니다. 하지만 기대 이하의 성과로 인해 소리 없이 사라지는 서비스도 많습니다. 웹 에이전시나 SI 분야에서 일하는 기획자는 발주처가 의뢰한 사이트를 납품하기 위해, 솔루션 회사는 자사 제품의 경쟁력을 높이기 위해 기획을 합니다. 또 포털은 트래픽을 높이기 위해, 스타트업 및 신규사업팀은 혁신적인 서비스를 목표로 기획을 합니다.

이처럼 회사의 성격이나 포지션에 따라 서비스의 목적과 형태는 다르지만, 기획자는 각각의 목적을 달성하기 위해 전략을 짜고 화면을 기획합니다. 평소 강의 등을 통해 만나는 기획자들에게 "기획의 가장 큰 매력은 무엇인가?"라는 질문을 자주 하는 편입니다. 이때 두 명 중 한 명 꼴로 듣는 이야기가 영화감독처럼 자신의 생각을 현실화할 수 있다는 것과 이를 통해 얻게 되는 성취감이라고 합니다. 지금 이 시간에도 많은 기획자는 이런 매력을 얻기 위해 고된 야근과 철야를 반복하는 힘든 직장생활을 이어가고 있습니다. 하지만 이들 중 자발적으로 기획자가 된 케이스보다 회사의 권유나 상황에 따라 기획자가 된 비율이 높은 편입니다.

표 3-1 기획자 업무 수행에 따른 자발적 참여 여부[1]

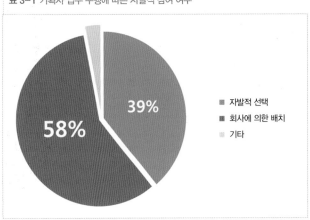

이렇게 비자발적으로 기획을 시작하게 된 기획자가 적지 않다 보니 생각을 구체화하는 과정에서 여러 가지 이유로 기획의 매력을 느끼기도 전에 흥미와 자신감을 잃는 경우가 많습니다. 이런 원인은 크게 세 가지로 볼 수 있습니다.

저자주

1 ··· 출처: 5년 차 내외 웹/모바일 기획자 1,000명 대상 실태 파악을 위한 자체 설문조사 (2014.01)

1 명확한 목표 의식의 부재

기획자 본인도 이 사이트나 서비스가 왜 필요한지 그 이유를 납득하지 못한 채 기획을 하는 일이 종종 있습니다. 성공하는 기획을 하려면 'chapter 01_ 기획자? 웹 기획재!?[23p]'에서 언급한 당위성이 밑바탕 되어야 합니다. 하지만 당위성이 무시된 채 상급자나 클라이언트의 무분별한 지시에 따라 기획자조차도 사용하지 않는 사이트를 기획하는 일이 발생합니다. 이러한 과정이 반복되면 기획자는 기획의 핵심을 놓치게 됩니다. 그리고 점차 사기가 저하되고 기획 의지를 상실하게 됩니다.

2 기획적 역량 부재가 고려되지 않은 기획 업무 부여

깊이의 차이는 있지만 화면 설계를 처음 하는 주니어 기획자가 다른 사람의 화면 설계 기획서를 모방만 해도 실무에서 활용되는 수준의 작업이 가능합니다. 하지만 주니어 기획자에게 화면을 그려내는 것 이상의 IA 설계나 PMProject Manager급의 역량을 요구하면 상당한 업무 부담이 발생합니다. 물론 이 과정에서 자신의 한계를 접하고 기획 역량을 키우려는 주니어도 있습니다. 그러나 대부분은 기획 업무가 자신과 맞지 않다고 생각하고 이내 포기합니다.

3 잘못된 커뮤니케이션과 감정적 트러블

성공적인 프로젝트를 위해서는 합리적이고 논리적인 커뮤니케이션이 필요합니다. 자칫 잘못된 커뮤니케이션으로 인해 팀원 간에 감정적인 트러블이 발생하게 되면 프로젝트가 와해될 수 있습니다. 이 경우 기획 업무에 대한 흥미가 급속도로 반감되며 커뮤니케이션을 하는 데 트라우마가 생길 수 있습니다.

이 같은 대표적인 원인 이외에도 촉박한 프로젝트 기간이나 IT 분야에 대한 경영진의 전문성 부재 등 기획자의 기획적 호기심과 흥미, 자신감을 잃게 만드는 요소는 많습니다. 그런데 과연 이런 요소만 극복하고 최적의 구축 환경이 갖춰지면 목적을 충족하는 웹사이트를 만들 수 있을까요? 의외로 10년 이상의 경력을 가진 시니어급 기획자도 "이거 내가 기획해서 성공한 거야"라고 자신 있게 내세울 수 있는 이력은 찾아보기 어렵습니다. 웹과 모바일을 막론하고 성공적인 결과를 얻으려면 잘 만드는 것뿐만 아니라 구축한 다음을 충분히 고려해야 합니다. 시장환경이나 타이밍, 마케팅, 수익구조, 자본 등이 여기에 해당되며 이들 요인을 복합적으로 고려하는 것을 전략 기획이라 합니다.

이번 챕터에서는 저자 3인의 풍부한 프로젝트 경험을 바탕으로 전략 기획 단계에서 꼭 짚고 넘어가야 할 핵심 요소를 담았습니다. 이번 챕터를 통해 잘 만드는 것 이전에 생각하고 준비해야 할 요소를 설명하고 다양한 예시를 통해 이를 풀어보겠습니다. 더불어 여기서 설명하는 전략적인 사고는 앞으로 여러분이 기획자의 길을 걷는 동안 부딪칠 장벽을 뛰어넘을 수 있는 좋은 방법이라는 점을 말씀드리며, 웹사이트 구축 워밍업을 시작하겠습니다.

1_ 전략적 관점에서 웹사이트 기획하기

대부분의 주니어 기획자들이 사이트를 기획할 때 우선순위를 두는 작업을 꼽자면 아마도 경쟁사에 대한 벤치마킹일 겁니다. 그런데 [표 3-2]와 같이 벤치마킹 분야를 세분화했을 때 절반 이상의 기획자는 'DBCUT', '5DAY', 'GDWEB' 등 디자인 중심의 레퍼런스 사이트나 경쟁사 사이트를 살펴보며 UI/UX 중심의 벤치마킹을 진행한다고 합니다. 하지만 이 책의 서두에서 언급했듯이 UI나 UX는 고객과의 접점에서 마주하게 되는 인터페이스일 뿐 성공의 핵심 요소와는 다소 거리가 있습니다.

표 3-2 벤치마킹 시 우선순위를 두는 요소[2]

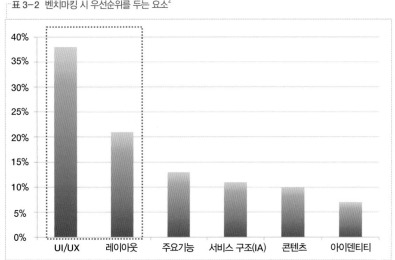

이와 비슷한 사례로 연애 과정을 들 수 있습니다. 보통 이성의 외적인 모습, 즉 외모, 키, 몸매, 스타일 등에 호감을 느끼고 연애를 시작합니다. 하지만 1년 이상 오래가는 연인은 그리 많지 않습니다. 연애를 하며 점차 상대를 알아감에 따라 상대방에 대한 부정적인 요소들이 눈에 띄기 때문입니다. 예컨대, 성격이 이상하거나 이성 관계가 복잡하다는 등의 문제겠지요. 아마도 이쯤에서 제가 이야기하려는 내용이 무엇인지 짐작하셨을 텐데 외모로 표현된 전자는 UI/UX로, 후자는 고객가치로 비교할 수 있습니다.

저자주

2 ··· 출처: 5년 차 내외 웹/모바일 기획자 1,000명 대상 실태 파악을 위한 자체 설문조사(2014.01)

UI/UX 대 고객가치. 무엇이 더 중요할까요? 기획의 어떤 요소도 고객가치를 넘어설 수는 없습니다. 고객가치는 이 사이트가 고객에게 왜 필요한지 혹은 고객이 원하는 것이 무엇인지를 의미하며 우리는 이를 **당위성**이라고 합니다. 경쟁업체가 잘 되고 있다면 잘 되는 원인을 찾아 내야 하고, 새로운 서비스를 만들고자 한다면 그 서비스를 왜 만들어야 하는지와 필요성을 찾 아내야 합니다. 사업의 당위성을 찾는 것이 모든 기획의 시작점이 되어야 합니다.

당위성은 시장 분석, 경쟁사 분석, 자사 분석, 고객 분석의 과정을 통해 찾아낼 수 있습니다. 전략부서에 근무하는 기획자들은 이 과정을 자연스럽게 수행합니다. 하지만 SASystem Architec-ture 기획자는 전략에 대한 이해 없이 과거에 작업했던 화면 설계서를 펼쳐놓고 유사 사이트를 벤치마킹하며 화면 설계에만 몰두하는 일이 많습니다. 거듭 강조하지만 사이트 구축은 전략이 밑바탕되어야 합니다. 직무상 전략 기획 단계에 참여하지 못했다면 전략 단계의 산출물인 사업 계획서, 전략 기획서, 제안서, 제안요청서 등을 철저하게 분석해야 합니다. 이를 통해 사업의 방향과 목적, 고객가치를 꼭 확인하고 이런 내용이 화면 기획에 들어가야 합니다.

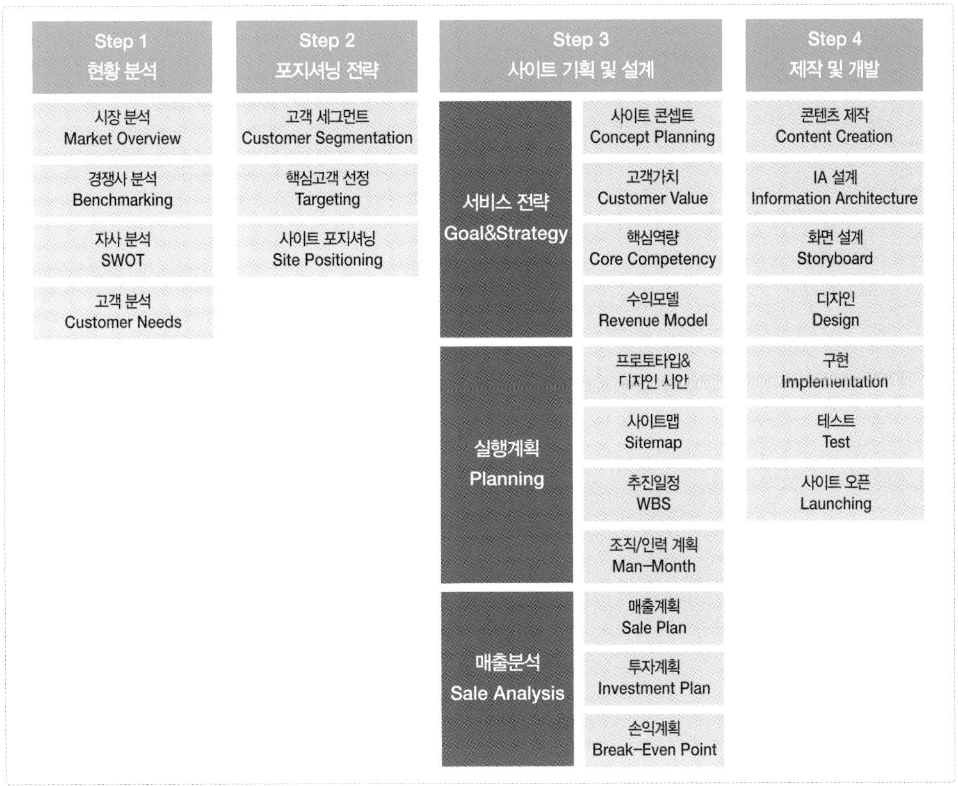

● 그림 3-1 전략적 관점에서의 웹사이트 기획 프로세스

만약, 전략이 부재한 상황이라면 [그림 3-1]에서 소개하는 전략적 관점에서의 웹사이트 기획 프로세스에 따라 스스로 전략을 세워보시기 바랍니다. 전략 기획을 단 한 번도 진행해보지 않았더라도 '현황 분석 → 포지셔닝 전략 → 사이트 기획 및 설계 → 제작 및 개발'로 이어지는 4단계의 프로세스를 숙지하고 있다면 누구든지 논리적이고 설득력 있는 전략을 세울 수 있습니다.

2_ 현황 파악을 위한 데이터 분석

춘추전국시대 말기 손무가 저술한 《손자병법》을 살펴보면 '지피지기 백전불태(知彼知己百戰不殆)'라는 이야기가 있습니다. 풀이하면 상대를 알고 나를 알면 백 번 싸워도 위태롭지 않다는 뜻으로, 상대편과 나의 강점과 약점을 충분히 알고 승산이 있을 때 싸움에 임하면 어떠한 경우에도 이길 수 있다는 의미입니다. 이는 기업 전략에도 똑같이 적용되는데, 먼저 시장 분석을 통해 사회적 흐름과 트렌드를 파악하고 경쟁사 분석을 통해 장점은 차용하고 단점을 피해 경쟁우위를 발굴합니다. 또 자사 분석을 통해 내부자원을 효율적으로 활용할 수 있는 전략을 세워야 합니다.

손자병법의 '지피지기'는 기업의 '내부/외부 환경 분석' 단계로 볼 수 있으며 정확한 현황 파악을 위해서는 수많은 데이터가 밑바탕되어야 합니다. 데이터의 양은 많으면 많을수록 정확도 높은 분석결과를 얻을 수 있습니다. 우리가 데이터 수집 과정에서 가장 많이 범하는 실수는 무엇을 조사할지도 모른 채 거시경제부터 미시경제까지 관계있을 듯한 모든 데이터를 수집하는 일입니다. 목적이 명확하지 않으면 불필요한 통계와 뉴스를 보게 되고 경쟁사의 A부터 Z까지 무분별한 벤치마킹을 진행하며 방대한 데이터를 수집합니다. 그러다 보니 정작 필요한 정보는 발견하지도 못한 채 제풀에 지치고 이 과정을 계속해서 되풀이하며 아까운 시간을 낭비하게 됩니다.

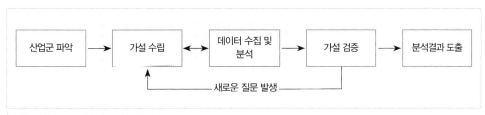

* 그림 3-2 데이터 수집 및 분석 프로세스

이처럼 데이터 수집의 핵심은 **가설을 정의하고 꼭 필요한 데이터만 수집하는** 일입니다. 시간을 아끼고 효율적으로 분석하려면 해당 산업군에 대한 시장 상황을 먼저 알아야 합니다. 주로 웹 서핑 등을 통해 국내외 시장 상황이나 이슈가 되고 있는 범용적인 정보를 습득합니다. 그다음 풀고자 하는 문제의 가설을 수립합니다. 가설은 정확한 근거가 아닌 '아마도 그럴 것이다'

라는 예상으로 접근합니다. 예를 들어 'A 사이트가 업계 1위인 이유는 회원 수가 많아서 일 것이다'라는 가설이 있다고 가정해봅시다.

여기서 정보를 수집하기 전에 먼저 가설의 의도를 이해해야 합니다. 가설에 대한 이해가 왜곡된다면 찾는 정보 역시도 왜곡될 수밖에 없습니다. 이 가설은 단순히 회원 수 때문에 A 사이트가 1위인 것인지를 알기 위함이 아니며 진짜 회원 수 때문에 A 사이트가 업계 1위인 것일까를 찾는 것입니다. 즉, A 사이트 및 경쟁사들의 회원 수를 조사할 것이 아니라 A 사이트의 서비스 형태나 콘텐츠의 종류, 회원의 성별 및 연령대별 분포, 주요 서비스 등의 정보를 수집해야 합니다. 여기에 정보의 객관성 부여를 위한 기준 축을 잡고 수치화 작업을 거침으로써 검증과 분석이 이루어집니다. 이를 토대로 시장 분석과 경쟁사 분석, 자사 분석, 고객 분석 등 더욱 세분화된 분석을 통해 탄탄한 근거와 비전, 다양한 상황과 변수를 고려한 전략을 세울 수 있습니다.

2-1 시장 분석

현황 분석의 첫 시작인 시장 분석은 트렌드, 정책, 고객성향, 구매패턴 등의 외부 환경 분석을 통해 사업의 당위성을 확인하고 사업의 방향을 결정하기 위한 과정입니다. [그림 3-3]을 살펴보면 매년 해외여행객이 증가하고 있고, 패키지여행[3]보다 개별자유여행[4]의 선호도가 높다는 것을 확인할 수 있습니다. 또 온라인을 통한 여행정보 습득 비율이 가장 높은 것을 확인할 수 있습니다. 그림에는 담겨있지 않지만 통계자료를 좀 더 깊이 분석해보면 20~30대의 개별자유여행 이용 비율과 온라인을 통한 정보 습득 비율이 타 연령대에 비해 월등히 높은 것을 확인할 수 있습니다. 우리는 이와 같은 분석을 통해 20~30대를 겨냥한 개별자유여행 시장을 공략해야 한다는 큰 줄기의 사업 방향을 결정할 수 있습니다.

저자주

3 ··· 항공권, 숙소, 교통편, 가이드 등이 모두 포함되어 있는 여행 상품. 비용이 높은 대신 편리한 여행을 할 수 있다.

4 ··· 항공권, 숙소, 교통편, 가이드 등의 상품을 개별로 구매하는 여행. 내 성향에 맞춰 자유롭게 여행계획을 세울 수 있고 패키지여행에 비해 비용이 저렴하다는 장점이 있지만 그만큼 복잡도가 높다.

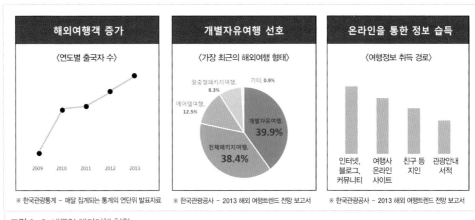

※ 한국관광통계 – 매달 집계되는 통계의 연단위 발표자료 ※ 한국관광공사 – 2013 해외 여행트렌드 전망 보고서 ※ 한국관광공사 – 2013 해외 여행트렌드 전망 보고서

• **그림 3-3** 내국인 해외여행 현황

　시장 분석을 통해 의미 있는 데이터를 얻으려면 [그림 3-3]과 같이 데이터들을 조합하고 분석해야 전체를 조망하는 큰 줄기의 사업 방향을 도출할 수 있습니다. 데이터 수집을 위한 시장 현황 자료는 뉴스 검색이나 통계청 사이트를 통해 쉽게 찾을 수 있습니다. 뉴스는 각 산업에 능통한 전문 기자들이 사회적 이슈와 사실 데이터를 기반으로 최신 보도자료를 제공합니다. 그래서 전체 흐름을 한 번에 파악하기 쉽고, 공신력을 가지고 있기 때문에 인용하기에도 좋습니다.

　하지만 이런 방식은 깊이 있는 정보를 얻는 데는 한계가 있으며 누구에게나 공개되어 있어서 남들과 다른 차별화 포인트를 발견하기에는 어려움이 있습니다. 간혹, 본인이 원하는 기사를 찾을 때까지 온종일 기사 검색에만 매달리는 기획자가 있습니다. 이는 잘못된 습관이며 적어도 전략을 담당하는 기획자라면 뉴스로 찾을 수 없는 자료는 여러 가지 데이터 분석과 추론을 통해 스스로 만들어 낼 수 있어야 합니다.

표 3-3 시장조사에 참고하기 좋은 대표 사이트

구분	사이트명	설명
공공기관	국가통계포털(http://www.kosis.kr)	대한민국 대표 통계 포털로 국내외 각종 통계를 집약하여 제공
	인터넷 통계정보 검색시스템 (http://isis.kisa.or.kr)	국내외 인터넷 자원, 이용통계, 정보보호통계 등 인터넷 관련 통계 제공
	한국은행 경제통계시스템 (http://ecos.bok.or.kr)	통화, 물가지수, 환율, 실업률, 고용률 등 경제 관련 통계 제공
	관광지식 시스템(http://www.tour.go.kr)	국가별 관광통계, 출입국 관광통계, 국민여행실태 등 여행 관련 통계 제공
	무역협회(http://stat.kita.net)	각종 산업별, 품목별, 국가별 수출입동향 등의 무역 관련 통계 제공
	광고산업 통계정보 시스템 (http://adstat.kobaco.co.kr)	매체별 광고 매출액, 지역별 광고 매출액, 광고주 현황 등 광고 관련 통계 제공
연구기관	삼성경제연구소(http://www.seri.org)	각종 연구보고서를 통해 다양한 통계데이터 조회 가능
	KT경제경영연구소 (http://www.digieco.co.kr)	IT 전략보고서 및 이슈와 트렌드 등 각종 자료를 통해 다양한 통계데이터 조회 가능
	LG경제연구원(http://www.lgeri.com/)	보고서 및 각종 발간자료를 통해 다양한 통계데이터 조회 가능
	한국경제연구원(http://www.keri.org)	연구자료와 경제동향 DB를 통해 국내외 경제지표 및 증감 현황 조회 가능
리포트 전문기업	나스미디어(http://www.nasmedia.co.kr)	정기 발간하는 뉴스레터를 통해 미디어동향 및 산업별 광고리포트 제공
	코리안클릭 (http://www.koreanclick.com)	매월 발송되는 뉴스레터를 통해 인터넷 서비스 동향 자료 제공
	랭키닷컴(http://www.rankey.com)	표본조사를 통해 카테고리별 웹사이트 순위 정보 제공
민간 리서치기업	마크로밀엠브레인 파워패널 (http://www.panel.co.kr)	국내외 다양한 카테고리의 자체 리서치를 통한 통계데이터 조회 가능

2-2 경쟁사 분석

시장 분석을 통해 사업의 흐름을 파악한 후, 벤치마킹을 통해 성공기업의 우수 사례와 노하우를 분석합니다. 벤치마킹은 경쟁기업을 단순 모방하는 것이 아닌 경쟁자를 뛰어넘기 위한 핵심 요소를 찾아내고 실현 가능한 대안을 찾아내는 것이 목적입니다. 이를 위해 사업군을 먼저 분류하고 매출액, 인지도, 트래픽을 고려하여 벤치마킹 대상기업을 선정합니다. 벤치마킹 대상기업은 일반적으로 동종 업계의 선도기업을 선정하지만 신규 서비스를 도입하는 경우 다른 업종의 유사 프로세스를 벤치마킹하기도 합니다.

전자책 시장 내 경쟁사			주요특징
서점	일반 온라인 서점	교보문고, 인터파크도서, 알라딘 등	• 이북 전용 디바이스 출시 및 연계 서비스 운영 • B2C 외 콘텐츠 제휴를 통한 매출도 상당 부분을 차지 • 전자책 서점은 디지털 콘텐츠의 특성 및 디바이스 환경에 최적화된 서비스를 운영
	전자책 전문서점	리디북스, 북큐브, 텍스토어 등	

앱마켓	통신사	올레이북, 티스토어이북,
		U+북마켓
			• 자체 마켓에 대한 높은 접근성이 강점으로 작용
			• 마켓 내 타 콘텐츠와 함께 이용 가능한 요금제,
			  캐시/포인트 제도를 활용
			• 전자책 매출 순위 2-3위의 티스토어이북과 네이버북스
			  장르 문학과 만화책에서 높은 매출을 올림

	플랫폼 사업자	구글플레이북스, 리더스 허브	
	포털	네이버북스 (N스토어)	
출판사		열린책들, 민음사, 웅진씽크빅, 한빛미디어 등	• 유통업체를 거치지 않고 자사의 콘텐츠를 직접 소비자에게 판매하여 가격경쟁력을 높임

● 그림 3-4 전자책 시장의 경쟁기업과 주요 특징

벤치마킹 대상기업을 선정하고 나면 본격적인 경쟁사 분석을 진행합니다. 경쟁사 분석은 시점에 따라 두 가지 관점에서 분석을 진행하게 됩니다. 첫 번째 관점은 전략 수립을 위한 벤치마킹으로 서비스 콘셉트나 수익모델, 경쟁우위 요소, 마케팅 이슈, 핵심고객 및 고객가치를 분석합니다. 두 번째 관점은 사이트 구축을 위한 벤치마킹으로 메뉴 구조, 콘텐츠, UI/UX, 디자인, 메시지 등의 관점에서의 분석을 진행합니다. 전자는 전략 기획자의 영역이고, 후자는 SA 기획자의 영역입니다. 두 가지 벤치마킹 모두 경쟁사 분석을 통해 우수 사례와 노하우를 분석한다는 목적은 동일합니다. 하지만 바라보는 관점이 다르기 때문에 결과물에는 다소 차이가 있습니다. 그럼 여기서 각각의 벤치마킹이 어떻게 다르며 또 어떤 방법으로 분석해야 하는지 그 구체적인 방법을 살펴보겠습니다.

2-2-1 전략 수립 단계의 벤치마킹

2008년과 2010년에 각각 서비스를 시작한 네이버 미투데이와 다음의 요즘 서비스는 대표적인 의견소통형 SNS인 트위터(http://www.twitter.com)를 벤치마킹해 만든 한국형 트위터 서비스입니다. 미투데이는 지난 2007년 초에 서비스가 시작됐고 그다음 해인 2008년 겨울에 SNS를 통한 정보 검색 역량강화를 꾀했던 네이버에 인수되었습니다. 전 국민이 사용한다고 해도 과언이 아닌 검색 포털이라는 강점과 연예인, 스포츠 스타 등 유명인사를 앞세운 공격적인 마케팅을 통해 가입자 수를 늘려나갔습니다. 이후 불과 4년여의 짧은 기간 동안 1,000만 명에 달하는 회원을 유치하면서 명실상부한 국내 최대 SNS로 성장했습니다. 하지만 딱 거기까지였을까요? 미투데이 서비스는 2014년 6월, 요즘 서비스는 2013년 8월에 1년여의 시차를 두고 각각 역사의 뒤안길로 사라졌습니다.

한때 트위터 붐이 일어나며 유사 서비스가 경쟁적으로 출시되었지만 미투데이를 마지막으로 대부분의 국내 서비스는 종료된 상태입니다. 다음에서 출시한 요즘 역시도 미투데이와 크게 다르지 않은 행보를 보이며 사라졌는데, 이들 서비스가 실패한 원인은 무엇일까요? 아마도 전략의 부재에서 그 원인을 찾을 수 있을 듯합니다. 물론 네이버나 다음과 같은 곳에서 핵심전략 없이 사업을 진행할 리는 없을 겁니다. 이들 서비스가 트위터와 대상고객과 겹치는 상황에서 단지 연예인에 의지한 마케팅[5]뿐 그 이상의 파급력을 보여 주지 못했습니다. 즉, 일반 고객의 입장에서 기존의 트위터를 버리고 미투데이나 요즘을 써야 할 타당한 이유나 목적이 없었던 것입니다.[6]

이처럼 신규 서비스가 출시될 때에는 고객들이 이 서비스를 사용해야만 하는 명확한 고객가치, "이 정도면 쓰겠지?"가 아닌 "이거 아니면 안 된다"하는 수준의 강력한 이끌림 요소가 제시되어야 합니다. 그들의 전략을 똑같이 내세운 흉내내기 서비스는 결국 한계에 부딪힐 수 밖에 없습니다.

〈네이버 미투데이〉　　　〈다음 요즘〉　　　〈네이트 C로그〉

• 그림 3-5 한국형 트위터 서비스

반면 미국의 그루폰을 벤치마킹한 티켓몬스터는 국내시장에서 큰 성공을 이루어냈습니다. 앞서 트위터를 벤치마킹한 미투데이와 요즘의 사례처럼 티켓몬스터 역시 그루폰의 사업모델을 벤치마킹했습니다. 하지만 인구밀도가 높고 IT 인프라가 잘 발달된 한국시장의 이점을 살려 지역 상점을 중심으로 철저히 현지화된 전략을 실현했습니다. 그 결과 단기간에 폭발적으로 성장할 수 있었고 창립 7년이 지난 2016년 기준, 기업가치는 15억 달러(한화 약 1조 7천5백억 원)

저자주
....
5 ⋯ 아마도 팬덤(fandom)을 노린 마케팅으로 보여지며 외견상은 성공한 것으로 보였다.
6 ⋯ 미투데이하면 2NE1과 산다라박만 생각난다. 이것도 스타마케팅의 성공이라면 성공이라 할 수 있지 않을까?

로 평가되고 있습니다. 티켓몬스터의 성공사례에서 알 수 있듯이 벤치마킹은 무분별한 모방이 되어서는 안 되며 경쟁기업의 전략과 고객, 주변 환경까지 철저하게 분석되어야 성공을 위한 강력한 인사이트를 발견할 수 있습니다.

고객가치 중심의 벤치마킹 방법

벤치마킹에 대한 이해를 돕고자 **사진 중심의 모바일 SNS**를 만든다는 가정 하에 고객가치 중심의 벤치마킹을 진행해보겠습니다. [표 3-4]를 살펴보면 벤치마킹 대상기업으로 업계 선도 기업인 카카오스토리(https://story.kakao.com)와 인스타그램(http://www.instagram.com)을 선정했고, 분석 변수로는 고객가치 및 특징과 고객 불편사항을 대입했습니다. 분석결과를 요약하면 카카오스토리의 경우 지인 중심의 네트워크가 발달되어 있는 장점이 있지만 새로운 인맥 확장이 어렵다는 불편함이 있고, 인스타그램은 여러 사람과 소통할 수 있고 다양한 필터로 사진의 질을 넓힐 수 있다는 장점은 있지만, 제한된 레이아웃과 사진을 잘 찍는 사람 중심의 커뮤니티가 형성되어 일반유저가 참여하기 불편하다는 단점이 있습니다. 두 서비스 모두 다 각자의 포지션에서 명확한 고객가치를 제시하고 있기 때문에 동일한 전략으로 시장에 진입할 경우 실패할 수밖에 없습니다.

표 3-4 사진 중심의 모바일 SNS 벤치마킹

사이트 명	카카오스토리	인스타그램
고객가치 및 특징	• 지인 중심 네트워크로 친구들과의 유대감 강화 • 사진뿐만이 아닌 글, 동영상, 링크를 이용하여 다양한 형태의 일상 공유 • 카카오톡과의 연계로 카카오스토리 접근 용이	• 전 세계 사람들과 소통하는 재미 • 빈티지, 감성적 분위기의 필터와 서비스 • 멋진 사진들을 감상하는 재미
고객 불편사항	• 지인 외 새로운 인맥 확장 및 콘텐츠 공유의 어려움 (지인 중심 네트워크)	• 사진을 잘 찍는 사람 중심으로 서비스가 활성화되어 못 찍는 사람들은 소외 • 제한된 정사각형 레이아웃 • 사진 확대/축소 불가

이 경우 두 개의 분석결과를 조합하여 틈새시장을 발견할 수 있는데 사진 서비스의 기본 요소인 훌륭한 필터 기능을 갖추고, 다양한 레이아웃을 지원하며, 전 세계 사람들과 재미있게 소통할 수 있는 플랫폼을 구축하겠다는 차별화된 전략을 이끌어낼 수 있습니다. 서비스의 존재 이유는 전적으로 고객 참여에 달려있기 때문에 전략적 관점에서의 벤치마킹은 철저하게 고객 중심에서 분석되어야 합니다.

아홉 가지 빌딩 블록을 이용한 벤치마킹 방법

고객가치 중심의 벤치마킹이 무언가 부족하다고 느껴지는 독자들에게는 알렉산더 오스터왈더
Alexander Osterwalder와 예스 피그누어Yves Pigneur가 저술한 『비즈니스 모델의 탄생』(타임비즈,
2011)[7]에 소개된 '아홉 가지 빌딩 블록' 분석방법을 추천해 드립니다. '아홉 가지 빌딩 블록'은
모든 분야의 비즈니스 모델을 찾아내기 위해 고안된 전략 기획의 방법으로 자사의 전략을 수립
하거나 경쟁사 전략을 분석하는 데 효과적입니다.

1 **고객 세분화** Customer Segmentation
누가 우리의 중요한 고객이며 누구를 위해 가치를 창조해야 하는지를 판단하기 위해 고객 그룹을 분류합니다.

2 **가치 제안** Value Propositions
디자인, 가격, 브랜드 지위, 편리성/유용성 등 특정 고객 그룹이 필요로 하는 가치를 창조하기 위한 상품이나 서
비스를 조합합니다.

3 **채널** Channels
기업이 고객에게 가치를 제공하기 위해 커뮤니케이션을 하거나 상품이나 서비스를 전달하기 위한 창구를 의미
합니다.

4 **고객 관계** Customer Relationships
고객 확보, 고객 유지, 판매 촉진을 위해 특정 고객과 어떤 형태의 관계를 맺을 것인가를 결정합니다.

5 **수익원** Revenue Streams
물품 판매, 가입비, 대여료/임대료, 중개수수료, 광고 등 기업이 각 고객으로부터 창출하는 현금을 의미합니다.

6 **핵심자원** Key Resources
물적 자원, 지적 자산, 인적 자원, 재무 자원 등 비즈니스를 원활히 진행하는 데 가장 필요한 중요한 자산을 의
미합니다.

7 **핵심활동** Key Activities
MS는 소프트웨어 개발, 델Dell은 공급망 관리, 맥킨지는 기업의 문제 해결과 같이 기업이 비즈니스를 제대로
영위해나가기 위해서 꼭 해야 하는 중요한 활동을 의미합니다.

8 **핵심 파트너십** Key Partnerships
비즈니스 모델을 최적화하거나 리스크를 줄이거나 자원을 얻기 위해 체결하는 전략적 파트너십을 의미합니다.

9 **비용구조** Cost Structure
고정비, 변동비 등 기업이 비즈니스 모델을 운영하는 데 있어 발생하는 모든 비용구조를 의미합니다.

저자주

7 ... 『Business Model Generation』(Wiley, 2010)

앞서 언급한 고객가치 중심의 벤치마킹이 하나의 요소만을 중점적으로 분석했다면, '아홉 가지 빌딩 블록'은 총 아홉 가지 요소를 심도 있게 분석하고 각 요소 간의 유기적인 관계를 파악하는 분석입니다. [그림 3-6]은 페이스북(http://www.facebook.com)의 비즈니스 모델을 분석한 것입니다. 페이스북의 고객 그룹은 무료 서비스를 이용하는 '일반고객 그룹'과 광고 서비스를 이용하는 '광고주/마케터 그룹'으로 분류할 수 있습니다. '일반고객 그룹'은 친구들과 이야기를 나누기 위해, '광고주/마케터 그룹'은 높은 효율의 광고 진행을 하기 위해 페이스북 서비스를 이용하고 있습니다. 서비스의 주체인 페이스북은 두 개의 대상그룹이 원활히 상호작용을 할 수 있도록 연구 개발에 지속적인 투자를 진행하며 강력한 플랫폼을 유지하고 있음을 알 수 있습니다.

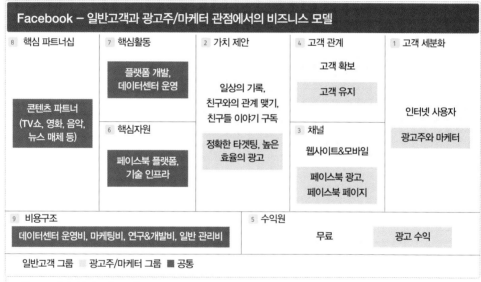

• 그림 3-6 페이스북 비즈니스 모델

이처럼 '아홉 가지 빌딩 블록'을 이용하면 모든 기업의 비즈니스 로직을 한눈에 파악할 수 있습니다. '아홉 가지 빌딩 블록' 분석방법은 해당 산업에 대한 이해가 필요하고 각 요소를 분석하기 위해 일정 수준 이상의 전문지식이 필요하기 때문에 고 레벨의 분석방법이라고 볼 수 있는데, 시간적 여유가 있거나 제대로 된 분석을 원하는 경우 이 도구를 활용하기를 적극 권해드립니다.

2-2-2 사이트 구축을 위한 벤치마킹

전민수님이 저술한 『웹사이트 벤치마킹의 9가지 패턴』(멘토르, 2009)에서는 사이트 벤치마킹을 우수한 웹사이트의 웹 서비스와 사용자의 경험 등을 면밀히 분석하여 웹사이트의 차별성을 강화시켜 나가는 것이라 정의했습니다. 이는 단순히 복제나 카피가 아닌, 상대의 강점을 분석해서 우리 것으로 만들기 위한 분석 과정이라고 이해하면 됩니다. 여기서 말하는 상대의 강점이란 웹사이트 내의 특정적 요소가 아닌 서비스의 전반적인 내용을 의미하는데 IA를 시작으로 UI/UX, 콘텐츠, 마케팅, 서비스, 아이덴티티 등 모든 요소가 벤치마킹의 요소라고 할 수 있습니다.

앞서 [표 3-2]54p에서 확인했던 것과 같이 5년 차 내외의 웹/모바일 기획자가 웹사이트 벤치마킹 단계에서 UI/UX, 레이아웃과 같은 시각적 요소를 중요하게 생각한다고 합니다. 고객이 웹사이트에 들어왔을 때 가장 먼저 접하는 부분이 시각적인 부분이기 때문에 어찌 보면 당연한 결과라 생각할 수 있지만, 팀장이나 그 위의 분들이 요구하는 것은 단순한 인터페이스의 복제가 아닌 타사가 가진 강점을 뽑아내서 '어떻게 하면 우리의 서비스로 흡수할 수 있는가?'이며 이러한 상급자의 의도를 미루어 봤을 때, 벤치마킹을 함에 있어서 UI/UX라는 부분은 지극히 일부분에 지나지 않는다는 것을 이해하셔야 합니다.

그럼 지금부터 예시를 통해 사이트 벤치마킹 진행방법을 살펴보겠습니다. 오랜 기간 실무를 접하면서 다양한 벤치마킹 방법을 시도하고 연구했지만 실무적 관점에서 사용할 수 있는 벤치마킹 방법은 그리 많지 않습니다. 이유는 벤치마킹을 진행하는 기획자의 전문성 정도나 벤치마킹에 참여하는 인원이나 프로젝트 규모가 천차만별이기 때문입니다. 이미 벤치마킹 방법론과 관련된 정보들은 어렵지 않게 찾아볼 수 있으므로 이번 절에서는 실무적 활용성이 높은 두 가지의 방법을 소개하겠습니다.

포괄적 정보수집형 벤치마킹

첫 번째로 [표 3-5]와 같이 대상 사이트의 특징을 정리한 벤치마킹 방법입니다. 이를 포괄적 정보수집형 벤치마킹으로 정의하며 이를 설명할 수 있는 예로 크레듀, KG패스원, TED 등 업계 선도기업 사이트를 각 요소별로 벤치마킹했습니다. 이를 통해 신규 서비스 구축을 위한 주요 시사점을 분석합니다.

표 3-5 이러닝 사이트 벤치마킹 리포트

정보구조 (Information Architecture)	• 대표 브랜드와 서브 브랜드 간의 콘텐츠 통합 및 연계를 통한 이동 편의성 강화 • 통합 아이덴티티를 유지하면서 개별 브랜드의 고유한 특성 반영 • 각 서브 브랜드 간의 유기적 연결 구조를 통한 고객 유입 강화 참고사이트 : 크레듀, KG패스원
사용자 화면 (User Interface)	• 고객 니즈에 부합하는 핵심 콘텐츠를 비쥬얼하게 제공 • 최종 페이지로의 이동성 강화 참고사이트 : TED, SNOW(숙대)
콘텐츠와 서비스 (Contents& Service)	• 원스톱 수강신청 프로세스를 통한 구매전환율 증대 • 단일 강좌 제공이 아닌 고객 유형별 패키지 강좌 제공 • 사이트 내 콘텐츠를 맞춤 플래닝 서비스로 개인화 참고사이트 : 크레듀, 휴넷
커뮤니티 (Community)	• 교육, 요리, 운동 등 회원들이 직접 만드는 생활 강좌 • 단순 커뮤니티가 아닌 함께 스터디하는 자기개발형 커뮤니티 참고사이트 : 유튜브, KG패스원
마케팅 (Marketing)	• 사이트 유입을 최대화하기 위한 검색 결과 최적화(SEO) • 대표 명사를 활용한 명사 마케팅 • 기업 카페와 블로그를 통한 바이럴 강화 참고사이트 : 휴넷, 메가스터디
기술 (Technology)	• 웹 표준 준수를 통한 접근성 강화 • 수강 편의를 위해 모바일/태블릿 전용 애플리케이션 구축 • 강의수강에 최적화된 동영상 솔루션 도입 참고사이트 : 크레듀, 휴넷

[표 3-5]와 같이 정보구조, 사용자 화면, 콘텐츠와 서비스 등 총 여섯 가지 항목을 기준으로 분류하고 각각의 특징을 종합해보면 이런 결론이 도출됩니다.

표 3-6 포괄적 정보수집형 벤치마킹을 적용한 이러닝 사이트 벤치마킹 요약

분류	분석요약
정보구조	통합 브랜드 아이덴티티 유지
사용자 화면	고객 니즈에 부합하는 콘텐츠 제공
콘텐츠와 서비스	개인별 맞춤서비스
커뮤니티	고객 참여형 서비스
마케팅	외부 유입 비율 증대
기술	최신 기술을 근간으로 웹과 모바일 서비스 구축

이처럼 사이트 벤치마킹을 진행할 때는 UI/UX뿐만 아니라 정보구조, 사용자 편의성, 콘텐츠나 서비스의 특성, 시스템, 기술 등 다양한 각도에서 분석을 진행해야 합니다. 단순 흉내내기

사이트로는 절대 성공할 수 없으며, 경쟁사의 특장점이 결합된 서비스만이 경쟁사를 넘어서는 사이트를 만들어 낼 수 있습니다.

콘텐츠 중심의 벤치마킹

두 번째로 사이트 벤치마킹의 또 다른 방법인 **콘텐츠 중심의 벤치마킹**입니다. 온라인 환경에서의 경쟁이 무엇보다도 치열한 지금, 단순히 웹사이트를 잘 만들었다고 성공할 수 있는 시기는 한참 지났습니다. 결국, 고객이 찾는 웹사이트를 만들어야 하는데 이를 위해서는 고객의 관심이 무엇이며 어떤 것에 시선이 모아지는가에 대한 고민을 해야 합니다. 고객은 나에게 필요한 것이 무엇이며, 어디서 찾을 수 있는가를 정확히 인지하고 있습니다. 그렇기 때문에 기획자 역시도 이런 고객의 시각에 맞춰 기획해야 합니다.

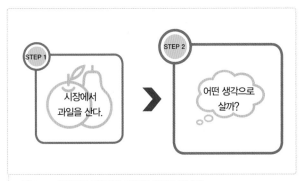

* 그림 3-7 사람들의 일상적인 패턴을 읽어야 합니다.

그럼 고객이 서비스를 이용하는 데 있어 어떤 것에 관심을 갖고 이용할까요? 그 답을 이야기하기 전에 사람들의 일상적인 패턴을 살펴보겠습니다. 만일 여러분이 시장에서 과일을 하나 산다고 했을 때, 어떤 생각으로 과일을 사나요? 아마 대부분은 먹으려고 과일을 살 겁니다. 그런데 혹시 '집에 예쁜 접시가 하나 있어. 이 접시에 과일을 담으면 참 예쁘겠지?' 같은 생각으로 과일을 사는 분이 계신가요? 물론 소수의 사람, 예컨대 인테리어에 종사하거나 정물화를 그리는 분들은 이런 생각으로 과일을 살 수 있습니다. 하지만 대부분의 서비스는 많은 트래픽이나 수익을 얻기 위해 만들어지기 때문에 많은 사람의 생각을 따라가는 게 유리합니다.

다시 앞으로 돌아가 과일은 콘텐츠로, 예쁜 접시는 서비스로 바꿔 생각해볼 수 있습니다. 사람들의 일반적인 관점을 온라인 환경에 대입해보면 예쁜 접시보다는 과일을 먹고자 하는 쪽으로 생각이 이동한다는 것, 즉 서비스보다 콘텐츠를 중요시한다는 것을 알 수 있습니다. 이러한 관점에서 콘텐츠 중심의 벤치마킹은 콘텐츠를 중심으로 사람들이 관심을 갖는 콘텐츠를 찾는 과정이라 할 수 있습니다. 온라인 환경에는 수많은 웹사이트나 모바일 서비스가 존재하는데 크게 보면 **재미있는 서비스**와 **유용한 서비스** 두 가지 케이스로 압축할 수 있습니다.

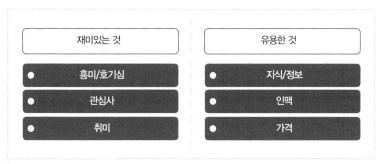

● 그림 3-8 재미와 유용성의 분류

[그림 3-8]과 같이 재미와 유용성에 따라 콘텐츠를 분류할 수 있습니다. 콘텐츠 중심의 벤치마킹에서 첫 번째로 해야 할 과정은 [표 3-7]과 같이 벤치마킹 대상 서비스에 대한 재미와 유용성 분류입니다.

표 3-7 재미와 유용성에 따른 서비스 분류

서비스	유용하다	재미있다
펀샵 (http://www.funshop.co.kr)	×	○
루리웹 (http://www.ruliweb.com)	○	○
다음 아고라 (http://agora.media.daum.net)	○	○
위키피디아 (http://www.wikipedia.org)	○	×
페이스북 (http://www.facebook.com)	×	○

이 같은 분류는 기획자의 직관적인 판단에 따르는 만큼 손쉬운 분류가 가능합니다. 각 서비스에 대한 재미와 유용성에 대한 분류가 완료되면, 각 서비스의 특징을 [표 3-8]과 같이 세부적으로 정리해야 합니다.

표 3-8 각 서비스에 대한 세부 분류

분류	내용
서비스 명칭	• 페이스북(http://www.facebook.com)
서비스 분류	• 인맥 기반의 소셜(Social) 네트워크 서비스(2004년 2월 4일 런칭)
이용 플랫폼	• PC 및 모바일 플랫폼(Smart Phone/Tablet PC)
콘텐츠 요소	• 사용자들이 직접 생산해내는 일상생활의 에피소드와 사진/동영상 • 사용자 프로필 열람 • API의 능동적인 연계를 통한 외부 콘텐츠(게임/이성 만남/상품 등)
사용자 일반적 특성	• 6억 명 이상 사용자 보유(2011년 2월 기준) • 국내 이용자는 약 300만 명 추산(매우 폭발적인 증가세를 보임) • 20대~40대 후반까지의 폭넓은 이용자층 • 주요 이용자층으로 대학생 및 화이트 컬러에 집중
서비스 접근 분류(패턴)	• 지인, 공통 관심사, 새로운 사람들과의 만남에 대한 이용자 패턴(Socializer) • 자신을 드러내고 인정받고자 하는 패턴(Want to Celebrity) • 일상의 재미를 위한 정보유희형 패턴(Fun Surfer) * 스마트폰을 통한 주요 이용목적 • 대세에 따른 이용자 패턴(Trend Chaser) • 정보/지식 중심의 습득 패턴(Net Cherry Picker)
서비스 특징	• 학교/회사 인맥 기반, 개인과 개인간의 관심사 및 일상생활 중심의 커뮤니케이션 • 학교/회사/지역 인스턴트 그룹 커뮤니티
유사 서비스	• 미투데이 / 커넥팅 / 트위터 / 요즘 / 스타플 / 오브제 / 런파이프 등

세분화 분류 항목으로는 연령대, 성별, 계층별 사용자를 구분하고 여기에서 이들이 어떠한 재미를 얻는지 혹은 어떤 유용함을 얻고 있는지를 판단해야 합니다. 각각의 벤치마킹 대상 서비스별로 [표 3-8]과 같은 세분화 과정을 거치면 주류 서비스의 흐름이 파악되며, 우리가 만들어야 하는 서비스의 포지셔닝 윤곽이 드러납니다.

여기에 [표 3-9]와 같이 콘텐츠의 특징을 세 방향의 축으로 구성하고 수치에 따른 정량화 과정을 거쳐 점수를 매기게 됩니다. 이 점수를 기준으로 그래프를 그려보면 각 서비스의 정확한 콘텐츠 포지션을 추출할 수 있습니다. 수치를 통한 정량화는 벤치마킹의 명확하고 객관적인 근거를 마련합니다. 또 이렇게 추출된 포지션과 가설에 따른 검증과정을 거치면 우리가 만들어야 할 서비스 콘텐츠의 정확한 포지션을 설정할 수 있습니다.

표 3-9 콘텐츠의 정량화 과정 예시

사이트 명	콘텐츠 성격 (CC)	콘텐츠 전파 (CD)	익명성 (AN)
연관 축	엔터테인먼트 〉〉 정보	전달되는 〉〉 확산되는 (convective 〉〉 diffusive)	실명 〉〉 익명
	informal 〉〉 formal	자각하는 〉〉 수명이 짧은 (perceptual 〉〉 ephemeral)	개인 중심 〉〉 커뮤니티 중심
	이미지 〉〉 텍스트		인맥 중심 〉〉 콘텐츠 중심
	신변잡기 〉〉 뉴스		아는 사람 〉〉 모르는 사람

콘텐츠 성격(CC)								
A. 콘텐츠 성격			B. 생산자별 분류			C. 콘텐츠 형식		
1	신변잡기	일상 이야기 중심의 콘텐츠	1	일반사용자	순수 소비만을 하는 소비자 계층	1	이미지만 사용	
2	유머/가십	사회, 문화 이슈 등 일반적인 소재나 유머 등 간단한 콘텐츠	2	Beginner	일상 가십 소재들을 생산하기도 하지만 코멘트 등의 소극적 생산활동에 집중하는 계층	2	이미지 위주 (텍스트는 보조적 역할)	
3	캐주얼정보 (정보+일상)	과학, 의학 등 전문화된 자료가 있으나 호기심 수준의 정보이며 이것을 토대로 부가 학습효과가 나오지 않는 콘텐츠	3	Amateur	전문적이지는 않으나 사용자의 관점에서 친숙한 경험적 소재들을 일반적인 언어로 표현하는 계층	3	텍스트와 이미지 비율이 동일	
4	숙련정보	전문화된 자료로 이루어져 있으며 업무증진이나 학습 등의 효과로 이어질 수 있는 콘텐츠	4	Pro-Am	다양한 분야와 도구를 통해 콘텐츠를 생산하며, 지식/경험을 토대로 가치를 생산하는 계층	4	텍스트 위주 (이미지는 보조적 역할)	
5	공식정보 (Official)	전문기업 등의 공식 채널을 통해 발행되는 콘텐츠로 글의 형식이 정형화된 콘텐츠	5	Professional	기업이나 공인된 전문가로 전문적인 지식을 생산하는 계층	5	텍스트만 사용	

현업에서 볼 수 있는 상당수의 사이트 벤치마킹 자료는 UI/UX를 중심으로 정리된 경우기 많습니다. 파워포인트 화면을 좌측과 우측으로 나눠 좌측에는 페이지의 스크린샷을 배치하고 우측에는 각 화면의 주요 특징들을 기획자의 주관적인 관점에 따라 의견을 적어놓은 형태가 그것입니다. 이런 주관적인 벤치마킹은 보는 이로 하여금 벤치마킹 결과를 납득시키기엔 분명히 한계가 있으며 그 정확도의 편차도 클 수밖에 없습니다.

사이트를 벤치마킹하는 과정에서 기획자 스스로 자신의 벤치마킹 자료의 객관성을 고민해야 합니다. 그리고 이런 자세가 갖춰진다면 "내 생각은 이렇습니다"가 아닌, 누가 보더라도 타당한 수준의 벤치마킹이 완성될 겁니다.

2-3 자사 분석(SWOT 분석)

SWOT분석은 강점Strength, 약점Weakness, 기회Opportunity, 위협Threat의 머리글자를 따서 만든 약자로 자사 현황을 객관적으로 분석하기 위해 사용하는 도구입니다. 분석방법은 먼저 기업 내부자료 수집을 통해 자사의 강점과 약점을 파악하고, 시장 분석과 벤치마킹을 통해 기회와 위협을 분석합니다. 네 가지 요인을 모두 분석한 다음에는 각 요인을 교차 비교하여 공격전략(SO), 우회전략(ST), 만회전략(WO), 생존전략(WT)을 세울 수 있습니다. SWOT 분석의 키포인트는 네 가지 요인들이 모두 객관적인 데이터로 도출돼야 한다는 것입니다. 네 가지 요인들은 서로 유기적인 관계를 맺고 있기에 단 하나의 요인이라도 잘못 분석될 경우 전략 수립에 큰 오차가 발생하게 됩니다.

표 3-10 SWOT 분석 예시

내부 환경 외부 환경	강점(Strength) • 국내 No.1 여행브랜드 • 국내최대 여행 인프라 • 패키지여행 시장의 강력한 마켓 장악	약점(Weakness) • 패키지 상품판매 중심의 조직구조 • 상품 중심의 웹사이트
기회(Opportunity) • 내국인 해외여행객 지속 증가 • 개별자유여행 시장 확대 • 온라인을 통한 정보 습득 증가	기회를 살리면서 강점을 활용하는 방안 • 개별자유여행 시장 선점을 위한 신규 서비스 구축 • 축적된 콘텐츠와 각종 인프라를 활용한 강력한 여행 서비스 구축	약점을 극복하면서 기회를 살리는 방안 • 개별자유여행 시장의 고객 분석을 통해 새로운 아이디어 및 해결책 발굴
위협(Threat) • 패키지 시장의 정체 • 해외 온라인여행사의 국내 진출 • 항공사, 호텔 등 공급자의 교섭력에 종속	위협을 회피하면서 강점을 활용하는 방안 • 외부의 영향(항공사, 호텔 등)을 받지 않는 사업 구축	위협을 회피하면서 약점을 극복하는 방안 • Expedia, Hotelscombined 등의 해외 여행사와의 전략적 파트너십 체결

[표 3-10]은 하나투어의 SWOT 분석결과로 우측 상단에는 내부 환경 분석을 통해 강점과 약점을 분석하고, 좌측에는 외부 환경 분석을 통해 시장의 기회와 위협을 분석합니다. 이를 토대로 강점은 살리고 약점은 죽이고, 기회는 활용하고 위협은 억제하는 네 가지 핵심전략을 도

출할 수 있습니다.

1 **공격전략(SO):** 강력한 여행 인프라를 이용하여 개별자유여행 시장 선점
2 **우회전략(ST):** 항공사, 호텔 등 외부 공급자의 영향을 받지 않는 신사업 구축
3 **만회전략(WO):** 개별자유여행 고객 분석을 통해 새로운 아이디어 발굴
4 **생존전략(WT):** 해외 여행사와 전략적 파트너십 체결

SWOT 분석결과를 종합해보면 여행업계에서 패키지여행 시장은 이미 포화상태에 이르렀기 때문에 업계 1위 기업인 하나투어는 새로운 성장동력이 필요한 시점입니다. 기회로는 20~30대 젊은 층을 중심으로 개별자유여행 시장이 성장하고 있기에 하나투어는 강력한 여행 인프라를 기반으로 해당 시장을 선점해야 합니다. 이를 위해 하나투어는 개별자유여행자를 위해 상품을 전문적으로 판매하는 사이트와 여행정보를 제공하는 사이트를 양분하는 전략을 구상했습니다. 이러한 전략에 기초하여 개별여행자 대상의 상품 판매 사이트인 하나프리(http://www.hanafree.com)와 여행정보를 전문적으로 제공하는 투어팁스(http://www.tourtips.com)를 각각 만들었습니다.

이렇게 예시를 통해 SWOT 분석을 정리해봤습니다. SWOT 분석은 기업의 현재 상황을 기준으로 가장 현실적인 전략을 수립할 수 있다는 장점이 있습니다. SWOT 분석을 충분히 경험하지 못한 기획자의 경우 이 분석방법을 어렵게 생각하는 경향이 있습니다. 하지만 분석 절차와 방법만 알고 있다면 누구나 쉽게 분석할 수 있습니다.

2-4 고객 분석

기획을 하는 과정에서 고객 입장에서 생각하라는 이야기, 아마 많이 들어보셨을 겁니다. 고객 관점은 UX 분야의 근간이 되는 주제로 모든 서비스는 고객 관점에서 분석되고 기획되어야 합니다. 우리가 어디선가 들어봤던 포커스 그룹 인터뷰와 토론, 사용자 경험 등 모든 것이 다 같은 맥락이고 필요한 내용입니다. 각각의 조사방법을 상세히 다루면 좋겠지만 다소 이론적인 내용이 많기 때문에 이번 절에서는 현업에서 많이 활용되는 설문조사와 표적집단면접에 대해 자세히 알아보겠습니다.

설문조사
(Survey)

고객의 명확한 니즈를
발견하기 위한 정량적 조사방법

표적집단면접
(Focus Group Interview)

고객의 미충족 니즈를
발견하기 위한 정성적 조사방법

• 그림 3-9 설문조사와 표적집단면접의 특징

2-4-1 설문조사

설문조사는 특정 집단을 대표하는 표본을 선정해 질문하고, 그 결과를 통합해 조사 목적을 달성하는 연구 방법입니다. 주로 제품이나 서비스를 사용하고 있는 사용자들의 이용행태나 태도, 인식, 만족도를 알기 위해 실시하며, 방법으로는 온라인 설문, 면접 설문, 전화 설문, 우편 설문 등 다양한 방식이 존재합니다.

표 3-11 설문지 예시

No	조사 항목	1번	2번	3번	4번	5번
1	최근 3년간 해외여행 횟수는?	0회	1회	2회	3~5회	6회 이상
2	해외여행 목적은?	여가/위락/휴식	업무/사업	친지/친구 방문	교육/어학연수	종교 및 순례
3	해외여행 동반자는?	혼자서	배우자	친구/동료	가족	모임
4	여행지 정보 습득경로는?(다중 선택 가능)	인터넷	가이드북	지인	여행사	기타
5	여행정보를 찾기 위해 방문하는 사이트는?	검색 사이트	블로그	여행카페	여행사	해외사이트
6	5번 문항의 선택 번호 중 자주 이용하는 사이트 명과 이용하는 이유는?	주관식				
7	항공권 구매 시, 온라인 예매 사이트 선택 기준은 무엇인지?	가격이 가장 저렴한 사이트	평소 자주 이용하는 사이트	충분한 정보를 제공하는 사이트	기타	
8	숙박 구매 시, 온라인 예매 사이트 선택 기준은 무엇인지?	가격이 가장 저렴한 사이트	평소 자주 이용하는 사이트	충분한 정보를 제공하는 사이트	기타	
9	찾아본 여행지 정보는 어떻게 관리하시나요? (엑셀 문서로 관리, 워드 문서, 인쇄, 인터넷 스크랩, 스마트폰 저장 등)	주관식				
10	여행가기 전에 이런 서비스가 있었으면 하는 게 있었나요?	주관식				
11	여행 도중에 또는 여행 다녀와서 이런 서비스가 있었으면 하는 게 있었나요?	주관식				

앞서 제시한 여러 가지 설문 방법 중 실무에서 가장 많이 사용하는 방법은 온라인 설문입니다. 온라인 설문은 다른 설문에 비해 응답자를 모집하기 쉽고, 시간과 비용이 적게 들며 설계부터 분석까지의 기간이 짧기 때문에 단기간에 고객 니즈를 분석할 수 있다는 장점이 있습니다. 반면 응답자가 질문을 잘못 이해하는 경우 조사 결과에 오차가 발생할 수 있으며, 문항 수가 많거나 생각을 요하는 질문 또는 주관식 형태의 질문은 고객이 설문조사를 포기하는 원인이 됩니다. 설문지 작성에는 어느 정도의 전문성을 필요로 합니다만, 몇 가지의 설문 작성요령을 익히면 어렵지 않게 만들 수 있습니다.

설문지 작성 시 유의사항

1. 표준어를 사용하여 알기 쉽게 작성합니다.
2. 객관적인 문항으로 구성합니다.
3. 지나치게 긴 질문은 피합니다.
4. 모호한 문장이나 용어를 사용하지 않습니다.
5. 특정 답변을 유도하는 질문을 피합니다.
6. 속어나 전문용어, 약어의 사용을 피합니다.
7. 질문의 내용을 고려하여 설문의 순서를 결정합니다.

[표 3-11]과 같은 설문지 작성 완료 후에는 응답 대상자를 선정하여 배포를 진행해야 합니다. 응답 대상자의 분류는 성별, 연령별, 지역별, 사이트 방문 경로 등 다양한 기준으로 분류할 수 있는데, 대상 분류 기준이 명확해야 정확한 설문조사가 가능합니다. 자체적인 설문조사를 진행할 경우 [표 3-12]와 같이 구글이나 네이버에서 제공하는 온라인 무료 설문 도구를 이용할 수 있습니다. 참고로 이와 같은 설문조사 진행 시 모바일 상품권이나 문화상품권과 같은 적당한 수준의 경품을 제공해야 설문조사의 정확도가 올라갑니다. 또 설문 응답자 중 추첨을 통한 지급보다는 응답자 전체에게 지급하는 형태로 구성해야 설문조사의 참여율을 높일 수 있습니다.

표 3-12 설문조사 사이트

무료 설문도구		설문 전문기관	
구글 폼	https://docs.google.com/forms	서베이몽키	https://ko.surveymonkey.com
네이버 폼	http://office.naver.com	마크로밀엠브레인	http://www.embrain.com

하지만 이 이론만 가지고 설문조사를 자체적으로 진행하는 것은 생각보다 쉽지 않습니다. 또 충분한 수준의 표본이 갖춰지지 않았거나 내부 고객이 아닌 외부 고객을 대상으로 하는 경우, 대상자를 갖추는 것부터가 쉽지 않습니다. 이 경우 다양한 표본을 보유하고 있는 전문 설문조사 업체인 서베이몽키나 마크로밀엠브레인 등에 의뢰하는 것이 효과적입니다.

 표 3-13 그래프로 구성한 설문조사 결과

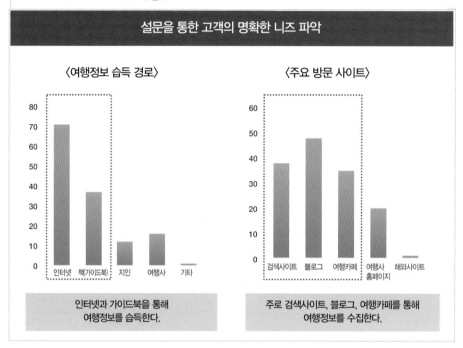

이런 과정을 거쳐 설문조사가 완료되면 각 문항별 통계 데이터를 추출하여 그래프로 시각화합니다. [표 3-13]은 개별자유여행자를 대상으로 진행한 설문조사 결과입니다. 내용을 살펴보면 여행정보는 주로 인터넷과 가이드북을 통해 습득하고 있음을 확인할 수 있습니다. 또 인터넷 정보 습득의 채널로 검색사이트나 블로그, 여행카페를 이용하고 있음을 알 수 있습니다. 이처럼 설문조사는 고객의 명확한 니즈를 찾아낼 수 있으며, 의사결정을 위한 단서를 발견할 수 있습니다.

다만 그간의 경험을 미루어 비춰볼 때 온라인을 통한 설문조사는 설문조사에 참여하는 고객의 진정성 측면에서 100% 신뢰하기 어렵습니다. 그렇기 때문에 최종 의사결정을 위한 수단으로 사용하기보다는 기초 데이터 정도로 활용하는 것이 바람직합니다.

2-4-2 표적집단면접

FGIFocus Group Interview라 불리는 표적집단면접은 대상고객들과의 인터뷰를 통해 고객 내면에 담긴 요구사항을 이끌어내는 고객 분석방법입니다. **표적집단면접**은 주로 넓은 영역의 정보와 통찰력 확보 및 자발적 의사 표현에 따른 타당성 있는 정보를 확보하고자 하는 목적으로 진행됩니다. 참가자는 사회자를 제외하고 보통 5~8인으로 구성되며, 필요에 따라 연령, 성별, 직업, 성향 등이 다른 몇 개의 그룹으로 분류하여 진행하기도 합니다. 표적집단면접은 그 목적이 무엇이냐에 따라 사회자의 역할이 나뉘게 됩니다.

먼저 아이디어를 도출하고 이를 참고로 신규 사업을 진행할 목적으로 표적집단면접을 진행하는 경우 사회자는 브레인스토밍과 같은 다양한 아이디어 도출기법을 숙지하고 있어야 합니다. 이 도출기법을 통해 참가자들의 생각을 유연하게 만들어 창의적인 아이디어가 나올 수 있는 환경을 만들어야 합니다. 또한, 참가자들의 발언에 즉각적인 리액션으로 토론 참여욕구를 북돋는 역할을 수행해야 합니다. 한국인의 경우 수직적인 문화로 인해 토론에 소극적이거나 익숙하지 못한 경우가 많으므로 표적집단면접을 진행 시 사회자의 리딩 능력이나 리액션이 충분하지 못할 경우 좋은 결과를 얻을 수 없습니다. 이러한 유형의 사회자로 개그맨 유재석을 꼽을 수 있습니다.

반면 기존 사업을 중심으로 고객들의 니즈를 파악하고 고객의 숨겨진 생각을 이끌어내고자 하는 목적으로 표적집단면접을 진행하는 경우, 사회자는 스토리텔링 능력을 갖추고 있어야 합니다. 78쪽 [표 3-14]는 상황에 따른 사회자의 질문내용이 정리된 설계입니다. 이때 친구와 이야기하듯 질문이 자연스럽지 못한 경우, 참가자들의 분위기는 경직될 수밖에 없으며 숨겨진 생각을 이끌어내기 어려울 수 있습니다. 그래서 이런 유형의 표적집단면접은 사회자의 조율능력과 분위기를 조정할 수 있는 마술사와 같은 능력을 갖추고 있어야 합니다. 이러한 유형의 사회자로 손석희 앵커를 꼽을 수 있습니다.

표 3-14 표적집단면접 설계서

Method	No.	Task	Checkpoint	Time(min.)
Orientation		• 진행자 소개, 조사 목적, 조사방법, 유의사항, 보안유지 안내 • 레코딩 양해(얼굴 녹화에 거부감 있을 시 녹음만 진행)	• 실제 평소에 친구와 얘기하듯이 편안하게 해달라. • 솔직한 의견이 필요하다. 다른 건 신경쓰지 말라. • 생각나는 것은 최대한 말로 표현해달라.	5
Phase1. 여행정보를 검색하고, 계획하는 유저 패턴 조사				**30**
여행지를 검색하는 방법에 대해서 이야기를 나눠보겠습니다. (각 항목에 대한 사용자 의견을 듣고 그 이유를 설명하게 한다) 현재 또는 예전의 경험을 바탕으로 무슨 이야기든 편하게 해주셔도 되고, 실제 컴퓨터나 기타 여러 자료를 활용해 주시면 됩니다.				
Interview	1-A	다음 달 여행을 간다면, 어디로 가고 싶나요?		
		_ 그 이유는요?		
	1-B	그 국가(도시포함)에 가기로 결정되었다면, 다음에 무엇을 하실 건가요?		
		_ 행동양식 파악하기 (인터넷 검색, 카메라 준비 등)		
	1-C	자유여행을 다녀왔을 때, 여행정보를 어떻게 취득하고 어떻게 활용하셨나요?		
		_ 왜 여행정보를 거기서 취득했는지, 취득한 정보를 추후 어떻게 가공하는지		
Phase2. 서비스 콘셉트에 대한 의견 수집				**20**
지금부터는 어떤 서비스 형상에 관해서 간략히 설명을 드리고 몇 가지 질문을 드리겠습니다. 서비스에 대한 느낌을 자유롭게 말씀해주세요. -여행 일정 관리 및 리뷰, 온라인 무료 가이드북, 자유여행 상품구매 등				
Interview	2-A	여행 일정을 쉽게 만들고 관리할 수 있다면 어떨까요?		
	2-B	호텔, 항공 가격을 한 곳에서 검색하고 결정할 수 있다면 어떨까요?		
	2-C	호텔, 관광지에 대한 여행자들의 리뷰를 볼 수 있다면 어떨까요?		
Phase3. 마무리 인터뷰				**5**
Interview	3-A	새롭게 출시될 서비스에 바라는 점?		
인터뷰 종료				
장시간 동안 수고하셨습니다. ○○님이 주신 의견이 많은 도움이 되었습니다. 앞으로 오픈 될 서비스에도 지속적인 관심 부탁드리며, 추가 의견이 있으시면 연락받은 이메일로 내용을 보내주시기 바랍니다. 감사합니다.				

이렇게 표적집단면접의 진행 유형에 따라 각기 다른 역량이 필요합니다. 아울러 이 두 가지 유형의 사회자에게 공통적으로 요구되는 덕목은 어느 한쪽에 치우치지 않는 중립적인 성향과 함께 진행하고자 하는 주제와 관련된 해박한 지식입니다. 이를 통해 적절히 분위기를 조율하고 참가자들의 막혀있는 생각을 풀어주는 역할을 수행해야 합니다. 참고로 FGDFocus Group Discussion와 표적집단면접의 의미를 혼동하는 경우가 있는데, 마케팅 기관이나 전문적인 리서치 기관의 용어적 차이일 뿐, 사실상 동일한 방식이라 볼 수 있습니다.

사전 준비	▶	심층 인터뷰 진행	▶	표적집단면접 결과 도출	▶	인터뷰 리포트
1. 인터뷰 목적 수립 2. 인터뷰 대상자 선정 3. 인터뷰 스케줄링 4. 인터뷰 설문지 작성		니즈 분석을 위한 표적집단 대면 인터뷰 진행		심층 인터뷰 결과를 기반으로 주요 고객가치 도출		심층 인터뷰와 표적집단면접 결과의 요약과 시사점을 통한 분석 실시

● 그림 3-10 표적집단면접 진행 프로세스

　이렇게 표적집단면접의 간략한 정의와 사회자의 역할에 대해 정리해봤는데, 표적집단면접은 [그림 3-10]과 같이 사전 준비, 심층 인터뷰 진행, 결과 도출, 리포트 단계로 진행됩니다. 즉 참가자 간에 상호 영향을 미치도록 질문을 전달하고 개개인의 반응을 통합하여 가설을 추출하고 검증을 함으로써 표적집단면접의 과정이 마무리됩니다.

● 그림 3-11 표적집단면접 진행 모습

보통 표적집단면접은 3~4시간가량 진행되며 처음 만난 사람들과 특정 주제에 대해 이야기를 나누기 때문에 사전 준비 없이 인터뷰를 진행할 경우 목적을 달성하기가 어렵습니다. 원활한 인터뷰 진행을 위해서는 토론을 위한 아젠다Agenda를 준비해야 하며 사전 준비 단계에서부터 구체적인 조사 계획을 세워야 합니다. 또 인터뷰 시작부터 종료까지 모든 과정과 중간에 발생할 수 있는 변수를 상세하게 계획해야 합니다.

[표 3-14]는 개별자유여행자들의 여행 성향 파악을 위한 조사설계서로 '오리엔테이션 → 질문 → 마무리 인터뷰' 순서로 큰 흐름을 정리하고, 조사 목적별로 단계를 나눠 질문 리스트를 만들었습니다. 원활한 토론 진행을 위해 각 단계별로 진행방법을 기술했고 인터뷰 시간을 적절히 배분했습니다. 이런 주요 체크포인트에 대해 상세히 정리하여 인터뷰가 엉뚱한 방향으로 흘러가는 것을 미연에 방지해야 합니다. 또 인터뷰 시 전문적인 속기사를 통해 대화 내용을 기록하는 것이 좋으나 이것이 어려울 경우, 꼭 녹음을 통해 참가자들의 대화 내용을 기록하고 이 기록을 리포트로 작성해야 합니다.

표적집단면접은 고객의 이야기를 직접 듣기 어려운 상황에서 수치로 나타내기 어려운 고객심리와 내재된 니즈를 발견할 수 있습니다. 또한 내부에서 전혀 생각하지 못했던 창의적 아이디어를 이끌어내는데 탁월한 리서치 방법입니다. 다만, 정해진 동선에 따라 진행되는 표적집단면접의 특성상 준비가 소홀하거나 사회자의 역량이 부족할 경우, 목적했던 결과를 이뤄내기 쉽지 않다는 점을 잊지 마시기 바랍니다.

3_ 포지셔닝, 목표시장과 핵심고객 선정

앞서 정리했던 chapter 03의 '2_ 현황 파악을 위한 데이터 분석[57p]'이 전반적인 상황을 분석하는 단계였다면 이번 절에서는 본격적인 전략 기획의 단계로 앞의 분석결과를 바탕으로 우리가 진입할 목표시장과 핵심고객을 정의합니다. 우리는 이를 포지셔닝이라 부르며, 포지셔닝 분석방법으로는 시장을 세분화Segmentation하고, 핵심고객을 선정Targeting하며, 사업의 위치를 선정Positioning하는 STP 분석이 가장 많이 활용됩니다. 인터넷 초창기에는 모든 고객을 대상으로 사이트를 만들었습니다. 하지만 고객의 니즈가 다양해진 지금은 소비자 욕구에 따라 고객 그룹을 세분화하고 시장 상황과 자사의 능력을 고려해 역량을 집중할 수 있는 시장을 선정합니다. 그다음, 핵심고객에게 우리 사이트를 이용해야 하는 명확한 이유를 제시해야 합니다. 그들이 곧 충성고객이 되고 입소문의 시발점이 되기 때문입니다.

시장세분화   핵심고객 선정   목표시장 선정
(Segmentation)   (Targeting)   (Positioning)

• 그림 3-12 STP 전략

3-1 시장세분화

시장세분화는 전체 소비자 중에서 특정 서비스에 대한 태도, 의견, 구매 행동 등에서 비슷한 성향을 가진 사람들을 분류해 하나의 집단으로 묶는 과정입니다. 스마트폰 시장의 경우 삼성, LG, 애플, HTC, 노키아, 소니 등 특정 브랜드를 선호하는 고객군이 있습니다. 또 각진 모양, 둥근 모양, 메탈 소재, 가죽 소재 등 특정 디자인을 선호하는 고객도 있으며, 화면 크기나 무게에 중점을 두는 고객도 있습니다. 이처럼 고객마다 구매 성향이 제각기 다르기 때문에 기업은 제품을 만들기 전 시장세분화를 선행해야 합니다.

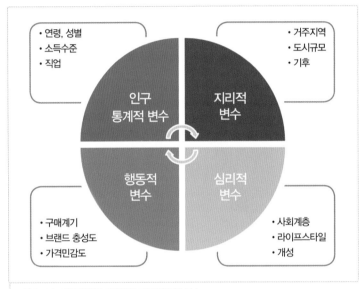

* **그림 3-13** 시장세분화 과정에서 고려해야 할 변수

시장세분화 변수는 크게 **인구통계적 변수**, **지리적 변수**, **행동적 변수**, **심리적 변수**로 나눌 수 있습니다. 시장을 세분화하게 되면 고객 니즈를 보다 정확하게 맞춰 줄 수 있으므로 그렇지 않은 기업에 비해 경쟁우위를 가질 수 있습니다. 또 이렇게 고객을 좁히면 특정 고객의 상황, 생활양식, 관심사, 원하는 것, 현재 심적 상태 등을 구체적으로 알아낼 수 있어 고객의 만족도를 높일 수 있습니다.

표 3-15 연령과 성별에 따른 시장세분화[8]

연령	성별	여행 성향	블로그/커뮤니티 정보 습득	개별자유여행 상품 이용경험	첫 해외여행 시기
20대	남성	학생, 직장인 1년~5년 차.	67.7%	51.5%	17.7%
	여성	주로 블로그/커뮤니티를 통해 여행정보를 습득하고, 개별자유여행에 대한 선호도가 높으며, 실속 있게 여행하기 위해 가격비교를 중요시 여긴다.	82.5%	51.7%	21.7%
30대	남성	직장인 6년~10년 차.	75.8%	40.3%	14.1%
	여성	해외여행을 자주 가는 연령대로 가격이 약간 비싸더라도 즐겁고 행복한 여행을 선호한다. 정보의 신뢰성을 중요시 여기며, 쓸 곳에는 과감히 쓰고 쓰지 않을 곳에는 최대한 절약하는 형태를 취한다.	73.5%	42.2%	17%
40대	남성	직장인, 주부	74.4%	37.8%	16.7%
	여성	가족과의 여행을 중요한 가치로 생각하며, 여행예산에 크게 구애받지 않고, 여행사의 여행상품을 선호한다.	61.3%	28.4%	28.4%
50대 이상	남성	정년퇴직, 주부	50.7%	39.4%	22.5%
	여성	계 모임이나 동호회 등의 단체여행이 많고, 가까운 동남아 여행을 선호하며, 여행사의 여행상품을 선호한다.	48.6%	23.6%	25%

[표 3-15]의 실제 시장세분화 사례를 살펴보면 인구통계적 변수인 연령과 성별이 구분되어 있습니다. 여기에 행동적 변수인 정보 습득 채널, 구매 상품, 여행 시기 그리고 심리적 변수인 여행 성향을 분석하여 8개의 대상 그룹이 분류되어 있습니다. 대상별 특성을 비교해보면 20대와 50대 이상은 개별자유여행 상품 이용경험에 큰 차이를 보이고, 20대 안에서도 성별에 따라 정보 습득 채널 이용률에 큰 차이가 있습니다. 이처럼 어떤 기준으로 분류하느냐에 따라 고객 그룹이 달라지기 때문에 시장세분화 변수를 적절히 대입하여 가치 있는 고객 그룹을 찾아내야 합니다.

이러한 세분화 과정은 분석 변수에 따라 그 결과가 크게 달라지기 때문에 실제 고객을 상상하며 연령, 성별, 구매경험 등의 변수를 도출하는 것이 효과적입니다. 시장세분화 결과에 따라 핵심고객과 기회고객이 달라지고, 대상고객에 따라 서비스의 방향이 달라지기 때문에 시간이 다소 오래 걸리더라도 이 과정을 소홀히 해서는 안 됩니다.

저자주

8 ― * 한국관광공사 ― 2013 해외여행트렌드 전망 보고서

3-2 핵심고객 선정

시장세분화를 통해 다수의 세분화시장을 분류했다면 그중에서 단 하나만의 시장을 정해 우리 서비스를 이용할 핵심고객 그룹을 선정해야 합니다. 미국의 코미디언 빌 코스비는 "성공의 열쇠는 잘 모르겠지만, 실패의 열쇠는 잘 안다. 실패의 열쇠는 모든 사람을 만족시키려고 하는 것이다"라고 말했습니다. 모든 고객을 만족시킨다는 것은 사실상 불가능한 일입니다. 목표를 분명히 해야 선택과 집중에 의해 효과적인 전략 수립이 가능합니다.

연령	성별	블로그/ 커뮤니티 정보 습득	개별자유여행 이용률
20대	남성	67.7%	51.5%
	여성	**82.5%**	**51.7%**
30대	남성	75.8%	40.3%
	여성	**73.5%**	**42.2%**
40대	남성	74.4%	37.8%
	여성	61.3%	28.4%
50대 이상	남성	50.7%	39.4%
	여성	48.6%	23.6%

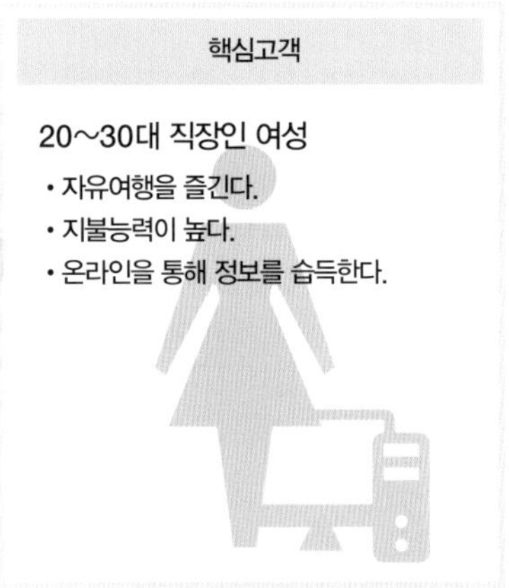

핵심고객

20~30대 직장인 여성
· 자유여행을 즐긴다.
· 지불능력이 높다.
· 온라인을 통해 정보를 습득한다.

* 그림 3-14 핵심고객 선정

[그림 3-14]를 살펴보면 시장세분화를 통해 분류된 고객 그룹 중 해외여행 경험이 있는 20~30대 직장인 여성을 핵심고객으로 선정하였습니다. 그 이유는 여행을 준비할 때 다른 그룹에 비해 온라인 활용도와 개별자유여행 상품 이용률이 높으며, 대학생보다는 지불능력이 높아 다양한 수익모델을 고민해 볼 수 있기 때문입니다.

서비스의 핵심고객을 선정했다면 다음으로 최종 사용자의 프로파일을 구체화해야 합니다. 이를 페르소나라 부르는데 최종 사용자를 얼마만큼 이해하느냐가 성공을 좌우하기 때문에 성별, 연령, 수입, 거주지, 욕구, 걱정, 여가, 구매 의사결정 기준, 개성 등의 개인적 성향을 구체적으로 기술해야 합니다. 페르소나가 완성되었다면 이제 더 이상 고객이 무엇을 원하는지 엉뚱한 가설을 세워놓고 고민할 필요가 없습니다. 가상의 고객인 페르소나가 의사결정의 기준이 되기 때문입니다. 페르소나에 대한 내용은 구축 단계인 'chapter 04_ 깔끔하게 마무리 짓는 웹사이트 구축[103p]'에서 자세히 설명하겠습니다.

3-3 목표시장 설정

포지셔닝은 고객의 마음속에 경쟁사와 차별화되는 강력한 이미지를 심어주는 과정입니다. 네이버는 검색과 지식iN, 카카오톡은 모바일 메신저, 유튜브는 동영상 공유, 티켓몬스터는 반값 할인쿠폰으로 연상되듯 인기 서비스는 각자만의 명확한 포지셔닝을 가지고 있습니다. 이처럼 명확한 포지셔닝을 가진 서비스는 고객 마음속에 강하게 파고들게 됩니다. 이 과정에서 자연스럽게 입소문이 유발되며 시장점유율을 높일 수 있습니다. 포지셔닝은 무수히 많은 경쟁사들 속에서 경쟁우위를 선점하기 위한 과정으로 차별화가 핵심이 되어야 합니다.

[그림 3-15]와 같이 2차원 그래프를 활용한다면 보다 쉬운 분석이 가능합니다. 먼저 가로축과 세로축에 브랜드, 가격, 제품성능, 성별, 연령 등의 변수를 대입합니다. 그다음 경쟁사와 자사의 위치를 한눈에 파악할 수 있도록 포지셔닝 맵 위에 올려놓습니다. 포지셔닝 맵은 변수에 따라 위치가 크게 달라지기 때문에 변수를 바꿔가며 여러 가지 맵을 그려봅니다. 이 과정을 반복하다 보면 어느 순간 빈 공간이 나타나는데 바로 그 공간이 우리가 시장에서 1등을 할 수 있는 매력적인 시장이라고 볼 수 있습니다.

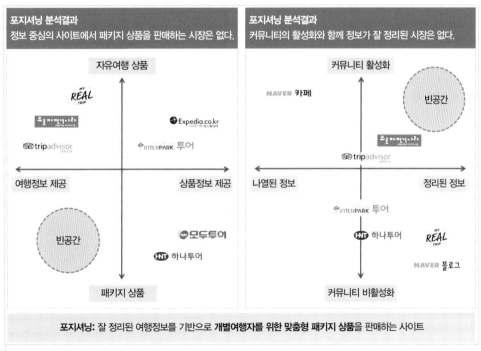

• 그림 3-15 포지셔닝 맵 예시

[그림 3-15]의 좌측 맵을 보면 여행정보와 함께 패키지 상품을 판매하는 공간이 비어있고, 우측 맵에서는 정리된 정보와 함께 커뮤니티가 활성화된 공간이 비어있습니다. 이 두 개의 포지셔닝 맵을 합쳐 정리한 여행정보를 기반으로 개별여행자를 위한 맞춤형 패키지 상품을 판매하는 사이트라는 새로운 시장을 찾아낼 수 있습니다. 여기에 앞서 설명했던 STP 분석을 적용하여 발굴한 핵심대상과 목표시장이 정의되어 있다면 전략 기획의 50%는 진행됐다고 볼 수 있습니다.

지금까지 명확한 포지셔닝을 위해 시장을 세분화하는 방법과 핵심고객을 발굴하는 방법 그리고 목표시장을 찾는 방법을 간단히 살펴보았습니다. 이 과정들은 전략 기획의 완성을 위해 만들어 두었던 각각의 블록입니다. 다음 '4_ 전략 기획서 작성^{87P}'에서는 앞에서 만들어둔 블록들을 조립하고 세밀하게 다듬는 방법을 확인할 수 있습니다.

4_ 전략 기획서 작성

전략 기획서는 의사결정자 또는 업무 유관부서를 설득하기 위해 작성하는 문서입니다. 사업의 크기를 떠나 일단 사업이 시작되면 그곳에 많은 시간과 비용, 인력이 투입됩니다. 때문에 전략 기획서 안에는 서비스 콘셉트, 수익모델, 일정, 투입인력 등의 전략이 유기적으로 연결되어 있어야 합니다. 그리고 이들 요소를 하나로 모은 사업 성공의 핵심이 있어야 합니다.

우리가 만들고자 하는 서비스는 지금까지 없었던 새로운 콘셉트의 시장을 만들어 내는 것일 수도 있습니다. 또 티켓몬스터, 쿠팡, 위메프와 같이 동종 업계에서 승리하기 위한 것일 수도 있으며, 고객의 요구에 의해 기존 서비스를 개선하는 것일 수도 있습니다. 최고의 서비스는 고객의 마음속에서 '이렇게 해줬으면...'을 넘어서 '이렇게까지 해주다니!!'와 같이 진정으로 감동하고 고객의 기대를 넘어서는 무언가가 있어야 합니다. 그리고 그것이 곧 전략의 근간입니다.

전략 기획서 작성 편에서는 이 근간을 탄탄히 갖추기 위한 사이트 콘셉트와 고객가치를 정의하고 서비스의 핵심역량과 수익모델 구축에 대한 생각을 정리했습니다. 아울러 전략 기획의 마무리 단계인 프로젝트 진행을 위한 일정 산출과 인력구성 노하우를 정리하며 'chapter 03 웹사이트 구축 워밍업⁵¹ᴾ'을 마무리하겠습니다.

4-1 사이트 콘셉트 및 고객가치 정의

앞서 STP 분석을 통해 핵심고객 선정과 함께 최종 사용자의 페르소나도 완성했습니다. 이제는 사이트 콘셉트를 정의하는 단계로 고객의 입장에서 고객에게 꼭 필요한 서비스를 마음껏 떠올리면 됩니다. 최초의 아이디어를 확장해도 좋고 전혀 다른 콘셉트의 새로운 아이디어를 제시해도 좋습니다. 내부자원의 한계나 구현 가능성을 배제하고 오로지 사업 목표와 핵심고객을 떠올리며 고객이 사용할 만한 아이디어를 발굴하는 것이 이번 단계의 핵심입니다. 다양한 아이디어 도출을 위해서는 브레인스토밍이 효과적이며 회의에는 기획, 개발, 디자인 등 각 분야의 실무자와 함께 페르소나와 일치하는 실제 고객이 참여하는 것이 효과적입니다.

브레인스토밍이란?

브레인스토밍은 미국의 광고회사 BBDO의 알렉스 오즈번에 의해 만들어진 집단 발상 기법으로 창의적인 아이디어가 고갈되었다고 느껴지는 경우 팀원들이 함께 모여 생각을 교환하며 서로의 아이디어를 격려하는 방식입니다. 브레인스토밍은 다음 네 가지 규칙을 따릅니다.

1 어떠한 제안이든 판단이나 비판을 하지 않습니다.

2 다소 비현실적인 아이디어라도 수용합니다.

3 아이디어는 많을수록 좋습니다.

4 각 아이디어들을 결합하거나 조합하여 새로운 아이디어를 만들 수 있습니다.

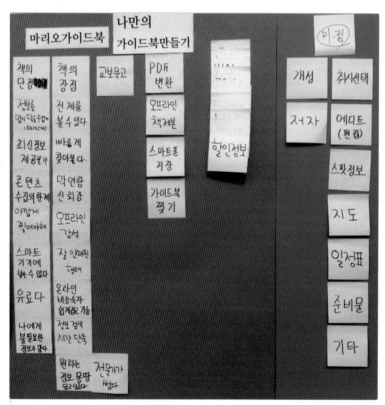

그림 3-16 브레인스토밍을 통한 아이디어 도출

　　브레인스토밍으로 다양한 아이디어가 도출되었다면 [그림 3-16]과 같이 주요 키워드를 포스트잇에 기록한 후 칠판이나 벽면에 붙여놓고 선별작업을 거쳐 그룹을 짓고 우선순위를 정합니다. 그림의 좌측 상단을 보면 마리오가이드북라는 그룹명이 보이는데 소속된 키워드를 정리하면 다음과 같은 결과를 얻어낼 수 있습니다.

1. **책의 단점:** 큰 부피로 인해 정보를 담을 수 없으며, 최신 정보의 제공이 쉽지 않고, 콘텐츠 수집에 한계가 있습니다.
2. **책의 장점:** 여행지의 빠른 열람, 전문가를 통한 신뢰감, 온라인 비능숙자도 쉽게 접근이 가능합니다.
3. **Fact:** 자유여행자들의 90% 이상이 가이드북을 구입하거나 참고합니다.
4. **Goal:** 서점에서 파는 책 수준을 넘어서는 온라인 무료 가이드북입니다.

이렇게 탄생한 투어팁스(http://www.tourtips.com)의 가이드북은 오픈 시점에서 1년도 채 안 되어 100만 건[9]이 넘는 다운로드를 기록했고 지금도 고객들의 많은 사랑을 받고 있습니다. 이처럼 명확한 서비스 콘셉트와 고객가치 위에 기획된 서비스는 고객의 입소문과 지지를 한 번에 얻어낼 수 있습니다.

• 그림 3-17 왓챠의 로그인 화면

저자주

9 … 약 30초에 1건씩 1년 동안 다운받은 수치

또 다른 사례로 사용자 맞춤 영화 추천 서비스 왓챠(http://watcha.net)를 살펴보겠습니다. 왓챠에 처음 접속하면 2개의 문구가 눈에 띄는데 "오늘 영화도 부탁해!"라는 타이틀과 "왓챠는 오늘 영화 뭐 볼까?를 해결하는 서비스입니다."라는 카피를 통해 영화 추천 서비스라는 것을 명확하게 전달하고 있습니다.

이 사이트를 한 번이라도 이용해본 사람은 계속해서 영화 평점을 남기게 되는데, 평점을 남기는 과정이 재미있고 내가 남긴 평점이 누적되어 내 성향에 꼭 맞는 영화를 추천해주기 때문입니다. 왓챠는 '오늘 영화 뭐 볼까?'를 고민하는 고객의 욕구를 발견했고 그것을 해결하기 위해 그들만의 정교한 추천 프로세스를 만들어 서비스의 핵심에만 집중했습니다. 왓챠는 오픈 후 1년이 채 되기도 전에 기존의 평점 서비스 강자인 네이버 영화의 별점 평가 DB를 넘어서며 현재는 포털도 따라올 수 없는 독창적인 영화 추천 서비스를 운영하고 있습니다.[10]

앞의 두 사례에서 알 수 있듯이 고객이 우리 서비스를 이용하는 목적은 단 하나입니다. 아무리 사이트를 잘 만들어도 고객이 사용하지 않으면 실패할 수밖에 없기 때문에 고객가치를 가장 먼저 생각하고, 고객을 충족시켜줄 수 있는 서비스 콘셉트와 핵심역량을 정의해야 합니다. 이에 대해 충분히 고민이 되었다면 [표 3-16]과 같이 추진목적, 서비스 콘셉트, 핵심대상, 고객가치, 핵심역량을 하나의 표로 완성할 수 있으며 이것이 곧 사이트 구축의 핵심전략이 됩니다.

표 3-16 서비스 콘셉트 및 전략

추진목적	사진을 매개로 한 모바일 SNS 구축
서비스 콘셉트	스마트폰으로 촬영한 일상 사진의 공유
핵심대상	10대 후반~20대 남녀 친구/인맥 형성 및 관리에 관심이 많고, 스마트폰 등 모바일 단말 커뮤니케이션에 익숙한 세대
고객가치	• 나의 일상과 감성을 공유하는 즐거움이 있다. • 매력적인 필터로 사진을 아주 쉽게 보정한다. • 사진을 통한 새로운 만남을 기대한다.
핵심역량	• 매력적인 필터: '필터 기획' + '이미지 프로세싱 기술' • 매우 빠른 업로드: 쉽고 간편한 UI + 빠른 업로드 처리

저자주

10 ─ 출처: 〈영화 추천 서비스 왓챠, 네이버 영화 추월〉(서울경제, 2013.01)

4-2 핵심역량

핵심역량은 경쟁자가 따라올 수 없는 차별화된 역량을 의미합니다. 그리고 그 역량을 통해 고객에게 꼭 사용해야만 하는 가치를 심어줘야 합니다. 앞서 사이트 콘셉트의 성공적 사례로 소개했던 왓챠(http://www.watcha.net)의 경우 고객 맞춤형 영화 추천 알고리즘이 핵심역량입니다. 또 현지인 여행가이드를 중개하는 마이리얼트립(http://www.myrealtrip.com)과 같은 서비스는 국가별 테마에 따라 선택이 가능한 여행가이드 인력풀 보유가 핵심역량입니다. 이처럼 핵심역량은 가격이나 사용자 경험 혹은 고객 서비스가 될 수도 있습니다. 위의 사례에서 보듯 핵심역량은 단순히 타 업체가 가지지 못한 요소만을 갖추는 것으로는 부족합니다. 여기에 고객의 패턴 분석을 통한 니즈가 결합되어야 합니다.

＊ 그림 3-18 고객 니즈에 따른 핵심역량 설정

[그림 3-18]은 사진 관련 스마트폰 애플리케이션 개발 과정에서 정의했던 핵심역량의 일부 자료입니다. 스마트폰의 국내 출시 초창기의 사진촬영 패턴은 촬영과 저장, 기록에 맞춰져 있었습니다. 그러나 점차 스마트폰이 활성화되고 SNS 수요의 폭발적 증가에 따라 단지 촬영에 그치는 것이 아니라 타인에게 멋지게 보이고픈 고객의 니즈가 생겼습니다. 다른 사진 애플리케이션이 갖추지 못한 요소뿐만 아니라 고객의 패턴 변화와 니즈에 근거한 필터 적용을 애플리케이션의 핵심역량으로 정의했습니다. 이렇게 정의된 역량은 개념적 역량으로 구체화 과정이 따르지 못할 경우 공염불에 불과한 상황이 만들어집니다. 다음 [그림 3-19]는 프로세스라는 구체화 과정이 적용되었습니다. 이를 통해 고객의 사용성과 연결되는 요소를 결합함으로써 핵심역량을 강화하고 있습니다.

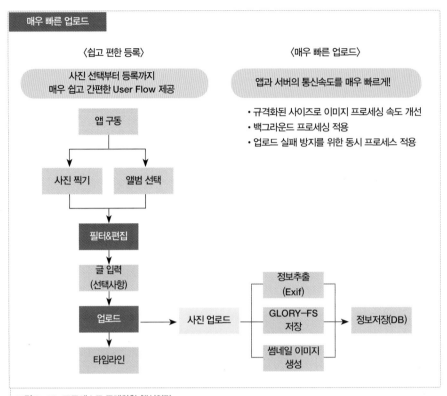

• 그림 3-19 프로세스로 구체화한 핵심역량

　　이처럼 전략문서에 담기는 핵심역량은 경쟁사와의 차별화 요소와 그것을 어떻게 실현할 수 있는지에 대한 구체적인 방안까지 정의되어야 합니다. 이렇게 정의된 핵심역량은 서비스의 어떤 요소보다도 우선시 되어야 하며, 개발의 어려움이나 기타 다른 저해요소로 인해 역량이 희석되는 일을 최소화해야 합니다. 아울러 핵심역량을 완성하는 과정에서 한가지 기억해야 할 점은 핵심역량은 영원히 이어지지 않는다는 겁니다. 핵심역량은 시간이 지남에 따라 트렌드라는 이름으로 점차 보편화됩니다. 특히 웹 환경보다 더 빠른 변화를 보이는 모바일 환경에서는 보편화 주기가 짧을 수밖에 없습니다. 때문에 경쟁업체들의 흐름을 지속적으로 체크해야 할 뿐만 아니라, 새로운 역량을 발굴하는 일 역시 게을리하지 말아야 합니다.

4-3 수익모델

일상적으로 웹사이트나 모바일 애플리케이션을 이용하다가 보면 '도대체 얘네들의 수익모델은 뭘까?'하는 생각이 드는 곳들이 의외로 많은 편입니다. 물론 제가 자세히 들여다보지 않았기에 그들의 수익모델을 찾지 못했을 수도 있습니다. 하지만 기획 과정에서 수익모델의 충분한 고민 없이 '많은 회원 수와 페이지뷰 확보만 하면 자연스레 돈이 벌릴 것이다'와 같은 안일한 생각으로 접근하는 경우도 분명히 있을 겁니다. 사실 2000년대 초반만 하더라도 **수익모델 = 회원 수**로 생각하는 것이 일반적이었습니다. 부끄럽지만 저 역시도 당시엔 수익모델을 고려한 기획 고민은 거의 하지 않았던 것 같습니다.[11] 하지만 현재의 온라인 환경은 수익모델에 대한 고민이 선행되지 않은 상태에서는 기업의 발전은 고사하고 존속 자체도 어려울 만큼 필수적인 과제가 되었습니다.

아직도 적지 않은 수의 IT 기업들이 트래픽만 확보되면 어떤 식으로도 수익모델을 만들 수 있을 거란 긍정적인 미래를 상상합니다. 하지만 과연 서비스를 올리기만 하면 끝날까요? 회사 운영 비용은 차치하더라도 회원을 끌어모으기 위한 마케팅 비용이나 서비스 유지에 필요한 서버, 회선 비용 등의 고정비가 발생하게 됩니다. 이 때문에 적절한 수익모델을 찾지 못하는 경우 사이트를 잘 만들어 놓고도 접어야 하는 상황까지 갈 수도 있습니다.[12]

모바일 메신저로 유명한 카카오톡에서도 그와 유사한 사례를 찾아볼 수 있습니다. 카카오톡의 2009년부터 2011년까지 재무제표를 살펴보면 누적손실이 약 209억여 원에 달하는 것으로 확인됩니다.[13] 이 손실의 상당수는 [표 3-17]과 같이 단기간 내 폭발적으로 증가한 사용자를 수용하기 위한 서버나 회선 등의 인프라 구축에 집중되었습니다. 이러한 상황 탓에 카카오톡은 지속적인 성장을 이뤄냄과 동시에 불안요소도 함께 가지고 있었습니다.[14]

저자주

11 ─ 당시엔 많은 회원을 유치하고 충분한 페이지뷰만 있다면 투자하겠다는 곳이 넘쳐나던 IT 버블 시대였다는 것을 감안해도 부끄러운 것은 달라지지 않는다.

12 ─ 과거 아이러브스쿨 역시도 서비스 오픈 이후 폭발적으로 늘어나는 고객으로 인해 서버 증설 등의 안정화 비용 확보에 어려움을 겪었던 전례가 있다.

13 ─ 출처: 삼일 회계법인 2011년 감사결과 자료

14 ─ 2011년 당시 서비스의 인기에 못 미치는 불분명한 수익모델 탓에 유료화 루머도 돌았다.

표 3-17 카카오톡의 2011년부터 2012년 사이의 사용자 수 증가 추이 [15]

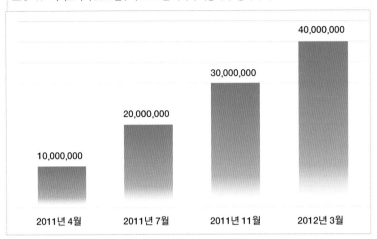

하지만 다행스럽게도 애니팡으로 대표되는 게임 연계서비스가 공전의 히트를 기록하며 모바일 게임 퍼블리싱을 통한 안정적인 수익모델을 확보했습니다. 뒤이어서 광고와 아이템 판매 등의 추가 수익모델을 발굴하며 2012년도에 결국 흑자전환에 성공했으며, 국내 2위 포털 서비스였던 다음Daum을 인수 합병하였습니다. 카카오톡의 이러한 성공의 근간에는 서비스 초기, 수익모델에 대한 충분한 고민이 있었기 때문입니다. 2011년 초 카카오톡은 쇼핑, 게임, 영화, 음악, 오피스 등의 콘텐츠와 서비스가 결합되는 플랫폼을 만들겠다는 전략을 갖고 있었습니다. 물론 그 과정에서 일부 시행착오도 있었지만 현재에 이르러 당시 전략을 바탕으로 큰 수익을 거두고 있으며 이런 성장의 흐름은 당분간 꺾이지 않을 것으로 예상됩니다. [16]

하나의 가정이겠지만 만약 카카오톡이 당시에 수익모델의 고민이 없었거나 뒤늦게 수익에 대한 필요성을 인식했다면 카카오톡은 지금 우리 곁에 없을 수도 있습니다. 이 책의 'chapter 01_ 기획자? 웹 기획자!?[23p]'에서도 언급했듯이 고객이 이용해야만 하는 당위성을 먼저 갖춰야 합니다. 하지만 확실한 수익모델을 발굴하는 것 또한 중요한 요소이며 전략 기획 단계에서 충분히 고민되어야 합니다.

저자주

15 … 출처: 위키피디아 한국어판 http://ko.wikipedia.org/wiki/카카오톡
16 … 출처: 카카오톡 개발스토리&인기비결 "카카오톡 안 쓰면 원시인?"... 스마트폰 무료 메신저로 신드롬 일으키며 '인기폭발'(조선닷컴, 2011.03)

4-4 일정 산출 및 인력구성

드디어 전략 기획의 마지막 단계인 **일정 산출 및 인력구성**입니다. 일정을 산출하기 위해서는 앞에서 정의한 서비스 콘셉트를 기반으로 전체 프로젝트를 큰 카테고리로 나눕니다. 그다음 카테고리별로 작업 요소를 세분화하고 각 작업 요소별로 투입되는 인력과 시간을 산정합니다. 이 책을 통해 게시판은 며칠, 회원가입은 며칠 하는 식의 정량화된 가이드는 제공되지 않습니다. 그 이유는 각 작업의 범위나 업무능력 또는 내외부 상황이 같을 수 없기 때문입니다. 일정 산출을 위해서는 많은 업무 경험을 필요로 합니다. 하지만 업무 경험이 부족한 경우 개발자나 디자이너가 제시하는 주관적인 일정에 의존할 수밖에 없습니다.

물론 의존 자체가 문제 될 것은 없습니다만 사람에 따라 너무 방어적으로 잡거나 그 반대로 촉박하게 잡을 수도 있습니다. 이를 잘 조율하기 위해서는 디자이너나 개발자의 업무역량이나 전문 분야를 파악해야 합니다. 이때 도움을 얻을 수 있는 것이 주간, 월간 업무 보고서입니다.

표 3-18 프로젝트 일정[17]

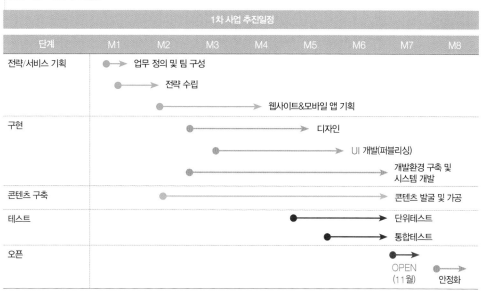

1차 사업 추진일정								
단계	M1	M2	M3	M4	M5	M6	M7	M8
전략/서비스 기획	●→ 업무 정의 및 팀 구성							
		●→ 전략 수립						
		●——→ 웹사이트&모바일 앱 기획						
구현			●———————→ 디자인					
			●———————→ UI 개발(퍼블리싱)					
			●———————→ 개발환경 구축 및 시스템 개발					
콘텐츠 구축		●—————————————→ 콘텐츠 발굴 및 가공						
테스트					●——→ 단위테스트			
					●→ 통합테스트			
오픈						●→ OPEN (11월)	●→ 안정화	

업무 보고서를 살펴보면 그 사람의 주요 분야나 단위 프로젝트를 수행함에 있어 얼마만큼의 시간이 소요되는가를 대략적으로나마 파악할 수 있습니다. 또한 현재나 미래에 이들의 업무 과

저자주
17 — 출처: 위키피디아 한국어판 http://ko.wikipedia.org/wiki/카카오톡

부하가 있는지 등을 파악할 수 있어, 일정 산출에 도움을 얻을 수 있습니다.

이런 과정을 거쳐 일정이 완성되면 이제, 사이트 오픈을 위한 인력을 산출할 수 있습니다. 인력구성은 경력에 따라 초급, 중급, 고급으로 분류하고, 직군에 따라 기획자, 디자이너, 퍼블리셔, 개발자로 분류하여 [표 3-19]와 같이 필요인력을 산출합니다. 사이트 구축을 위해 필요한 인력을 보유하고 있거나 충원할 수 있다면 초기 일정계획의 변경 없이 진행 가능합니다. 하지만 인력이 부족한 경우 프로젝트 범위를 조정해야 합니다.

표 3-19 투입인력 계획[18]

중급 이상 인력구성										
구분	등급	투입월								합계
		M1	M2	M3	M4	M5	M6	M7	M8	
PM	고급	0.5	0.75	0.75	0.5	0.5	0.5	0.5	0.5	4.5
기획	고급	1.0	1.0	1.0						3.0
	중급		1.0	1.0	0.5	0.5	0.5	0.5		4
디자인	고급		0.5	1.0	1.0	.				2.5
	중급			2.5	2.5	1.5	1.0	0.5		8
HTML 코딩	중급		0.5	1.5	2.0	1.0	0.5	0.5		6
개발	고급		1.0	2.0	2.0	2.0	1.0	1.0		9
	중급		0.5	2.0	2.0	2.0	2.0	2.0	0.5	11
합계		1.5	5.3	11.8	10.5	7.5	5.5	5.0	1.0	48.0

참고로 프로젝트를 제작, 납품하는 웹 에이전시나 SI 업체의 경우 [표 3-19]에 기재된 맨먼스 Man-Month에 근거하여 견적을 산출하게 됩니다. 이때 적용되는 인력별 노임단가의 기준은 한국소프트웨어산업협회(https://www.sw.or.kr)에서 제공하는 공시 기준을 따릅니다.

저자주

18… 출처: 위키피디아 한국어판 http://ko.wikipedia.org/wiki/카카오톡

5_ 마치며

지금까지 전략 기획서 작성에 필요한 시장과 경쟁사, 자사 및 고객을 대상으로 한 데이터 분석 방법과 이를 토대로 한 목표시장 및 핵심고객의 선정방법을 정리해봤습니다. 또한, 전략 기획서 작성 시 꼭 고민해야 할 요소들도 함께 정리했습니다. 모든 기획은 전략에서 시작됩니다. 그리고 전략의 중심이 되는 뼈대를 튼튼히 갖춘다면 제안서, 전략 기획서, 사업 기획서 등 상황과 목적에 따라 어떠한 전략 문서라도 어렵지 않게 만들어 낼 수 있습니다.

산업이 복잡해지고 다양화되면서 기획도 세분화되고 있습니다만, 기획의 기본 명제는 크게 달라지지 않았습니다. '왜 기획을 하는가?'에 대한 근본적인 이유, 바로 기획을 통해 **목표한 바를 실행**하기 위해서입니다. 목표를 실행하기 위해서는 왜 그 목표여야 하고 또 그것을 왜 해야 하는가에 대한 설득이 필요합니다. 그리고 그 목표를 실행하기 위한 세부적인 과정들을 전달해야 합니다. 이를 통해 '그걸 해야 하는구나!!'와 같은 공감을 이끌어내는 기획을 해야 합니다. 비록 표현방법이나 순서가 조금씩 다르고 기획서를 만든 목적도 다를 수 있습니다. 하지만 기획은 곧 대상을 납득시키고 공감을 이끌어내기 위한 과정입니다. 제가 오랜 기간 동안 기획을 해오며 깨달은 점이 두 가지가 있습니다. 먼저 전략 기획이건 화면 설계 기획이건 간에 기획이라는 큰 틀에서 동일한 흐름을 가진다는 것 그리고 전략과 크게 상관없을 것 같은 화면 설계 역시도 전략 기획에 기초해야 한다는 것입니다.

이 책을 보고 있는 일부 주니어 기획자는 '난 스토리보드를 만드는 위치인데 전략 기획을 알 필요가 있을까?'하는 생각을 할 수도 있습니다. 전략 기획에서 도출한 핵심 요소와 화면 설계는 같은 방향을 바라보고 있어야 합니다. 바라보는 방향이 다를 경우, 필연적으로 실패할 수밖에 없는 결과물이 만들어지게 됩니다. 이해를 돕기 위해 한 가지 예를 들어보죠. 전략 기획 과정에서 50대 고객을 주 대상으로 삼아야 한다는 결과가 나왔다고 가정해봅시다. 그런데 화면 설계 과정에서 인터넷이 익숙하지 않은 50대의 고객에 대한 이용 배려가 충분히 제공되지 않을 경우, 전략에 따른 계획은 어긋날 수밖에 없습니다. 이 같은 단적인 예에서 보듯 전략 기획이 돌아가기 위해서는 화면 설계 과정에서도 전략 기획을 통해 도출된 핵심들을 분석하고 이를 반영할 수 있어야 합니다. 눈에 보이는 시계를 돌리기 위해서는 눈에 보이지 않는 톱니바퀴들이 어긋나지 않아야 한다는 것이 적절한 비유가 될까요?

사실 전략 기획이란 주제 하나만으로도 한 권의 책을 쓸 수 있을 만큼 방대한 소스를 조사했습니다. 하지만 기획의 전반적인 내용을 다루고 있는 이 책의 성격상 실무에 꼭 필요한 전략 기획 요소만을 압축해서 담아봤습니다. 'chapter 03_ 웹사이트 구축 워밍업[51P]'에서 정리한 내용은 [표 3-20]의 전체 목차로 요약할 수 있으며, 전략 기획서 작성 시 이 표를 참고하시면 되겠습니다.

표 3-20 전략 기획서 전체 목차

사업 개요	사업 배경
	사업 목표
	사업 비전
현황 분석	시장 분석
	경쟁사 분석
	자사 분석
	고객 분석
사업 전략	사업 방향
	서비스 전략
	STP 전략
	4P 전략
	가격 전략
	마케팅 전략
세부 실행 방안	콘셉트
	핵심역량
	프로토타입 or 디자인 시안
	사이트맵
	추진일정
	조직/인력 계획
매출분석	매출계획
	투자계획
	손익계획
별첨	경쟁사 현황표
	매출산출근거
	시장규모근거

interview 2 넓고 객관적으로 보기

이정기 (41세 / 16년 차)

여행콘텐츠 기획자
『웹 2.0시대 생각하는 웹 기획자가 세상을 바꾼다』(비비컴, 2007) 저자

Q1 기획을 잘 하려면 어떻게 해야 하나요? 노하우를 공개해주세요.

A1 '생각하는 힘'을 길러야 합니다.

'기획을 잘한다'라는 말은 매우 어려운 말인 것 같습니다. 세상에 기획 없이 무언가를 성공적으로 이루어내는 일은 그리 많지 않으니까요. 이렇게 보면 우리는 누구나 기획을 합니다. '기획'은 어떤 문제를 해결하고 싶은 인간의 기본적인 욕구이기 때문입니다. 그래서 이러한 '기획을 잘한다'라고 말하는 것은 어찌 보면 '세상을 잘살고 있다'는 훌륭한 지표라고도 할 수 있을 것 같습니다.

'기획을 한다'라는 것이 목적에 대한 '방법론'이라고 한다면 기획을 하는 대상은 '나, 사람들, 사람들 간의 관계, 세상에서 벌어지는 일들'이라고 할 수 있습니다. 이 대상들을 분석해서 문제점을 찾아내고 해결하기 위해, 계획을 세우고 전략을 짜는 일련의 과정들을 '기획'이라고 할 수 있습니다.

결국 기획을 잘하기 위해서는 '나, 사람들, 사람들 간의 관계, 세상에서 벌어지는 일들'에 대한 명확한 이해와 깊은 고뇌를 통한 통찰을 필요로 합니다. 이런 것들에 대한 이해 없는 기획은 껍데기에 불과합니다. 우리 사회에서는 이런 것들을 '인문학이다'라고 이야기하곤 합니다. 인문학을 '문사철'로 설명하기도 하는데, 결국 사람과 세상에 대한 깊이 있는 이해가 인문학이기 때문입니다.

물론 인문학 책을 많이 읽는 것도 중요하지만, 깊이 사고하는 능력을 기르는 것이 중요한 것 같습니다. 한마디로 '생각하는 힘'을 기르는 것입니다. '생각하는 힘'을 기르기 위한 자신만의 방법을 찾아가야 합니다. 다른 사람들이 말하는 방법은 소용이 없습니다. 왜냐하면 본인이 살아온 세월, 배워 왔던 지식, 그동안 살았던 철학적 의식을 바탕으로 해야 '나만의 생각하는 방법'을 찾을 수 있기 때문입니다.

기획을 잘하려면 나는 '왜 사는지', '어떻게 살아야 행복한지', '어떤 것이 성공인지' 나만의 아주 심도 깊은 고민이 우선이라고 할 수 있습니다.

Q2 좋은 기획자의 마인드는 무엇인가요?

A2 객관적이어야 합니다.

기획자는 앞만 보고 나가는 사람이어서는 안됩니다. 전후좌우 상하 다 살피며 의사결정을 하거나 의사결정을 하는 데 도움을 주어야 합니다. 디자이너나 개발자를 비하하는 것은 아니지만, 워낙 기능적인 전문성이 강한 직무라서 전후좌우 상하 잘못 볼 수가 있습니다.

개발자 입장만 고려한다든지 디자이너 입장만 고려한다든지, 그런데 기획자가 UI 설계서를 그리는 기능인이 된다면 UI 설계자로서의 입장만 생각하는 경우도 많이 봤습니다. 그래서는 절대 안 됩니다. 개발자 입장, 디자이너 입장, 회사의 비전, 팀의 비전, 사용자 입장 모든 것을 흡수해서 생각해야 합니다. 그래서 기획자는 남의 이야기를 듣는 것부터 해야 합니다. 팀원들의 이야기를 많이 듣고, 내 이야기는 가장 나중에 한다는 마인드로 접근한다면 분명 좋은 기획자가 될 수 있을 겁니다.

Part 02

실전 웹사이트 구축하기

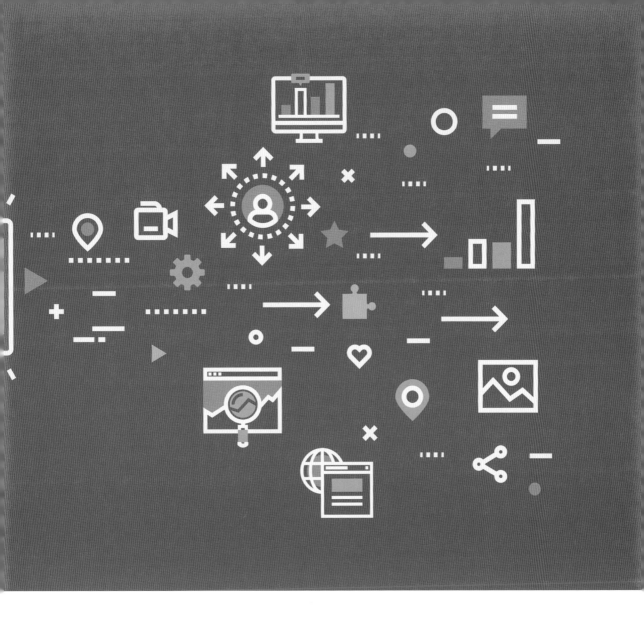

chapter 04

깔끔하게 마무리 짓는
웹사이트 구축

1_ UML 작성

1-1 UML이란?

UMLUnified Modeling Language은 프로젝트를 의뢰하는 고객과 개발자 간에 구축하고자 하는 프로젝트의 전체적인 이해를 도와 서로 같은 생각과 목표를 향하도록 하는 유용한 도구입니다. 좀 더 자세히 설명하면 고객의 요구사항과 분석 설계에서 나올 수 있는 다양한 의견을 사전에 미리 '요약된 키워드'로 정의하고 부족한 부분을 다같이 모여 점검하고 얘기할 수 있는 방법론이 제시된 도구입니다. 프로젝트를 진행하다 보면 계획 단계에서 예측하지 못한 중요한 요소가 발견되어 프로젝트 일정을 지연해야 하거나, 일정을 맞추기 위해서 인력을 추가 투입해야 하는 일이 생깁니다. UML은 이런 상황이 생기지 않도록 프로젝트 초기에 프로젝트의 결과물을 사용할 고객의 이동 동선과 필요한 기능의 흐름을 세세하게 정의합니다. 이렇듯 UML은 전체 개발 일정에 차질을 주는 일이 없도록 하는 훌륭한 협업 도구입니다. 굉장히 유용하지만 실무에서는 기획자도 개발자도 생소하게 생각하는 도구이기도 합니다. 실무에서 많이 사용하지 않는 이유는 UML을 통한 객체지향적 설계가 다소 어렵고 복잡하기 때문입니다. 게다가 새로운 도구를 익혀야 하는 부분과 나중에는 도움이 될지라도 당장 프로젝트를 진행하는 입장에서 초기 시간을 투자해야 하니 부담스럽기도 합니다. 때로는 이런 소통 자체가 필요없다고 생각하는 프로젝트 담당자도 있습니다. 그러나 이렇게 UML을 건너뛰어 진행된 프로젝트는 한참 개발을 하다가 문제에 노출됩니다. 이때 개발자와 고객사 사이에서 기획자가 들이는 노력은 오히려 UML 프로세스를 진행하는 것보다 더 크곤 합니다.

　UML은 고객이 무엇을 원하는지 프로젝트 목표를 명확히 하고 성공적인 프로젝트 또는 고객과 개발자 모두가 만족하는 결과물을 구축하는 데 꼭 필요한 도구입니다. 프로젝트는 시작이 가장 중요합니다. 마음이 조급해서 프로젝트를 제대로 이해하지 않고 시작하면 잘못된 방향으로 흐르곤 합니다. 그런데 그조차 인지하지 못하고 진행하다가 프로젝트 중간에 발견하여 수정하기보다는 조금 늦더라도 제대로 이해하고 방향을 정확히 잡는 것이 시간과 인력을 절감하는 방법입니다. 기획자는 시간이 걸리더라도 UML로 사전 협업 과정을 밟아 프로젝트 가상의 목표를 명확히 정의해야 진정으로 고객이 원하는 결과물을 만들 수 있습니다.

　UML을 경험하지 못한 기획자도 고객의 요구를 명확하게 분석하는 도구가 부족하다는 것을 느끼실 겁니다. 즉 고객과 소통을 통해 정확히 요구하는 프로젝트의 범위와 성격을 알아야 하는데 RFP Request For Proposal, 제안요청서만으로는 프로젝트를 개발하는 과정에서 발생할 이슈에 대한 부분을 알 수 없기에 개발과 더 밀접하게 연관된 도구가 필요하고 그것을 해결해줄 열쇠를 찾는다면 UML에 대해 학습해 보시기 바랍니다.

우리는 앞으로 고객의 행동 흐름을 UML로 이해하고, 고객의 접근부터 행위가 일어나는 최종 목표까지 행동 과정을 모두 UML로 정의하고, 이를 기준으로 개발자 및 고객과 소통할 것입니다. UML을 거친 프로젝트는 단순히 고객의 요구를 기술로 대응하는 것이 아니라 고객 관점에서 가장 익숙하고 편하게 사용할 수 있는 고객 친화적인 결과물일 것입니다.

1-1-1 객체지향적 설계는?

객체는 정체성 = 유일성을 지니고 있으며, 그 행위와 특성에 따라 생성됩니다.

- **추상화(abstraction):** 조그만 단위의 세부적인 사항보다 중요하거나 필수적인 사항만을 집중적으로 정리
- **캡슐화(encapsulation):** 중요 기능을 감추고 외부에 노출하면서, 이용자의 요구사항에 적절한 대응이 가능하도록 설계
- **모듈화(modularity):** 각각의 중요한 객체 단위의 기능을 자유롭게 규합, 분해하여 독립적으로 새로운 비즈니스가 가능하도록 하는 것
- **계층화(hierarchy):** 보편적인 사항을 가장 위에 두고 그것에 따라 군집화, 세분화시켜 계층적으로 나열하며, 그 객체의 특수한 사항을 하위로 배치

UML을 한마디로 정리하면 시스템 표준 모델링 언어 OMG: Object Management Group입니다. UML은 **시각화, 명세화, 구축, 문서화** 등의 기능을 가지고 있으며, 프로세스 및 관리 시스템에 대한 이해와 복잡한 추론이 필요한 프로젝트를 현실적으로 정리한다고 할 수 있습니다. 이 과정은 주요 프로젝트의 용어를 통일하고, 각 분야에서의 관계 형성과 그로 인해 파생되는 경향적 요소를 다듬는 일련의 과정을 설계하는 매우 중요한 기획자의 스킬입니다. 그 과정에서 가장 유용한 도구가 UML입니다.

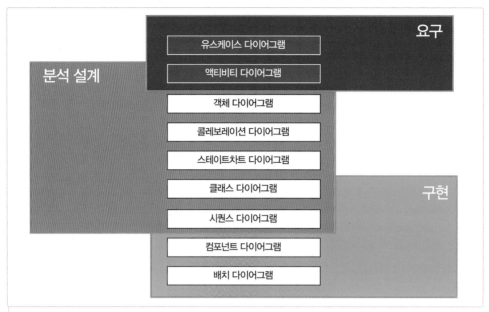

● 그림 4-1 UML 다이어그램 구현 스토리

　　UML은 다양한 사례가 존재하는데 그 중 대표적인 다이어그램을 살펴보면 유스케이스, 클래스, 객체, 시퀀스, 스테이트차트 등으로 정리됩니다. 그 밖에도 UML이 발전하면서 다양한 다이어그램이 파생되었습니다. 본 과정에서 다루는 중요한 사항은 기획자가 작성하고 알아야 할 UML의 이해와 고객의 요구사항 분석을 통해 고객 및 개발자 협의를 할 수 있는 사용 사례(유스케이스) 다이어그램과 활동(액티비티) 다이어그램에 중점을 두었기에 다른 다이어그램은 상세하게 정의하지는 않았습니다. 하지만 UML에 관심이 있으신 기획자분들은 서점에서 UML에 대한 서적을 한 권쯤 살펴보시는 것을 추천해 드립니다.

1-2 UML 도구는?

UML 도구는 세계의 많은 기업이 프로젝트에서 요구, 분석 설계, 구현의 최적화된 도구로 사용하고 있으며 각 솔루션 기업마다 사용성을 강화한 제작 도구를 만들어 배포하고 있습니다.

표 4-1 UML 제작 도구

구분	UML Tools	제공 사이트 URL	비고
오픈 소스	MDT-UML2TOOLS	http://www.eclipse.org	
	Papyrus	http://www.papyrusuml.org	
	StarUML	http://sourceforge.net	
	ArgoUML	http://argouml.tigris.org	
상용	Rational Software Architect	http://www.ibm.com	
	Magic Draw UML	http://www.nomagic.com/	
	Borland Together	http://www.borland.com	
	Enterprise Architect	http://www.sparxsystems.com	
	Visual paradigm for UML	http://www.visual-paradigm.com	
	Altova UModel	http://www.altova.com	
	Rational Rhapsody	http://www.ibm.com	
	Microsoft Visio	http://www.microsoft.com	
	Microsoft Visual studio 2010 Ultimate Edition	http://www.microsoft.com	
	DrawExpress Diagram	App Store & play.google.com	App
무료	Visual paradigm for UML Community Edition	http://www.visual-paradigm.com	처음 사용자용 추천
	Modelio Free Edition	http://www.modeliosoft.com	
	Poseidon for UML Community Edition	http://www.gentleware.com	

실로 많은 제작 도구가 나와 있지만 UML의 목적이 의뢰 고객과 구축하는 개발자 간에 프로젝트의 이해를 바탕으로 만들어졌기에 꼭 UML 도구에 한정되어 프로세스를 밟지는 않아도 됩니다. 다만 전용 UML 제작 도구들은 아무래도 다이어그램을 제작하여 고객이 원하는 상품의 목표점으로 쉽고 정확하게 도달할 수 있기에, 기획자마다 가장 편하게 쓰는 UML 제작 도구 1개 정도는 다루는 것을 권합니다. 근래는 스마트 디바이스로도 UML 설계를 할 수 있습니다. DrawExpress 같이 간단한 앱으로 자유롭게 고객의 이동 흐름 또는 고객과 기업 간 Goal 설정 및 구현이 필요한 다양한 다이어그램의 제작이 가능해졌으며 UML에 국한된 설계가 아닌 전반적인 플로차트Flowchart까지도 제작할 수 있습니다. 기획자에게는 고객 및 개발자와 눈에 보이는 결과물을 통해 미래의 상품을 예측할 수 있는 새로운 도구가 생겼다고 할 수 있습니다.

1-3 UML 구성 요소 이해하기

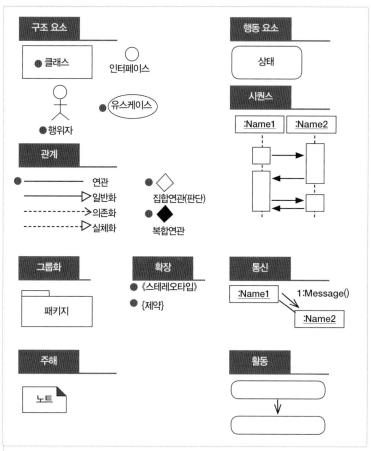

• 그림 4-2 UML 구성 요소

구성 요소 설명

1. **클래스** Class: 비슷한 속성과 공통적인 행동을 가지는 사물의 범주 혹은 그룹으로 객체를 생성하는 템플릿 역할을 합니다.

2. **유스케이스** Use case: 시스템이 사용하는 시나리오의 모음으로 유스케이스는 시스템이 사용자에게 어떻게 비추어질지를 나타냅니다.

3. **행위자** Actor: 유스케이스를 시작하게 하거나 유스케이스의 결과를 얻는 개체(시스템 혹은 사람)

4. **연관** Association: 두 클래스 사이의 관계

5 **집합연관** Aggregation: 한 클래스가 다른 전체의 부분인 형태를 가지는 연관으로서, 집합체 클래스는 한 개 이상의 컴포넌트 클래스로 구성됩니다. (전체 클래스 쪽에 부착)

6 **복합연관** Composite: 강한 집합연관에 의해 만들어진 클래스로 각각의 컴포넌트 클래스가 오직 하나의 전체 클래스만 속할 수 있습니다.

7 **스테레오타입** Stereotype: 기존의 UML 요소를 취하여 해당 상황에 맞는 요소를 새로 만들 수 있게 하는 구조로 거듭인용표(《》)를 사용합니다.

8 **제약** Constriction: UML 요소가 가지는 의미를 확장하는 수단으로서, UML 다이어그램에 직접 추가하는 규칙을 말합니다. 중괄호({ })로 감싸서 나타냅니다.

9 **도메인** Domain: 어떤 분야의 실무자가 이해할 수 있는 개념이나 용어들이 그 특성을 형성하여 시스템이 동작하는 개념적 공간을 말합니다.

10 **상속** Inheritance: 한 클래스가 자동으로 다른 클래스가 가진 속성과 오퍼레이션을 가지게 되는 형태를 나타내는 특수한 연관을 말하며, 클래스의 인스턴스에도 이 연관을 적용할 수 있습니다. (인스턴스: 일반적으로 어떤 집합에 대해서 그 집합의 개별적인 요소)

11 **다중성** Multiplicity: 연관에 붙일 수 있는 지시 정보로써 한 클래스의 인스턴스가 다른 클래스의 인스턴스와 몇 대 몇으로 연관될 수 있는지 보여 줍니다.

12 **객체** Object: 클래스의 속성에 대해 특정한 값을 가지는 클래스의 인스턴스를 말합니다.

13 **오퍼레이션** Operation: 클래스가 할 수 있는 일로 오퍼레이션은 클래스의 행동을 명시하며 규정한 특성 뒤에는 괄호를 붙입니다.

14 **속성** Attribute: 클래스가 가지는 속성에 이름을 부여한 것으로 속성이 가질 수 있는 값의 범위를 나타냅니다.

공통적인 UML 표기법에서는 규칙이 있습니다. 클래스 이름은 대문자로, 속성 또는 오퍼레이션은 소문자로 시작하며 두 개의 속성 이상의 규칙인 경우 각 단어의 첫 문자를 대문자로 시작하며 붙여 사용합니다.

1-4 UML 다이어그램 간의 관계

[그림 4-3]은 UML이 제작되는 처음에서 끝까지를 단계적으로 정리한 흐름도입니다. 모든 다이어그램을 제작하기에는 시간이 많이 걸리니 기획자가 제작하는 유스케이스 다이어그램, 액티비티 다이어그램, 개발자가 제작하는 클래스 다이어그램, 시퀀스 다이어그램, 스테이트차트 다이어그램을 기반으로 프로젝트를 진행해도 충분합니다.

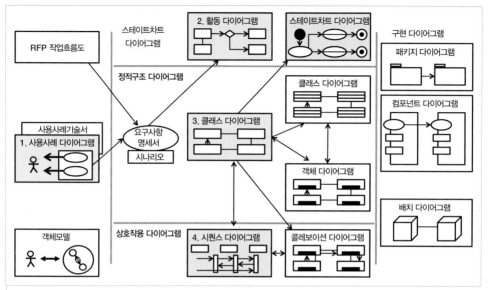

• 그림 4-3 다이어그램의 관계 흐름도

1-5 기획자가 진행해야 할 다이어그램

1-5-1 유스케이스 다이어그램

유스케이스 다이어그램Use Case Diagram은 사용자의 요구사항을 파악하고 키워드로 표현하는 것을 말합니다. 시스템 상위 개념인 '유스케이스Use Case = 사용하는 개체(사람 또는 사물)의 행위'로 바꿔 정의할 수 있으며 행위에 따른 단위를 유스케이스라 정의할 수 있습니다. 유스케이스는 행위에 대한 시스템적 사고가 아니라 목적 중심의 사고에서 발견된다고 할 수 있습니다.

① 정의
- 사용자 관점에서 SW 시스템의 범위와 기능 정의
- 시스템이 해야 할 무엇을 작성
- 어떻게는 서술하지 않습니다.

② 목적
- 업무 범위 정의
- 사용자 정의

- 업무 기능 정의

- 사용자 요구사항 정의

- 사용자와 개발자 간 의사소통 도구

- 분석, 설계 작업 기준

- 테스트 기준

③ 구성 요소

- Association: 액터와 유스케이스 간 관계

- Generalization: 액터끼리, 유스케이스끼리의 관계로 일반화 관계 정의

- Include: 한 유스케이스가 다른 유스케이스에게 서비스를 요청하는 관계로 서비스는 반드시 수행되어야 합니다.

- Extend: 한 유스케이스가 다른 유스케이스에게 서비스를 요청하는 관계로 서비스는 조건에 따라 수행될 수도 안될 수도 있습니다.

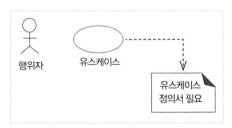

＊ 그림 4-4 행위자에 대한 정의서 필요

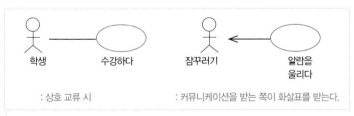

＊ 그림 4-5 행위에 대한 관계 정의

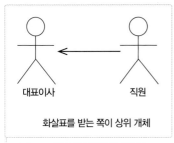

● 그림 4-6 액터 간 일반화 관계 정의

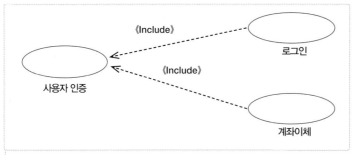

● 그림 4-7 각 유스케이스 간 필수 시행 요청

● 그림 4-8 유스케이스 간 조건 시행 요청

1-5-2 액티비티 다이어그램

액티비티 다이어그램Activity Diagram은 시스템의 처리 흐름을 규정하여 작업자가 작업의 흐름을 손쉽게 알아볼 수 있는 가이드 문서로, 앞에 정의된 유스케이스 다음에 정의해야 할 단계입니다. 목표를 기술한 유스케이스를 분석하여 구축해야 할 시스템을 조건상태에 따른 흐름으로 세밀하고 명확하게 정의하여 가부를 나누는 것으로 처음 시작점과 종착점이 분명하게 규정되어 있습니다.

① 정의

• 처리 로직이나 조건에 따른 처리 흐름을 순서에 따라 정의한 모델(= 플로차트)

② 목적

• 처리 순서 표현(업무 프로세스 정의 시점)

• 비즈니스 프로세스 정의: As-is, To-be 분석

• 프로그램 로직 정의

• 유스케이스 실현

③ 작성 순서

• 작성 대상 선정: 업무 프로세스 모델링, 오퍼레이션 사양 정의

• Swim lane 정의: 대상 영역에 명확한 역할을 정의해야 할 때

• 처리 절차 모델링: 시작점, 끝점 반드시 표현

④ 구성 요소

• Activity: 행위나 작업

• Transition: 액티비티가 행위를 완료하고 다른 액티비티로 처리 순서 이동

• Synchronization bar: 병렬처리 절차가 시작되거나 모이는 지점

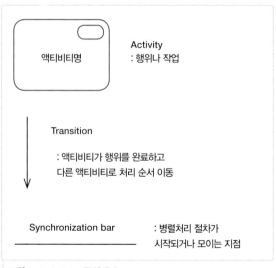

Activity
: 행위나 작업

Transition
: 액티비티가 행위를 완료하고
다른 액티비티로 처리 순서 이동

Synchronization bar
: 병렬처리 절차가
시작되거나 모이는 지점

• 그림 4-9 Activity 구성 요소

[그림 4-10]과 [그림 4-11]은 액티비티의 예시입니다.

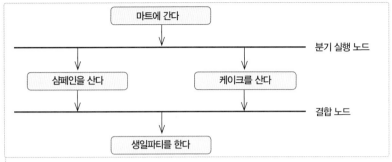

• 그림 4-10 분기 실행 노드(fork node)와 결합 노드(join node) 예시

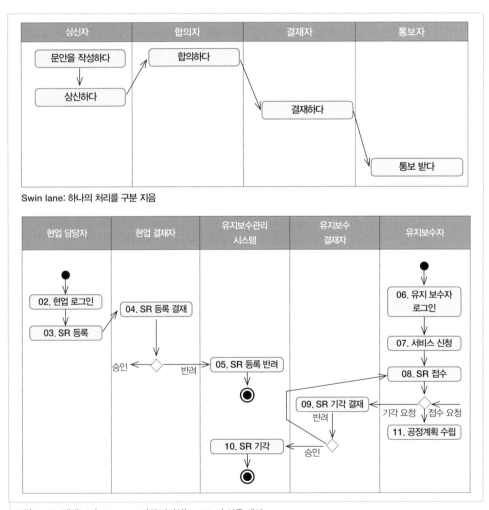

Swin lane: 하나의 처리를 구분 지음

• 그림 4-11 객체노드(object node)와 파티션(partition) 사용 예시

1-6 UML 요약

UML은 수행하고 있는 프로젝트를 작은 객체로 단위화하고 객체를 하나씩 완성해가며 수행의 성과를 높일 수 있는 방법입니다. 이는 수행하고자 하는 목표에 대한 구체적인 가설을 검증하고 공유함으로써 모두가 공감하고 작업에 혼선이 없도록 하는 유용한 도구입니다.

2_ 핵심고객을 정의하는 페르소나

페르소나는 앨런 쿠퍼의 『정신병원에서 뛰쳐나온 디자인』(안그라픽스, 2004)에서 처음 소개되었습니다. 페르소나는 제품을 사용할 가상의 고객을 만들어 그 고객이 제품에 대한 생각이나 필요성 등을 예측하는 과정으로 기획자는 소프트웨어 또는 인터렉션 디자인 분야에 가상의 고객을 대입하여 활용하고 있으며 나아가 제안서 및 UI/UX를 설계하는 데 기준을 세우기도 합니다.

우리가 무언가를 기획할 때는 그것을 이용하는 고객을 염두에 두어야 합니다. 수행한 결과물의 최종 소비자 또는 이용자는 고객이기 때문입니다. 하지만 안타깝게도 고객의 유형은 다양하고, 성격과 사고 취향 또한 다양합니다. 그렇기에 이들 모두가 만족하는 제품을 만드는 것은 매우 어렵습니다. 이 점에서 착안한 방법이 페르소나입니다. 우리가 예측하는 제품 또는 서비스를 사용하는 목표 집단의 다양한 유형을 추린 다음 가장 범용적인 가상의 고객(페르소나)을 만들어 해당 고객을 중심으로 제품을 제작합니다. 가령 페르소나를 사용하지 않고 여성 의류 쇼핑몰 화면을 설계한다면 어떻게 될까요? 기준점이 없기에 기획자나 디자이너, 개발자의 취향이 반영될 수도 있으며 자칫 너무 튀거나 평범한 쇼핑몰로 제작될 수 있습니다. 이런 쇼핑몰은 고객에게 강한 첫인상을 주기 어렵습니다.

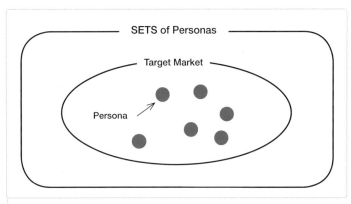

• **그림 4-12** 페르소나의 집합적 사용

2-1 페르소나의 활용 범위

페르소나는 다음과 같은 분야에서 사용합니다.

- 소프트웨어 개발
- 인터렉션 디자인 개발
- 마케팅 전략 수립

페르소나는 한 명이 아니라 다수가 될 수도 있습니다. 페르소나를 사용하여 세트를 구성한 예를 살펴보면 다음과 같습니다. 우선 우리 고객이 누구고 어떤 유형의 사람들이 가장 많이 찾을 것인가를 가설로 세우고 고객의 행동 패턴을 분석합니다. 그 분석 과정이 끝나면 페르소나 데이터를 프로파일링하여 가상의 고객을 분류합니다.

[그림 4-13]은 온라인 수험 교육 시장 학원의 페르소나 프로파일링 단계입니다.

❶ 페르소나 구분: 수험 공부, 수험 시험

	페르소나	구분
1	N수생 (장기 수험생)	장기적으로 수험 공부를 했고 수험 시험을 봤으나 합격하지 않은 고객
2	수험생	수험 공부를 하고 있고 수험 시험을 보지 않은 고객
3	초시생	수험 공부를 하지 않았고 처음 준비 중인 고객

❷ 페르소나 초시생(3) 제작 예시(프로필 사진에 실제 사진을 넣는 것이 효과적입니다)

Persona

개인정보
- 이름 : 홍길동
- 나이 : 28
- 성별 : 남
- 직업 : 지방대학 4학년 재학중 (영문학과 전공)
- 거주지 : 인천
- 취미 : 영화관람, TV시청

성격
- 활발하게 주변사람과 어울림
- 포인트, 적립금에 민감한 특정 쇼핑몰에 대한 충성도가 높다.

행동
- 스마트폰에 대한 정보습득이 높음
- SNS활동을 통해 자주 친구들과 소통한다.
- 노트필기를 부담스러워하고 타자를 통해 다양한 정보를 서머리한다.

목표
- 9급 공무원 일반행정직 합격

NEEDs
- 수험정보 습득
- 온라인 강의 수강
- 자신의 레벨에 맞는 학습방법
- 합격 수기등을 통한 학습 동기
- 힘들더라도 빠른 기간안에 합격

장해요소
- 정확한 정보가 부족하다.
- 부담스러운 학원 수강료
- 지루한 강의로 졸음을 참지 못한다.
- 학습 질문을 누구에게 해야할지...
- 학습환경이 열악하여 어디서 공부해야 할지?
- 계획대로 실행되지 않는 학습

• 그림 4-13 페르소나 문서 작성 예시

수험 교육 시장의 페르소나는 3개의 고객 유형으로 분류될 수 있으며 상품의 성격에 따라 구분하는 기준이 다릅니다. 가령 온라인 쇼핑몰인 경우 페르소나의 기본 구분은 아래와 같이 정의됩니다.

- 남성/여성
- 연령대
- 거주 지역
- 소득 수준
- 소비 수준
- 직업

이처럼 페르소나는 다양한 제품에 따라 각각 중요한 고객의 분류 체계를 발굴하여 정의할 수 있으며, 그 분류 체계의 기준이 되는 가상의 고객은 우선순위를 매겨 정리하여 표본 모델로 삼고 그 사람의 입장에서의 제품을 바라봐야 합니다. 그렇다면 우선순위의 기준은 어떻게 해야 할까요? 고객을 초청하여 설문을 하거나 표적집단면접(FGI) 등의 과정을 거쳐 고객의 생각과 가장 중요하게 여겨지는 가설 분류를 점수로 매겨 우선순위를 결정하는 방법이 가장 좋습니다. 다만 시간상 여유가 없는 경우 내가 고객이 되어 가설을 세우고 검증하는 방법도 있습니다. 페르소나는 상호 대칭되는 관점으로 접근하는 방법도 효과적입니다. 가상의 페르소나 대상을 2명으로 삼아 표준을 분리하여 다수의 고객 관점의 대안을 마련하는 것도 페르소나 기법의 하나입니다.

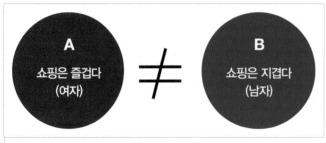

• 그림 4-14 상반된 고객의 이용 패턴

페르소나가 제작되면 해당 고객의 User Flow를 제작할 수 있으며, 고객의 동선과 흐름을 좀더 명확하게 파악할 수 있는 장점이 있습니다. 뿐만 아니라 중요한 것과 중요하지 않은 프로젝트를 구분하여 중요한 것을 먼저 처리하고 중요하지 않은 나머지를 차후로 미루어 선택하는, 집중의 구축전략을 효율적으로 판단하는 기준이 되니 되도록이면 프로젝트 초기에 '우리의 고객이 누구인지' 그리고 '고객이 무엇을 원하는가?'에 대한 해답을 찾으시길 바랍니다.

3_ 사이트 주요 정책 정의

정책Police은 원칙의 의미에서는 '프로젝트의 가치'를 표현하고 있고, 행동과 계획 관점의 의미에서는 '구체성 및 단계 혹은 절차'의 의미가 있습니다. 다른 말로 원칙이라는 의미를 가진 정책은 사이트에서 없어서는 안 될 전략적인 가치Value나 신념Belief을 가지고 접근해야 합니다. 정책은 앞으로 나아가야 할 행동에 대한 구체적인 단계나 절차로 인해 만들어지는 것으로 어떠한 행동이나 장소에는 반드시 무엇이 있어야 한다는 구체적인 방법을 내포하고 있습니다.

3-1 가치와 행동을 동시에 규정하는 정책

정책 정의는 업무의 범위를 규정하거나 효율적이고 체계적인 프로세스를 만들기 위해 꼭 필요한 단계입니다. 또한 제작하고자 하는 프로젝트의 가치를 공유해서 작업 담당자들이 하나의 관점에서 각자의 업무를 수행할 수 있도록 하는 매우 중요한 단계입니다. '사공이 많으면 배가 산으로 간다'는 옛말처럼 진행하고자 하는 프로젝트 가치에 대한 규정은 해당 업무의 수행자들에게 프로젝트의 자부심과 이해관계를 높일 수 있는 근원이 됩니다. 자신의 일과 가치를 모르는 사람과 무엇이 중요한 것인지 잘 알고 있는 사람은 프로젝트 결과물에서 확연히 차이가 납니다. 그렇기에 우리가 구현하는 프로젝트의 정책을 정의하는 작업은 매우 중요합니다.

3-2 사용자 서비스 환경의 기준을 규정하는 정책

초기에 사이트를 설계하면서 UI/UX를 설계하는 것 이상으로 가장 중요한 단계가 정책 정의입니다. 정책이란 사이트에서 서비스를 이용하는 고객들에게 제공되는 서비스 UI의 핵심 규칙 또는 관리자가 사이트를 운영함에 있어 데이터 입력 및 고객에게 제공되는 서비스의 기준을 정의하는 것으로 실제 관리자 설계의 근간이 됩니다. 정책 규정은 '고객에게 어떠한 서비스를 제공할 것인가?'에서 시작하여 회원 정책, 가격 정책, 환불 정책, 마일리지 정책, 운영 정책, 게시판 정책 등 프로젝트의 성격에 따라 다양하게 도출되며 정리됩니다. 또한, 대형 프로젝트에서는 반복되는 용어를 하나의 단어로 규정하거나 문서의 스타일, 코딩의 규격화, CSS 관리 정책, 이미지 관리 정책, 파일명의 규격화, 레이블링Labeling 기준 등 업무 절차의 정의를 통해 다수의 사람이 프로젝트를 진행하면서 혼선을 겪지 않도록 하는 것도 정책 정의의 과정입니다.

• 예) MORE, more, 더보기, + = more로 통일한다.

정책을 사전에 정의하면 프로젝트에 참여하는 사람들의 작업 스타일을 규격화하여 어떤 사람이 작업하더라도 해당 규정 안에서 제작하므로 납품 또는 유지보수 등의 업무로 새로운 인원이 투입되더라도 혼선이 적다는 장점이 있습니다. 실제로 정책 정의는 가장 많은 시간을 들여 예기치 않은 변수를 찾아내는 것이 관건이며, 자칫 정의가 되지 않은 정책 등은 프로젝트의 근간이 흔들릴 수 있으므로 반드시 프로젝트에 임하는 모든 사람과 협업하여 정책을 만들어야 합니다.

표 4-2 프론트 및 관리자 기본 정책

프론트 기본 정책	관리자 기본 정책
– 브랜딩 정책	– 카테고리 분류 체계 정책
– 카피 정책	– 서비스 정책
– 디자인 정책(스타일시트)	– 배송 정책
– 접근 권한 정책	– 마케팅 정책(포인트)
– 콘텐츠(상품) 정책	– 결제, 환불 정책
– 게시판 정책	– 보안 정책
등등	등등

정책을 정의하는 기본 서식은 다양하지만 기본적으로 다뤄지는 정책 정의는 각 사이트의 특성 또는 서비스의 형태에 따라 다릅니다. 하지만 정책 정의의 가장 중요한 필수 요건은 동일하니 이점을 꼭 유념하여 정책 정의서를 작성해야 합니다.

정책을 정의할 때는 다음 사항을 고려해야 합니다.

1 날짜 기록은 습관처럼 합시다!
2 정책은 최대한 유추 가능한 선까지 예측합시다!(고객별, 시기별, 횟수별, 행동별 DB 테이블 추가는 꽤 힘듭니다)
3 꼭 고객이나 최종 의사결정권자에게 이메일 또는 서면으로 확인을 받도록 합시다!
4 고객의 답변을 기다리지 말고 먼저 가이드를 줍시다!

대부분 자체적으로 정책 정의서를 기술하지만 표준이 되는 정책 정의서를 다음에서 기본 가이드로 제공하고자 합니다.

3-3 프론트 정책 정의 기본 가이드

3-3-1 브랜딩 정책

브랜딩 정책은 시작하는 스타트업 회사나 새롭게 상품을 런칭하여 대외적으로 브랜드를 알려야 하는 경우 정책 정의를 통해 어떤 매체에 어떻게 홍보해야 할지 구체적인 방향을 세우는 것부터 가장 중요한 사이트의 콘셉트와 슬로건을 정하는 것을 목표로 합니다.

브랜딩 정책

2014년 09월 26일

브랜드명				
URL	http://www.			
슬로건				
징글				
적용폰트		색상		
핵심고객층	연령		성별	남 ( ) 여 ( )
	거주지			
	특징			
전략적 가치 TOP3	1.			
	2.			
	3.			
마케팅 포지션	인쇄물		로고 & 심벌	
	검색엔진			
	언론			
	지식인			
	SNS			
	블로그			
	카페			
	메일			
	팟캐스트&유튜브			
판매상품				

▪ 그림 4-15 브랜딩 정책 문서 예시

어떤 사이트든 그 회사를 대표하는 브랜딩 정책을 가지고 있으며 대부분의 소비자는 그 특징에 따라 사이트를 선택합니다. 가령 검색을 하고 싶다는 니즈를 느낀 경우 여러분은 자주 가는 검색엔진 사이트에 들어가 문제를 해소할 것입니다. 또는 '쇼핑을 하고 싶다'라는 목적이 있는 경우 소비자에게 각인된 브랜드에 따라 쇼핑몰 사이트를 선택하게 됩니다. 브랜딩 정책은 '고객의 경험을 사전에 전달하는 메시지'로 사이트의 전체 콘셉트를 대표하기도 합니다.

3-3-2 카피 정책

대규모 사이트나 지속적으로 운영되어 신규 디자인이 필요 없는 사이트라면 디자인의 카피 정책을 만들어 둡니다. 즉 고객의 시선을 끄는 디자인 중심의 사이트가 아닌 정보 취득이 중심이 되거나 내용 중심의 서비스를 제공하는 곳이라면 더욱 필요한 정책입니다. 이런 프로젝트는 대부분 디자인 스타일가이드에 따라 폰트만 변경하므로 작업의 속도와 효율성이 배가 됩니다. 실제로 IT 시장의 흐름을 보면 예전에는 사이트의 화려한 디자인과 인터렉션이 대세였던 반면 현재는 빠른 의사결정이 요구되는 UX를 중심으로 하는 사이트가 많이 생겨나고 있습니다. 기획자의 시각에서는 최종 산출물이 화려한 디자인에 가려져 전달하려는 내용이 불분명해졌다면 작업 담당자와 재협의를 해야 합니다. 최종적으로 우리가 기획하고 전달하고자 하는 것은 화려한 디자인이 아닌 '행동을 요구하는 메시지'이기 때문입니다.

카피 정책

2014년 09월 26일

1. 상품 카피 정책

상품명	FONT	1. 2. 3.	SIZE	1. 2. 3.	COLOR	1. 2. 3.
상품안내	FONT	1. 2. 3.	SIZE	1. 2. 3.	COLOR	1. 2. 3.
인쇄매체	FONT	1. 2. 3.	SIZE	1. 2. 3.	COLOR	1. 2. 3.

2. PR 카피 정책

헤드라인	FONT	1. 2. 3.	SIZE	1. 2. 3.	COLOR	1. 2. 3.
서브헤드라인	FONT	1. 2. 3.	SIZE	1. 2. 3.	COLOR	1. 2. 3.
바디카피	FONT	1. 2. 3.	SIZE	1. 2. 3.	COLOR	1. 2. 3.
슬로건	FONT	1. 2. 3.	SIZE	1. 2. 3.	COLOR	1. 2. 3.
캡션	FONT	1. 2. 3.	SIZE	1. 2. 3.	COLOR	1. 2. 3.

● 그림 4-16 카피 정책 문서 예시

3-3-3 디자인 정책

카피 정책과 마찬가지로 디자인의 틀을 규정짓는 것이 디자인 정책입니다. 중대형 사이트를 구축하는 경우 디자인의 통일성을 위해 CSS 가이드를 만들어 배포하며, 디자인 스타일시트 규정을 통해 스타일에 통일성을 부여합니다. 디자인 정책은 협업 디자이너, 퍼블리셔와 함께 가이드를 제작하거나 디자인 PLProject Leader에게 협조를 요청하여 가이드를 제작합니다. 처음 제작된 디자인 정책을 통해 업무를 진행하면서 지속적인 업데이트는 필요하지만 대부분 디자인 스타일가이드를 기준으로 작업을 하므로 협업 디자이너 간에 통일된 결과물을 만들어 낼 수 있습니다. 또한 제작된 디자인 가이드는 별도의 코딩 작업을 통해 HTML화하여 공유 네트워크로

파일을 배포할 수 있으며, 협업 개발자는 해당 네트워크를 통해 만들어진 HTML의 필요한 부분을 내려받아 빠르게 작업할 수 있습니다. 이처럼 디자인 가이드는 모든 작업자가 반복되는 업무를 손쉽고 빠르게 수행할 수 있어 작업 속도 향상에 많은 도움이 됩니다.

디자인 스타일 가이드에서 정의되는 요소는 다음과 같습니다.

1. **테이블 정의:** 테이블 전반 요소 규정 및 입력된 텍스트 정렬 정의
2. **버튼 정의:** 버튼 명, 버튼 사이즈 정의
3. **입력 폼 정의:** 인풋 박스, 체크 박스, 라디오 박스... 등
4. **게시판 정의:** 게시판 테이블 정의 및 BG 색상 정의

디자인 정책

2014년 09월 26일

1. PAGE 정책

메인 사이즈		서브 사이즈	

2. TABLE 정책

라인SIZE (세로)		라인SIZE (가로)	
라인색상		테이블 배경색상	
폰트정렬			
한글		영문		숫자	

3. FONT 정책

이미지	한글폰트		자간		행간	
	영어폰트		자간		행간	
	숫자폰트		자간		행간	
하이퍼 텍스트	한글폰트		자간		행간	
	영어폰트		자간		행간	
	숫자폰트		자간		행간	
문단여백사이즈						

4. 블릿 정책

대분류	단문		순차정렬	
중분류	단문		순차정렬	
소분류	단문		순차정렬	

• 그림 4-17 디자인 정책 문서 예시

3-3-4 접근 권한 정책

사이트는 권한 설정에 따라 서비스를 달리할 수 있습니다. 그래서 사이트 이용에서 접근 권한이 요구되는 모든 기능성 페이지를 정리해야 협업하는 개발자가 가이드로 삼을 수 있습니다.

접근 권한 정책

2014년 09월 26일

메뉴명	고객구분				비고
	방문자	가입회원	유료회원		
			일반	우수	
고객센터		○	○	○	
공지사항	○	○	○	○	

◦ 그림 4-18 접근 권한 정책 문서 예시

3-3-5 콘텐츠 상품 정책

콘텐츠 상품 정책은 사이트에서 판매되는 모든 콘텐츠를 규정하는 것으로 제공 형태와 판매 방식을 정의합니다.

콘텐츠(상품)를 이용하는 고객을 구분하여 정리하며, 사이트의 전반적인 비즈니스 모델에서 판매될 상품의 종류와 형태를 결정하여 향후 제작될 스토리보드의 기준을 만듭니다. 가령 판매 상품 중 이미지만을 중심으로 판매하고자 하는 사이트에 갑자기 논문을 추가로 판매한다는 고객의 결정이 나온다면, 사이트의 콘셉트와 형태, 관리자 설계 및 상품 설계까지 모두 재조정해야 합니다. 그래서 무엇보다 사전 정책 중 콘텐츠의 설계는 중요하다고 할 수 있습니다.

또 다른 중요한 정의 요소 중 하나는 콘텐츠 수급일입니다. 사이트는 있지만 사이트를 오픈해서 판매할 상품이 없다? 농담 같지만 이런 상황은 종종 발생합니다. 이유는 다양하겠지만 콘텐츠 공급에 차질이 생기는 이유는 보통 다음 세 가지입니다.

1 **고객사의 문제:** 제공하는 콘텐츠를 재가공(촬영 또는 디자인)하지 않았습니다.

예) 캐릭터 펜시 쇼핑몰에 상품은 있으나, 촬영 또는 상세 소개 페이지 디자인이 안 되어 있습니다.

2 **저작권의 문제:** 저작권으로 인해 판매해야 할 상품을 등재하지 못합니다.

예) 방송용 콘텐츠 판매 모델인데 방송사와 저작권 계약이 안 되어 있습니다.

3 **공급사의 문제:** 콘텐츠 공급사의 사정에 의해 콘텐츠를 공급받지 못합니다.

예) 제휴된 공급사가 계약을 중지하거나 콘텐츠 제공 프로세스에 문제가 생긴 경우

콘텐츠는 상품의 수급일 결정도 중요하지만 수급 시점에서 발생되는 문제가 많이 생기므로 수시로 체크해야 합니다.

콘텐츠 상품 정책

2014년 09월 26일

No.	콘텐츠 유형	제공형태	수급일	판매방식	가격	고객구분				비고
						방문자	가입회원	유료회원		
								일반	우수	
1	강좌	동영상	14.09.26	기간정액제	상시적용			○		
2										
3										
4										
5										
6										
7										
8										
9										
10										
11										
12										
13										
14										
15										

• 그림 4-19 콘텐츠 상품 정책 문서 예시

3-3-6 게시판 정책

게시판은 대부분의 사이트에 있는 가장 범용적인 서비스입니다. 게시판 정책 요소 중 협업 시에 가장 필요한 것이 게시판 접근 권한 정책입니다. 사이트에서는 고객 유치 또는 고객 서비스 차별화를 위해 방문자와 회원 간의 서비스의 차등화를 주고 있습니다. 여기서 정의되는 게시판 정책은 그 차등화를 정리하여 개발자가 게시판 프로그램을 만들 때 가이드를 제공하는 것입니다. 초기에 정의된 기능을 프로그래밍하는 것과 나중에 추가로 기능을 요청해서 프로그래밍하는 것은 차원이 다릅니다. 예를 들어 초기에 추가 접근 권한을 고려하지 않은 채 게시판을 일주

일 만에 제작했는데, 나중에 접근 요소의 변경이 생겨서 수정하려 할 때는 그 배의 일정이 소요됩니다. 또한 사이트를 운영 중인 상태라면 문제가 더 커집니다. 예를 들면 일반 회원에게 제공되던 게시물이 유료 회원에게만 제공되는 정책으로 변경된다면, 일반 회원이 작성한 게시글이나, 타인의 게시글에 작성한 코멘트 등을 다시 수정이나 변경할 수 없는 경우가 생기게 되므로 혼선이 발생할 것입니다. 이처럼 정책은 미리 예측되는 모든 경우의 수를 대비하여 신중하게 사전에 정리하는 것이 시간적인 소요와 불필요한 수정을 막는 방법입니다.

게시판 정책

2014년 09월 26일

No.	디렉토리명	게시판 명칭	사용자	게시물 카테고리 분류	리스트	내용보기	글쓰기	답변하기	수정하기	삭제하기	파일첨부	덧글달기
1	공지사항	공지사항	Super admin	없음	○	○	○		○	○	○	
			회원		○	○						
			비회원		○	○						
2	커뮤니티	종합반 커뮤니티	Super admin	없음	○	○	○	○	○	○	○	○
			유료회원		○	○	○	○	○	○	○	○
			회원		○	○	○	○	○	○	○	○
			비회원									
3	Q&A	Q&A	Super admin	없음	○	○	○		○	○	○	
			회원		○	○						
			비회원		○	○						

※ 그림 4-20 게시판 정책 문서 예시

3-4 관리자 정책 정의 기본 가이드

3-4-1 카테고리 분류 체계 정책

카테고리 분류 체계는 예측 가능한 숫자의 단위를 잡습니다. 간혹 분류되는 숫자의 단위를 적게 잡다 보면 향후 확장이 불가능하므로 신중하게 범위를 예측해야 합니다. 실제로 1자리로 코드를 잡았을 때 상품의 종류가 늘어난 경우 10자리 수로 코드를 늘리지 못합니다. 그것은 규칙의 배열이 각 카테고리 코드에 맞춰 자릿수를 규정 보기 때문입니다.

예를 들어 6자리 상품 코드를 사용한다고 했을 때 첫 3자리는 학원 강좌, 그다음 2자리는 학원 과목, 마지막 1자리는 교수 코드라고 생각해봅시다. 003236이 상품 코드면 003은 학원 강좌, 23은 과목, 6은 교수 코드입니다. 그런데 교수가 10명으로 늘어난다면 어떻게 해야 할까요? 교수 코드는 한 자리로 정해져 있기 때문에 문제가 발생합니다. 이처럼 코드의 분류 체계는 실제 판매되고 있는 상품의 코드를 유지해야 하며 쉽게 변경할 수 없으니 최대한 예측 가능한 범주를 정의해야 합니다.

카테고리 분류 체계 정책

2014년 09년 26일

1Depth	2Depth	3Depth	CODE
강좌			edu
	온라인		001
	학원		002
	PMP		003
	Mobile		004

● 그림 4-21 카테고리 분류 체계 정책 문서 예시

3-4-2 서비스 정책

서비스 정책은 사이트상에서 고객에게 제공되는 서비스에 대한 것뿐만 아니라 예상되는 다양한 변수를 모두 기재하는 것이 좋습니다. 가령 이미지를 판매하는 사이트를 운영하는 경우 상품 판매 및 포인트 지급뿐만 아니라 이미지를 도용하거나 무단으로 복제했을 때 어떻게 대응할 것인지 등의 세심한 부분까지 정의해야 합니다. 해당 정책을 정의하기 위해서는 실무 운영 담당자 또는 해당 분야의 의사결정권자와 지속적인 협의를 통해 정책의 완성도를 높여야 하며, 지속적으로 업데이트하여 발전시키고 프로젝트 담당자와 계속 공유해야 합니다. 정책을 정의하는 것은 비전문가는 할 수 없는 전문적인 부분임에도 가끔은 비전문가에게 맡기고 기다리는 상황도 보았습니다. 서비스 정책은 사전에 가이드를 만들어 고객에게 YES, NO를 요구하거나, 수치를 요구하는 수순으로 접근하는 게 정보를 취득하는 가장 빠른 방법입니다. 비전문가가 예측하여 만든 정책에 의존하여 프로젝트를 진행하다 보면 결국 놓친 정책으로 인해 수정을 해야 하는 문제가 일어납니다. 그래서 기획은 '문제를 탐구하는 습관'이 아주 중요한 직무입니다.

서비스 정책

2014년 09월 26일

2-1. 무단복제 안내 경고창 팝업 내용(자동발송, 회원 최초 확인일을 기준으로 10일 동안 유지)

적발 회차	경고창 팝업 내용
1차 적발	회원님은 [사진 무단복제 1차] 적발 되었습니다. *무단복제 적발 회차별 제재사항을 확인하시기 바랍니다. *본 경고창은 최초 확인일을 기준으로 10일 동안 유지됩니다. *불법복제 적발자 관련 문의사항은 고객센터로 문의하여 주시기 바랍니다. <무단복제 금지 정책 자세히 보러가기>

2차 적발	회원님은 [사진 무단복제 2차] 적발 되었습니다.
	
	*무단복제 2차 적발에 대한 제재 사항은 다음과 같습니다.
	  - 강좌폐쇄
	  - 회원강제 탈퇴
	  - 법적조치
	
	*무단복제 적발 회차별 제재사항을 확인하시기 바랍니다.
	*본 경고창은 최초 확인일을 기준으로 10일 동안 유지됩니다.
	*불법복제 적발자 관련 문의사항은 고객센터로 문의하여 주시기 바랍니다.
	<무단복제 금지 정책 자세히 보러가기>

2-2. 무단복제 안내 쪽지 내용(자동발송)

적발 회차	쪽지 내용
1차 적발	회원님은 [사진 무단복제 1차] 적발 되었습니다. *무단복제 적발 회차별 제재사항을 확인하시기 바랍니다. *불법복제 적발자 관련 문의사항은 고객센터로 문의하여 주시기 바랍니다. <무단복제 금지 정책 자세히 보러가기>

• 그림 4-22 서비스 정책 문서 예시

3-4-3 배송 정책

배송 정책은 최종 소비자에게 제공되는 마지막 단계로 구축 초기에 배송사 선정으로 인한 다양한 B2B 거래에 필요한 요소 및 고객 간의 배송 정책을 정의합니다. 실제로 배송 정책을 기준으로 프론트[1]에서는 고객에게 배송에 관한 안내 가이드가 만들어지며, 관리자 화면에서도 배송 정책에서 정의된 요소가 설계되어 반영됩니다. 배송 정책은 경영지원에서도 정산에 필요한 정보가 요구되므로, 프로젝트 협업 담당자뿐만 아니라 경영지원부서에서도 필요한 문서라고 할 수 있습니다.

배송 정책

2014년 09월 26일

배송업체 정보	업체명				
	대표번호				
	홈페이지	http://www.			
	이메일				
가격기준	유료	원 미만			
	무료	원 이상			
배송기준	1차 배송	시 분 부터			
	2차 배송	시 분 부터			
	3차 배송	시 분 부터			
토,일 배송기준	시 전 주문까지		연휴 배송기준	전 사전고지	
	이후 배송			이후 배송	
배송원가	원		배송이익	원	
배송업체 담당	전산담당	( ) -	담당자명		
	배송담당	( ) -	담당자명		
	경영팀	( ) -	담당자명		
정산일	일				
비고					

● 그림 4-23 배송 정책 문서 예시

저자주

1 ··· 사용자 화면 및 관리자 화면

3-4-4 마케팅 정책

마케팅 정책은 포인트 및 캐시를 정의하는 문서로 포인트만 하더라도 정책을 정의해야 하는 부분이 의외로 많습니다. 해당 정책 정의는 고객과의 금전적 거래가 이뤄지기 때문에 경영지원팀 또는 개발자와 의사결정을 명확하게 하고 정의해야 합니다. 포인트 정책이 적용되는 상품 또한 사전에 미리 정의하지 않으면 많은 부분 개발이나 디자인에서 수정 작업을 해야 하는 번거로움이 있으니 스토리보드를 제작하기 전에 미리 기술하여 작업 담당자 또는 고객사와 협의하여 확인을 받는 것이 중요합니다.

마케팅 정책

2014년 09월 26일

1. 포인트 정책 정의

포인트 사용 정책	( )원 이상 일 때 사용
포인트 사용 단위	( )원씩 사용
소멸 기간	( )일이 지나면 소멸
환급 가능 여부	가능 , 불가능
환급 정책	신청일로부터 ( )일 지나 환급
포인트 제약요소	
탈퇴시 정책	( )일이 지나면 삭제

2. 포인트 적용상품

상품명	적립포인트	적립캐쉬	비고
유료사진 구매	3%	0	전체 구매액의 3%를 포인트로 적립해줌

◆ 그림 4-24 마케팅 정책 문서 예시

3-4-5 결제, 환불 정책

결제, 환불 정책은 결제 대행사와의 계약 건에 대한 기초 정보 기술과 정산 및 환급 신청에 대한 규정 등을 사전에 파악하여 경영지원팀이나 작업 담당자가 혼란을 겪지 않게 하는 문서입니다. 또한 고객 간의 서비스 제공에서 일어나는 환급이나 환불 절차에 대한 내부 규정을 파악하여 기술하는 것도 중요합니다. 가끔 정부 기관에서 고시한 환급 규정에 대한 파악을 통해 법적인 부분에서 관리 담당자가 얘기한 환급 규정에 오류가 없는지도 기획자가 챙겨야 할 업무입니다. 실제로 아무리 사업의 자율성이 높더라도 사회에서 규정한 제도적 규정을 벗어나게 되면 소송에 따른 법적 책임도 져야 하므로 결제, 환불 정책은 소비자 보호원이나 정보통신법에 따른 규정을 반드시 확인하고 기술해야 합니다.

결제, 환불 정책

2014년 09월 26일

1.결제사 정보

결제 대행사			대표전화	
홈페이지			FAX	
서비스 유형	○ 카드 ○ 휴대폰 ○ 가상계좌 ○ 제휴사 카드			
연락처	영업담당		연락처	
	기술담당		연락처	
	정산담당		연락처	
정산	정산일	(	)일	
	수수료	(	) %	
	환급신청	(	)후 입금	

2.내부 정책 정의

환급 가능 여부	가능 , 불가능	
환급 규정	( )일 지나면 (	)% 차감 후 환급
	( )일 지나면 (	)% 차감 후 환급
	( )일 지나면 (	)% 차감 후 환급

• 그림 4-25 결제, 환불 정책 문서 예시

3-4-6 보안 정책

개인 정보 유출이 심각한 사회 문제인 만큼 요즘은 각 회사별로 보안책임자를 두고 정보보호체계를 보완해가고 있습니다. 또한 한국인터넷진흥원이 ISMSInformation Security Management System 인증 제도를 통해 정보보호관리체계를 심사하고 있으며 이를 통과한 기업에 다양한 혜택을 부여합니다. 보안 정책은 실제 고객의 정보를 다루는 담당자를 규정하여 고객 DB의 접근 권한을 규정하는 데 목적을 두고 있습니다.

보안 정책

2014년 09월 26일

보안구분	책임자	연락처	e-mail
관리자 접근 권한			
자료다운 권한			
개인정보 관리 책임자			
e-mail 사용 권한			
sms 발송 권한			

◦ 그림 4-26 보안 정책 문서 예시

    [그림 4-26]처럼 정책 정의는 최대한 유추 가능한 선까지 추적하여야 하며, 이는 사이트를 지탱하는 뼈대 역할을 수행한다고 할 수 있습니다. 정책의 기준을 정의하는 것은 쉬운 일이 아닙니다. 하지만 경험과 노하우가 쌓이면 점점 정교하게 추측하여 만들수 있으므로 어려워할 것은 없습니다. 정책의 기준은 웹사이트를 이용하는 고객의 행동으로 인해 야기되는 많은 경우의 수를 추출하는 것이기에 고객 관점에서 이용되는 모든 경우를 키워드로 도출하여 정책 정의의 필요함을 예측하는 것입니다. 정책은 '반복'되는 행위로 쉽게 정의될 수 있습니다. 즉 고객이 결제를 하는 것은 반복이기에 정책 정의가 되는 것이고, 배송 또한 반복이기에 그렇습니다.

4_ 프로젝트 문서 가이드 작성

프로젝트 문서 가이드는 프로젝트를 같이 작성하는 협업 담당자 간에 초기 문서 작성을 규정화하는 것을 의미하며, 대규모 프로젝트에서는 통상적으로 작업을 시작하기 전 가이드를 만들어 작업자들에게 배포하게 됩니다. 프로젝트 문서 가이드의 종류는 다음과 같습니다.

- 스토리보드
- 기획서
- 제안서
- 문서 레이블링 가이드

프로젝트 문서 가이드를 제작하는 것은 실제로 작업하는 사람끼리의 협업의 의미도 있지만, 최종적으로는 산출물이 서로 달라 다시 제작해야 하는 번거로움도 한몫합니다.

4-1 스토리보드 가이드

스토리보드 가이드는 반복적으로 이뤄지는 게시판, 테이블, 다이어그램, 프로세스에 대한 스토리보드 설계를 미리 작업자에게 배포하여 작업의 속도를 줄이는 목적으로 제작되고 있습니다. 실제로 게시판 1개를 스토리보드로 설계하는 데 걸리는 시간이 10분이라 가정해봅시다. 만일 해당 스토리보드 가이드가 존재한다면 Ctrl + C 를 누르고 Ctrl + V 를 눌러 원하는 위치에 복사할 수 있으며, 최대 20~30초당 하나의 스토리보드가 완료될 수 있는 시간 단축의 효과를 보실 수 있습니다.

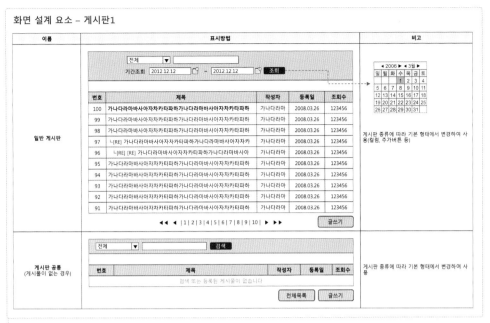

＊ 그림 4-27 스토리보드 가이드 문서 예시

4-2 기획서

4-2-1 보고서

보고서는 월간, 주간, 일간으로 구분되어 산출물 또는 작업자 간에 서면으로 의사소통을 하는 것으로 실제 구축 과정에서 논의될 다양한 이슈를 이해하고 공유함으로써 공동의 문제를 해결하는 것에 목적을 두고 있습니다. 실제로 수행한 것에 대한 기술도 중요하지만 차주 수행 업무를 미리 계획하여 그 수행 업무를 통해 협업해야 할 담당자와의 업무 조정을 할 수 있다는 것에서 보고서는 중요한 과정이라고 할 수 있습니다. 또한, 해당 보고서는 차후 산출물 납품 시 같이 제공되기도 하므로, 자세한 기술과 정확한 의사를 기재하는 것이 좋습니다.

주간 업무 보고서	프로젝트명	웹사이트 리뉴얼		
	단계	설 계		
	작성자	홍길동	작성일	2014.12.01
	승인자	나과장	승인일	

1. 진행 업무 보고(5주 차/2014. 12. 01 ~ 2014. 12. 05)

구분	금주 실적	차주 계획
기획	■	■
디자인	■	■
개발	■	■

2. 이슈 사항

구분	주요 이슈	조치	담당자	비고
기획				
디자인				
개발				

3. 쟁점 및 미결 사항

쟁점 및 미결 사항	이유	대응 방안

● 그림 4-28 주간 업무 보고서 문서 예시

4-2-2 기획서

기획은 상대방에게 목표에 대한 구체적인 방향성을 제시하고 그것으로 인해 승낙 또는 공감을 얻는 것에 목적을 두고 있습니다. 세밀한 부분보다는 전체적인 관점에서 기술하여야 하며, 상대방에게 생각을 묻는 것이 아니라 어떤 문제의 해결책에 대한 자신의 의견 또는 조직원의 의견을 구체적으로 전달하여 의사결정권자에게 결론을 이끌어 내는 것을 목적으로 합니다. 실제로는 문서를 받아 보는 사람에게 해당 기획서로 **결론 〉 근거 〉 방법**에 대한 세 가지 쟁점 사항을 전달해야 하며, 그것으로 인해 의사결정권자가 내가 원하는 방향으로 결정을 내릴 수 있도록 하는 것이 중요합니다.

타이틀 제목이 들어가는 곳

타이틀 제목을 꾸미는 슬로건이 들어가는 곳

목표 : 해당 기획서가 나오게 된 큰 분류의 목표를 기술

- ✓ 목표에 도달했을 때 이익 기술
- ✓ 목표에 도달했을 때 이익 기술

해당 목표가 나오게 된 배경 및 그 배경에 따르는 문제점 등 전체적인 배경을
스토리로 표현

1. **배경**
   가. 현 상황 및 내용이 나타나게 된 배경 및 상태
   나. 현 상황 및 내용이 나타나게 된 배경 및 상태

2. **수행 계획**
   가. 현 상황 및 내용이 나타나게 된 배경 및 상태
   나. 현 상황 및 내용이 나타나게 된 배경 및 상태

3. **세부 추진 방안**
   가. 수행 조직
   나. 수행 예산
   다. 수행 일정
   라. 향후 발전계획

4. **핵심지표**
   가. 실행에 따른 핵심 지표 및 평가 항목
   나. 실행에 따른 핵심 지표 및 평가 항목
   다. 실행에 따른 핵심 지표 및 평가 항목

5. **실행**
   기획서를 보고받는 사람에게 앞으로 어떤 행동을 원하고 실행을 승인 받을지 명시한다.

✦ 그림 4-29 기획서 문서 예시

4-3 제안서

제안서의 목적은 사실 전달을 시각화하여 명확하게 간추려서 고객에게 프로젝트의 내용을 이해하게 하는 데 목적을 두고 있습니다. 물론 그 장표를 통해 고객에게 동의를 이끌어내는 것이 목표입니다. **사람은 '텍스트'가 아니라 '이미지'로 사물을 인지합니다.** 우리가 사과란 단어를 생각하면 가장 먼저 떠오르는 것이 사과의 이미지이지 텍스트가 아니듯 사람은 이미지를 통해 장기 기억을 합니다. 제안서는 전달하고자 하는 내용을 시각화하여 빨리 이해할 수 있게 돕는

하나의 수단으로 기술자는 가장 효율적인 내용 전달 기법을 연구하여 제작해야 합니다. 이번에는 제안서 작성을 할 때 기본적으로 들어갈 구성 요소 및 제안서의 뎁스Depth에 대한 예시를 제공하고자 합니다.

예시) 구축 제안서의 기본 구성 요소

Ⅰ. 개요

Ⅱ. 일반 현황

Ⅲ. 프로젝트 수행 방법

Ⅳ. 프로젝트 투입 인력구성

Ⅴ. 프로젝트 위험 요소 분석

Ⅵ. 프로젝트 완료 및 사후 관리

Ⅶ. 프로젝트 기대 효과 및 견적

제안서를 작성할 때 가장 핵심적으로 고려해야 하는 것이 '상대방이 정말 이것을 원하는가?'에 대한 질문에 확신할 수 있는 문서를 만들어야 한다는 것입니다. 누구나 제안할 수 있는 또는 기본적으로 상대방도 알법한 이야기 구성으로는 상대방에게 긍정적인 결과를 얻질 못합니다. 제안서를 작성하는 이들이 가장 크게 하는 실수는 내가 하고 싶은 이야기를 전달하는 겁니다. 제안서는 상대방이 듣고 싶은 이야기를 전제로 구현되어야 합니다. 실제로 발표시간 20분 내외의 지루할 법한 경쟁 PT에서 이기려면 두 가지가 필요합니다. 첫 번째, '고객이 무엇을 원하는가?'에 대한 답변과 두 번째, '우리가 제안할 내용이 다른 경쟁업체와 무엇이 차별화되었는가?'를 잘 표현한 제안서야말로 가장 긍정적인 평가를 받습니다. 그리고 제안에서 제시된 가격 및 회사 프로필 그리고 또 하나의 제안서인 제품 시연(디자인, 솔루션)이 계약을 이끌게 될 것입니다. 그 중 시각화된 디자인 시연 또는 이미 구축된 예시 솔루션에 대한 것이 고객에게 의뢰한 제품의 결과물을 예측할 수 있는 중요한 참고자료로 계약에서 큰 역할을 차지하게 됩니다. 그러므로 제안서는 기획자만의 작업이 아니라 프로젝트를 수행하고 있는 협업 담당자와 함께 제작되어야 합니다.

예시) 제안서 작성 뎁스

Ⅰ. 제안서 큰제목(본문 내용 포괄)

1. 제안서 중제목(본문 내용 구분)

가. 제안서 소제목(본문 내용)

나. 제안서 소제목(본문 내용)

1) 제안서 내용 구분

2) 제안서 내용 구분

가) 제안서 부연 내용

나) 제안서 부연 내용

- 최종 설명 내용

① 최종 구성 내용

• **그림 4-30** 제안서 뎁스 문서 예시

4-4 문서 레이블링 가이드

문서 레이블링 가이드는 작업자 간 문서를 만들고 수정할 때 파일의 제목을 어떻게 규정하느냐를 규칙화하여 통일성 있는 파일 관리 및 유실을 방지하는 데 목적을 두고 있습니다.

기본 레이블링 구조

• SB_[프로젝트명] 파일 제목_작성자_YYMMDD_V1.01

버전 규칙

• V1.01~V1.99: 기획 단계. 고객과 잦은 소통을 통해 기획서를 제작하는 단계로 실제 작업자 및 구축 단계로 넘어가지 않는 아이디어 단계

• V2.01~V2.99: 구축 단계. 작업자 또는 의사결정권자에게 넘겨 공식적으로 작업이 진행됨을 선언하는 단계

• V3.00: 산출물. 최종본으로 수정이 있으면 안 되는 단계

문서 포맷 및 레이블링 정책 예시

문서명	표준서식	파일형식	출력크기	출력형태	파일 네이밍 규칙	비고
정보 구조도	있음	xls	A4	세로	SM_[프로젝트명]파일제목_YYMMDD_V1.01	
플로우 차트	있음	vsd	A4	가로	FC_[프로젝트명]파일제목_YYMMDD_V1.01	UML, DrawExpress
콘텐츠 명세서	있음	doc	A4	세로	CI_[프로젝트명]파일제목_YYMMDD_V1.01	
화면 정의서	있음	ppt	A4	세로	UID_[프로젝트명]파일제목_YYMMDD_V1.01	
Story Board	있음	ppt	A4	가로	SB_[프로젝트명]파일제목_YYMMDD_V1.01	
디자인 시안	없음	png	A4	가로	PT_[프로젝트명]파일제목_YYMMDD_V1.01	
스타일 가이드	있음	ppt	A4	세로	SG_[프로젝트명]파일제목_YYMMDD_V1.01	
DB 스키마	있음	doc	A4	가로	DBS_[프로젝트명]파일제목_YYMMDD_V1.01	
개발 가이드	있음	doc	A4	세로	DG_[프로젝트명]파일제목_YYMMDD_V1.01	
하드웨어 명세서	없음	doc	A4	세로	HDI_[프로젝트명]파일제목_YYMMDD_V1.01	
소프트웨어 명세서	없음	doc	A4	세로	SWI_[프로젝트명]파일제목_YYMMDD_V1.01	

◆ 그림 4-31 문서 포맷 및 레이블링 정책 예시

5_ IA 설계

IAInformation Architecture를 바꿔 정의하면 정보 설계라고도 하며 앞서 설명한 대로 작업자 간 전체 구조를 이해하고 파악하는 데 가장 효율적인 줄기 구조입니다. IA는 대부분 엑셀을 통해서 규정하고 있지만 초기 준비 단계에서는 전체의 흐름을 먼저 파악하는 것이 급선무입니다.

5-1 IA 준비 단계 : 마인드맵으로 전체 흐름을 잡아라!

프론트

- 고객의 행동 흐름 규정 〉 1 뎁스 포괄적 메뉴 정의(GNB, TOP MENU, FOOTER...등) 〉 2 뎁스 구체적 서비스 트리 구조 〉 3 뎁스 서비스 이용 경험 트리 구조 〉 4 뎁스 결정, 완료, 확인 트리 구조

관리자

- 관리자 행동 흐름 규정 〉 1 뎁스 포괄적 메뉴 정의(GNB, TOP MENU...등) 〉 2 뎁스 구체적 관리 트리 구조 〉 3 뎁스 관리 기능 경험 트리 구조 〉 4 뎁스 결정, 완료, 확인 트리 구조

이상의 단계를 우선 마인드맵을 통해 규정하고 알마인드맵, 씽크와이즈, 프리 마인드 등의 도구를 통해 전체 흐름을 잡습니다. 마인드맵을 통해 IA를 먼저 설계하는 이유는 사람의 시각과 이해를 가장 잘 도식화해주는 도구로 마인드맵이 만들어졌기 때문입니다. 한 화면에서 전체 구조와 흐름을 만들다 보면 어색한 흐름이나 반복적인 메뉴 구조를 잡아낼 수 있다는 장점이 있어 많은 사람들이 해당 도구로 생각의 흐름을 정리하고 있습니다.

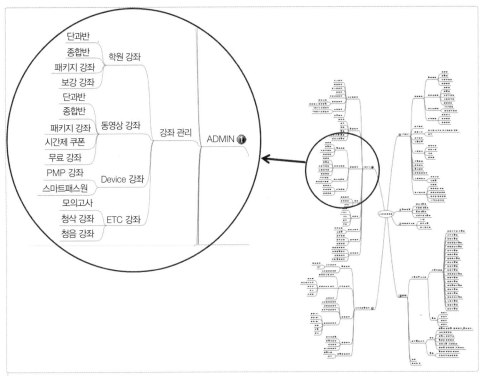

단과반
종합반
패키지 강좌   학원 강좌
보강 강좌
단과반
종합반
패키지 강좌   동영상 강좌
시간제 쿠폰   강좌 관리   ADMIN
무료 강좌
PMP 강좌
스마트패스원   Device 강좌
모의고사
청삭 강좌   ETC 강좌
청음 강좌

* 그림 4-32 마인드맵을 통한 IA 구조 잡기 예시(관리자, 프론트 동시 제작)

　　무엇보다 마인드맵은 쉽게 드래그앤드롭Drag and Drop으로 정렬이나 메뉴 트리의 순서를 조정할 수 있고, 전체 화면의 구조를 한눈에 볼 수 있어 생각을 빠르게 편집(추가, 수정, 삭제)할 수 있습니다.

5-2 IA 구성 단계

마인드맵으로 전체 구조의 흐름을 검증했다면 이제 엑셀로 옮겨야 합니다. 주의할 점은 엑셀에 들어가는 요소 필드는 중복될 수 없다는 겁니다. 즉 한 라인 안에는 한 개의 메뉴 트리만 존재해야 합니다. 어떤 기획자는 메뉴 트리 구조를 잡을 때 페이지가 없는 대분류 GNBGlobal Navigation Bar와 서브 서비스를 한 라인으로 잡는데 그러면 향후 GNB의 메뉴를 클릭했을 때 링크 경로에 대한 규정을 할 수 없으므로 반드시 한 라인에 한 개의 메뉴만 있어야 합니다. IA의 활용 범위는 메뉴 트리를 규정하는 것만이 아닌 다양한 분야로 쓰임새가 많습니다. 일정 관리, 메뉴별 작업자 지정, 산출물 결과 관리, 스토리보드 맵핑, 권한 관리 등등 많은 부분이 IA를 통해 정의되므로 최대한 신중하게 확정하는 것이 좋습니다. IA는 페이지만 정의하는 것이 아닌 고객 또는 관리자가 경험하는 모든 이벤트(팝업, 레이어, alt 값)를 포함합니다. IA를 통해 규정되는 팝업이나 레이어가 공통으로 쓰이는 경우 [공통]이란 용어로 앞에 표시하여 알려 주어야 합니다.

예)

- [공통팝]: 공통 팝업
- [공통레]: 공통 레이어
- [공통알]: 공통 알럿
- [팝]: 팝업
- [레]: 레이어
- [알]: alt

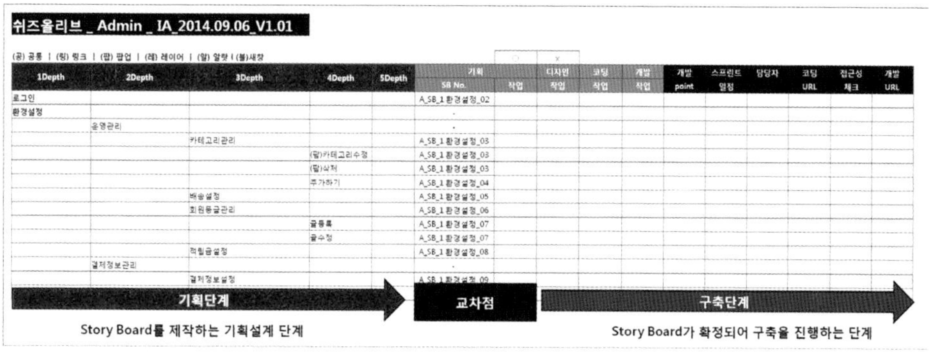

* 그림 4-33 엑셀을 통한 IA 제작 예시

5-3 IA 검수 단계 : 엑셀을 의뢰자(고객)에게 검수 받자!

IA로 제작된 문서에 대한 메뉴 트리는 스토리보드를 제작하기 전 가장 빠르게 문제를 잡아낼 수 있는 기준서입니다. 이곳에서 메뉴 트리의 네이밍이 잘못되어 스토리보드 및 디자인이 들어가면 전체 페이지에서 그 네이밍을 찾아 수정해야 하는 불필요한 사항이 발생됩니다. IA는 시스템 설계의 최초 기준서이기 때문에 고객에게 메일 또는 서면 사인을 통해 해당 구조에 대한 메뉴 확정을 규정해야 합니다. 만약 이 과정을 밟지 않고 제작이 들어간다면 향후 수정의 문제가 생겼을 때 불필요한 작업을 해야 하기때문에 일정에 차질이 생길 뿐 아니라 파트너 작업자에게 불필요한 부담을 주게 됩니다. 최종 제작된 IA는 메일 또는 서면으로 확인받아야 합니다.

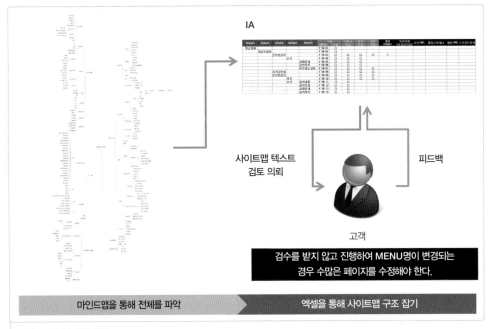

• 그림 4-34 IA 구현 단계

이처럼 IA는 작업자 간 페이지의 각 요소의 정확한 명칭을 규정하여 전체적으로 통일된 메시지를 전달하는 목적도 있지만, 작업자 간에 작업의 양을 가늠하는 역할을 합니다. 기획자는 IA에 정의된 SB No.로 빠진 스토리보드 페이지를 확인할 수 있습니다.

6_ 플로차트 작성

플로차트Flowchart는 쉽게 정리하면 고객의 행동 흐름의 뼈대를 잡는 것입니다. 플로차트를 구현하는 도구로는 UML 제작 도구, 파워포인트 등이 있습니다. 플로차트는 각 서비스 프로세스별 YES, NO의 가부를 결정하게 되며, 그 요소에 따라 이전 프로세스로 되돌아가거나 다음 프로세스로 진행됨을 알려 줍니다.

플로차트를 좀 더 살펴보면 기본 요소인 진입 시점 '시작'을 기준으로 맨 마지막 Goal인 '종료'까지 이용자 및 시스템의 프로세스를 파워포인트로 정리합니다. 또 고객의 동선 및 예측 가능한 다양한 변수를 눈으로 시각화하여, 작업자 간 업무를 정리하는데 효율적인 가이드로 삼을 수 있어 기존에 설계된 IA의 구성 요소를 스토리화한다는 것에 의미를 두고 있습니다. 기존의 정의된 업무는 키워드 및 문서에 의존하는 방법인 반면 플로차트 단계부터는 시각화에 의존된 설계 방식이라고 할 수 있으며, 이를 통해 스토리보드에 기술되어야 할 설계의 흐름을 세밀하게 잡아 나갈 수 있습니다. 실제 사람의 뇌는 키워드 및 단어에 대한 시각화를 습관적으로 하기 때문입니다. 이처럼 사람에게 주어진 프로세스 중에 시각화는 주어진 프로젝트를 수행하는데 가장 근접하게 고객의 머릿속의 내용을 연상화시킨다는 것에서 빠져서는 안 되는 중요한 요소라 할 수 있습니다.

6-1 플로차트 요소

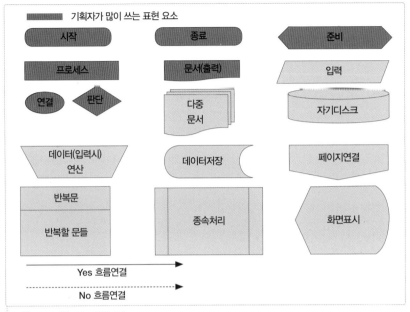

• 그림 4-35 플로차트 구성 요소

6-2 플로차트 UML(유스케이스 다이어그램)

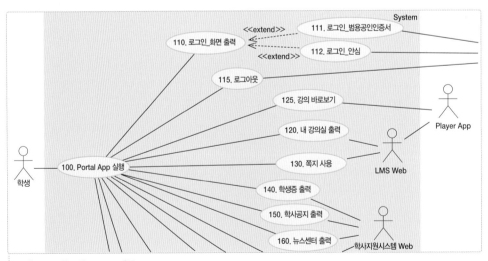

• 그림 4-36 플로차트 UML 예시

6-3 플로차트 파워포인트

IA는 메뉴 구조와 페이지 요소에 대한 정의를 내리는 반면 플로차트는 고객의 행동 흐름에 따른 Goal 결정 유무를 규명하므로 모든 페이지를 차트로 검증하기에는 무리가 있습니다. 즉 플로차트로 규정하는 것은 최종 Goal로 가기 위해 고객의 동선 중 가장 중요한 영역, 매출 또는 핵심 서비스의 이용에 대한 흐름 정의를 표현하는 것으로 압축될 수 있습니다. 플로차트는 고객별 서비스의 이용 권한 또는 고객의 행위로 인해 도출되는 서비스의 변화를 가설로 예측하는 과정으로 페이지 간소화 또는 정의되지 못한 요소를 발견할 수 있는 장점이 있습니다.

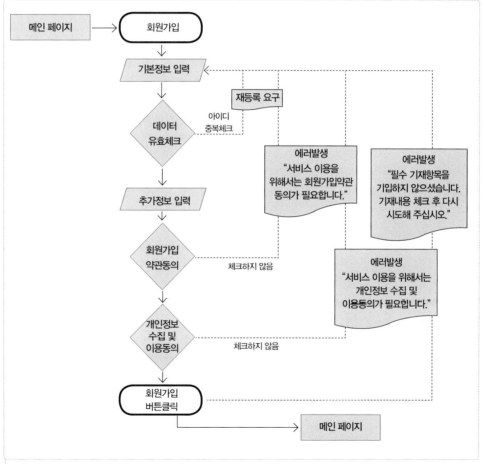

* 그림 4-37 파워포인트로 정의한 회원가입 플로차트

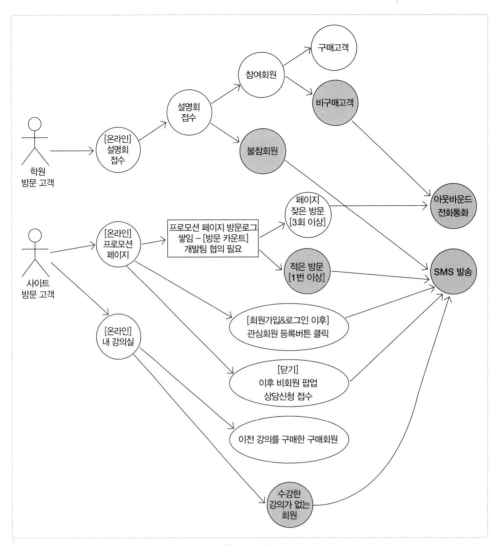

• 그림 4-38 고객의 행동 흐름 패턴을 분석하여 최종 액션을 정하는 플로차트

서비스를 이용하는 고객의 행동 흐름을 파악하지 못한 채 사이트를 기획하면 고객은 사이트를 이용하는 도중 길을 잃고 서비스 이용을 포기할 수도 있습니다. 이처럼 기획자는 웹사이트의 기술적인 접근 이전에 고객의 행동 흐름과 서비스 이동 패턴 및 유사 경험을 먼저 생각하고 '고객이 이렇게 할 것이다!'라는 확신이 섰을 때 비로소 화면을 설계해야 합니다. 이를 뒷받침하는 도구가 바로 플로차트며, 각 키워드에 담고 있는 의미는 전체 서비스 설계에서 도출해야 할 기능으로 정의될 수 있습니다. 서비스의 예측은 가설과 검증으로 이뤄지며 각 키워드에서 정

의되지 못하는 YES와 NO의 방향은 서비스를 이용하는 고객의 대중성에 비춰 중요도를 나눕니다.

　예로 서비스 이용 시 처음부터 로그인이 필요한 서비스냐 또는 로그인 없이 이용하다가 최종 Goal에서만 로그인이 필요한 서비스냐에 따라 화면에서의 로그인 중요도가 나뉘며 플로차트 역시 변경됩니다. 로그인이 중요한 서비스는 메인 화면에서부터 고객이 로그인을 쉽게 할 수 있게 배치하여 로그인을 유도할 것이고 그에 따라 플로차트도 로그인 후 1:1 서비스를 처리할 수 있는 쪽으로 흐름을 잡을 것입니다. 만약 로그인이 최종 Goal에서만 필요한 서비스, 즉 쇼핑몰처럼 상품을 선택하고 구매를 결정할 때 로그인이 필요한 서비스라면 로그인 박스는 감춰지며 단순 텍스트로 로그인 경로를 제공할 것입니다. 이에 맞춰 고객의 행동 흐름 플로차트는 고객이 상품을 먼저 선택한 후 구매 결정을 누를 때 비로서 로그인을 요구하는 흐름으로 설계됩니다.

7_ 협업 대상자와의 업무 협의 회의

킥오프 미팅Kick-Off Meeting(또는 How to start a project라고도 합니다)은 프로젝트의 시작을 알리는 중요한 단계입니다. 최종 정의한 IA와 전체 플로차트를 통해 도출되는 고객 서비스의 규정을 통해 프로젝트의 최종 목적이 무엇인지, 전략적인 가치가 무엇인지를 파악하고 해당 프로젝트에 참여하는 모든 사람(고객 포함)과 공감대를 형성하는 가장 중요한 단계입니다. 킥오프는 수행 범위에 대한 확정의 의미뿐만 아니라 수행하는 프로젝트의 가치 전달과 전략적인 차별화 또는 수행 업무 진행 시 야기되는 다양한 이슈에 대한 의사결정 프로세스 등 눈에 보이는 것 이외의 눈에 보이지 않는 행동(소통 전략, 프로젝트 일정, 수행 조직도)을 규정하는 것에 목적을 두고 있습니다.

7-1 킥오프 목차

킥오프 목차
- 사전 조사
- 프로젝트의 핵심 가치
- 전체 프로젝트 플로우
- 핵심 단위별 플로차트
- 주요 디자인 콘셉트
- 수행인력
- 커뮤니케이션 채널
- 수행 일정

7-2 킥오프 자료 수집 및 글쓰기

"디자인 중심 사고가 아닌 내용 중심의 사고가 먼저다!"

프로젝트를 진행하기에 앞서 제일 먼저 기술하는 것이 프로젝트 수행 계획서입니다. 그것을 통해 70%의 수행 범위가 정리되며 장표의 스토리도 확정됩니다.

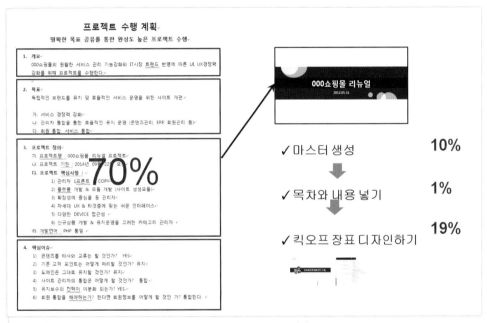

✽ 그림 4-39 계획서를 통한 수행 내역 정리(좌), PPT 장표로 킥오프 문서 제작(우)

킥오프 문서에서 다뤄야 할 사항

1 일정

2 인원

3 소통 채널

4 주요 사업 목적 및 인식 공유

5 콘텐츠&마이그레이션 담당자 지정

7-3 킥오프 문서 만들기

7-3-1 사전 조사

사전 조사에서는 벤치마킹한 사이트 또는 사용자 및 고객이 원하는 콘셉트를 가설로 세워 도출되는 이슈를 짤막한 문장으로 정의하고 그것을 통해 최종적으로 구축될 제품의 전체 콘셉트를 핵심적으로 이끌어 나갈 이슈를 제안해야 합니다.

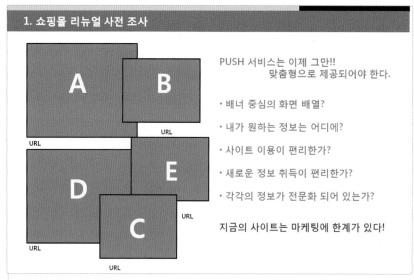

1. 쇼핑몰 리뉴얼 사전 조사

PUSH 서비스는 이제 그만!!
맞춤형으로 제공되어야 한다.

• 배너 중심의 화면 배열?

• 내가 원하는 정보는 어디에?

• 사이트 이용이 편리한가?

• 새로운 정보 취득이 편리한가?

• 각각의 정보가 전문화 되어 있는가?

지금의 사이트는 마케팅에 한계가 있다!

• 그림 4-40 사전 조사 페이지 예시

7-3-2 프로젝트 핵심 가치

벤치마킹한 사이트 또는 콘셉트 중 가장 잘되어 있는 1~3개의 사이트를 나열하고 그것에서 도출되는 중요한 핵심 가치를 키워드로 요약하여 나열합니다.

- 키 포인트 세 가지
- 고객 관점 핵심 가치
- 사업 관점 핵심 가치

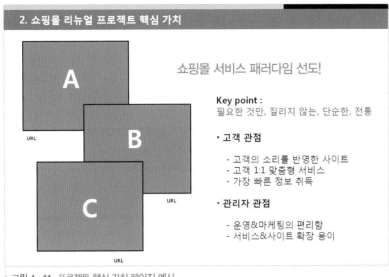

• 그림 4-41 프로젝트 핵심 가치 페이지 예시

7-3-3 프로젝트 전체 플로우

핵심 개발 사항(수행 범위)과 부가 지원 사항(고려대상)을 정리해서 기술합니다. 이때 주의할 점은 프로세스는 단계별로 정렬되어 있어야 합니다.

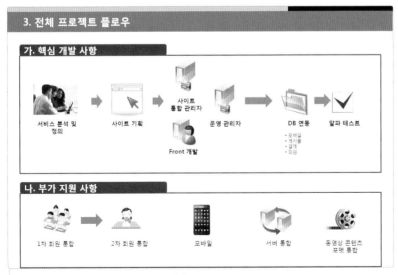

• 그림 4-42 전체 프로젝트 플로우 페이지 예시

7-3-4 단위별 플로우

핵심 개발 사항 및 부가 지원 사항 중 중요한 부분만 장표로 제작합니다.

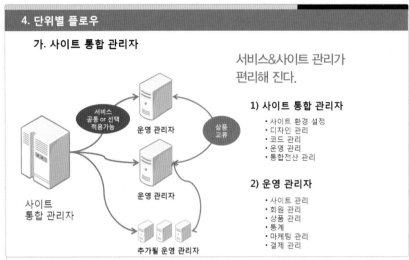

● 그림 4-43 단위별 플로우 페이지 예시

7-3-5 디자인 콘셉트

최종적으로 제작될 사이트와 가장 유사하며 잘 만들어진 사이트 또는 미리 제작된 사이트 시안
을 넣고 그 디자인의 특징과 장점을 기술합니다.

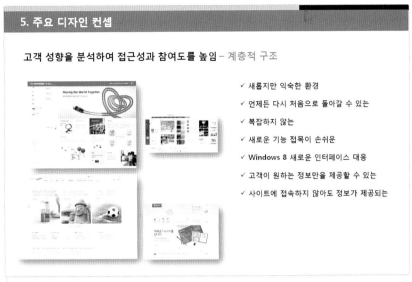

5. 주요 디자인 컨셉

고객 성향을 분석하여 접근성과 참여도를 높임 – 계층적 구조

✓ 새롭지만 익숙한 환경

✓ 언제든 다시 처음으로 돌아갈 수 있는

✓ 복잡하지 않는

✓ 새로운 기능 접목이 손쉬운

✓ Windows 8 새로운 인터페이스 대응

✓ 고객이 원하는 정보만을 제공할 수 있는

✓ 사이트에 접속하지 않아도 정보가 제공되는

• 그림 4-44 디자인 콘셉트 페이지 예시

7-3-6 수행인력

고객사와 회사와의 TFT로 참여되는 모든 인력을 정리하고 담당자별 수행 범위를 기술합니다.

6. 수행 인력

프로젝트 의사결정

	수행 범위
000 본부장	프로젝트 챔피언
000 팀장	프로젝트 수행 감질 및 정책 결정
000 팀장	
000 과장	프로젝트 수행 주요 의사 결정
000 대리	프로젝트 수행 정보 지원
000 대리	프로젝트 총괄 의사 전달

프로젝트 수행조직

	수행 범위	수행인력
000 본부장	프로젝트 챔피언	
000 팀장	프로젝트 매니저	
000 차장	프로젝트 운영 PL	
000 팀장	기획 PL	
000 차장	개발 PL	외 3명
000 과장	디자인 PL	외 15명
000	퍼블리셔 PL	

• 그림 4-45 수행인력 페이지 예시

7-3-7 커뮤니케이션 채널

커뮤니케이션 채널 맵을 만들고 고객사, 기획, 디자인, 개발, 코딩 등의 담당자별 소통 채널을 연결해보세요. 여기서 커뮤니케이션 채널 수를 계산하는 공식은 아래와 같습니다.

- 소통 채널 수 = TFT 총원(TFT 총원-1)/2

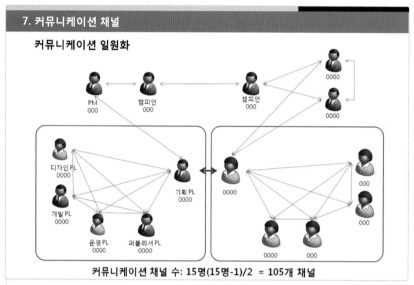

• 그림 4-46 커뮤니케이션 채널 페이지 예시

7-3-8 수행 일정

예측되는 수행 일정을 월별로 정리하고 각 파트별 예상 작업 일정을 기술합니다.

8. 수행 일정

프로젝트 일정 : 2015년 6월1일~11월 30일

	6월	7월	8월	9월	10월	11월	12월
기획	스토리보드 기획 (사용자, 관리자)	스토리보드 기획 (사용자, 관리자)	서비스 통합 기획	서비스 통합 기획	상품 기획	테스트 시행	
디자인	1 디자인 스타일 확정 2 주요 화면 디자인 (메인) 3 관리자 디자인 (완료)	프론트 디자인	프론트 디자인	프론트 디자인		테스트 시행	
퍼블리셔	관리자 코딩	사용자 코딩	사용자 코딩	사용자 코딩	사용자 코딩		서비스 오픈
개발	개발 분석	관리자 개발 (사이트 운영)	관리자 개발 (사이트 운영) 프론트 개발	관리자 개발 (사이트 운영) 프론트 개발 DB 통합 (상품, 게시/판매)	관리자 개발 (사이트 운영) 프론트 개발 서비스 통합 개발 DB 통합 (서비스)	디버깅 테스트	

※ 그림 4-47 수행 일정 페이지 예시

　협업 대상자의 업무 범위 워크숍은 지속적으로 수행하는 것이 좋습니다. 이를 현실화하기 위해서는 정기적인 소통 일정을 사전에 규정하여 '매주 언제 몇 시에 모인다'는 것을 정례화하는 것이 좋습니다. 간혹 업무로 인해 모임이 필요한 시기임에도 불구하고 사전에 인지하지 못해 워크숍을 못하는 경우가 생깁니다. 이를 방지하기 위해서는 미리 계획된 일정을 사전에 담당자에게 공지하여 그 시간에는 다른 일정을 잡지 못하게 하는 것이 가장 효율적인 방법입니다.

8_ 프리핸드 스케치

프리핸드 스케치는 공상 속에 있는 80%를 20%의 현실로 만듭니다.

요즘 기획자에게 스토리보드 작업 전에 스케치를 하냐고 물어보면 대부분 프리핸드 스케치를 통해 아이디어를 구체화하는 방법을 그냥 넘기고 바로 스토리보드로 제작한다고 합니다. 이는 머릿속에 있는 혼돈의 경험을 바로 스토리보드로 제작하고 계속 반복 수정을 통해 완성도를 높여 가는 것으로 볼 수 있습니다. 하지만 프리핸드 스케치 단계를 한 단계만 거치면 작업자 간 업무에 대한 의사 소통뿐만 아니라 더욱 정교하고 빈틈없는 화면 설계를 빠르게 할 수 있다는 것을 알 수 있을 겁니다.

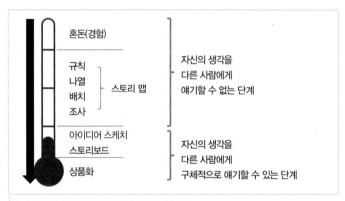

● 그림 4-48 아이디어 스케치를 통한 상품화 과정

- **혼돈 단계:** 작업 시작 단계로 웹사이트 제작을 요구하는 고객의 니즈를 자신의 경험 또는 벤치마킹을 통해 상상하여 가장 근사치의 제작까지 유추하는 단계입니다.

- **스토리 맵:** 혼돈 단계에서 나온 다양한 생각을 규칙, 나열, 배치, 조사를 통해 좀 더 구체화 시키고 UML, 페르소나, 정책 정의, 플로차트 작성, IA, 마인드맵, 개념 정의 등의 생각 트리를 구성하는 결과물을 제작하는 단계입니다. 스토리 맵 단계는 전문적인 키워드 또는 핵심만을 정의하는 단계로 고객에게 시각적으로 설명하기에는 부족하며 제대로 전달되지 않습니다.

- **아이디어 스케치:** 스토리 맵의 구성 요소를 통해 정의된 결과물을 가지고 스케치를 진행하며 작업자의 규모에 따라 대중을 상대로 칠판에 같이 그려 나가거나 개인 소장용 스케치북에 스토리를 스케치하는 작업을 합니다. 이 과정은 직접적인 결과물이 스케치를 통해 레벨화되어 표현되며 프레임 구조와 주요 핵심 기능이 실제로 스토리보드에 그려지는 세밀한 화면의 전 단계로 표현되기에 고객과의 사전 결과물에 대한 점검의 피드백이 가능하다는 장점이 있습니다.

아이디어 스케치가 가지고 있는 또 다른 장점은 스토리 전개가 가능하다는 점입니다. 스토리보드는 한 화면에 1장의 세밀한 장면을 가지고 있는 것과 다르게 아이디어 스케치는 지속해서 다음 단계를 추적하여 제작함으로써 실제로 제작되는 중요한 모든 페이지가 제작된다고 할 수 있습니다.

- **상품화:** 구체화한 아이디어 스케치를 통해 나온 화면은 사진 촬영을 통해 저장되며, 이것을 좀 더 세밀하고 구체적인 산출물로 만들기 위해 스토리보드로 제작하게 됩니다. 스토리보드로 제작된 것은 작업자(다른 협업 기획자, 개발자, 디자이너, 웹 퍼블리셔)와 고객에게 전달되어 최종 의사결정 및 제작되는 상품의 최종 설계 도면으로 완성하는 과정입니다.

8-1 스케치의 효율성

프리핸드 스케치는 세 가지 장점이 있습니다.

8-1-1 시간 절약

머릿속에 있는 표현되지 못하는 상상을 현실화된 밑그림으로 만드는 작업으로 아무리 말로 설명을 해도 이해되지 않는 부분이 스케치를 통해 좀 더 정확한 의사 전달을 할 수 있습니다. 가령 우리가 말로 전달을 할 때 '삼각형'이라고 얘기했다면 고객은 삼각형으로만 이해가 됩니다. 하지만 그 삼각형과 우리가 생각하는 삼각형의 그림은 다를 수 있습니다.

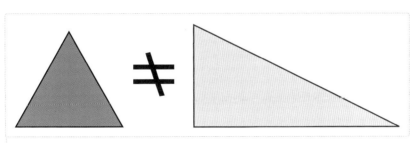

※ **그림 4-49** 고객과 의사 전달의 오류

- 고객이 이해한 삼각형 = 블랙 라인, 회색, 정삼각형
- 실제 작업한 삼각형 = 주황 라인, 주황 투명색상, 직각삼각형

실제로 말로 표현할 때는 표현의 한계 또는 의사소통에서 이뤄지는 함축적 의미로 인해서 형태, 색상, 크기, 기능 등의 세밀한 요소는 빠지게 되므로 고객의 생각과 기획자의 생각이 다르게

표현되어 난감한 상황이 오기도 합니다. 이를 뒷받침해주는 단계가 아이디어 스케치입니다. 고객과 생각이 다른 점을 눈으로 볼 수 있도록 하여 빠르게 오점을 찾아내어 그것을 정리할 수 있고, 그로 인해 스토리보드 제작 시간을 단축할 수 있습니다.

8-1-2 큰 구조 파악

제작될 산출물의 개념 정립부터 전략과 전술 등의 핵심 논의 주제를 통해 제작되는 산출물이 왜 만들어지고 그것을 통해 고객이 어떤 핵심 서비스를 받게 되는지 등의 전체적인 서비스의 큰 그림을 스케치를 통해 전개해 나갈 수 있습니다. 이는 협업 담당자와의 생각 공유를 통해 하나의 목표 지점으로 가는 데 중요한 역할을 하게 됩니다. 가령 쇼핑몰 구축을 예로 들면 기능 결정이 화면 UI/UX 구조에 아주 큰 영향을 미치게 됩니다.

• 그림 4-50 검색이 중심이 되는 쇼핑몰

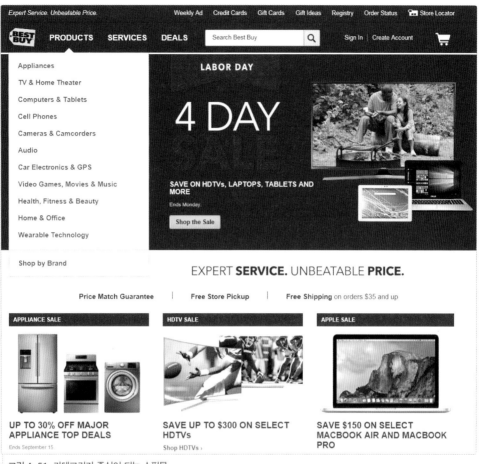

＊ 그림 4-51 카테고리가 중심이 되는 쇼핑몰

　　그림의 예처럼 고객에게 제공될 서비스의 기능 및 개념 파악을 통해 어떻게 화면을 전개해
나갈시를 사선에 충분히 토론하여 잡지 않으면 제작되는 산출물이 엉뚱한 방향으로 갈 수도 있
습니다. 개념 파악에서 결정된 사항은 서비스의 중심 뼈대이므로 절대로 중도에 변경되어서는
안 되는 중요한 사항임을 협업하는 작업자 및 고객과 공유를 통해 알리고 변경 사항 및 생각이
다른 부분을 찾아내어 결정하고 진행해야 합니다.

8-1-3 스토리텔링

스토리보드와 다르게 프리핸드 스케치는 빠르게 하나하나의 화면 구조를 정리하고 그곳에서 이뤄지는 이동 경로를 전개해 제작물의 큰 흐름을 파악하는 최적의 도구라 할 수 있습니다. 스케치에서 다뤄지는 요소는 화면의 구조뿐만 아니라 네이밍, 문구, 기능, 링크, 예상치 못한 고객의 돌발 행동 등이 정의되어 다루어지게 됩니다.

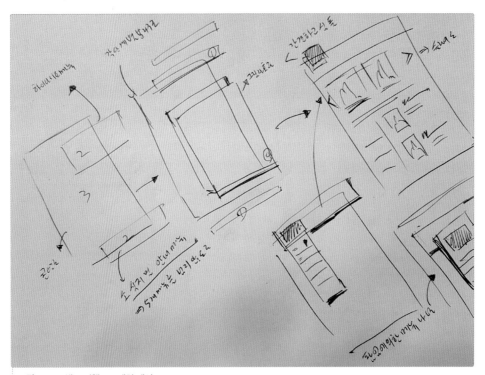

• **그림 4-52** 앱 프리핸드 스케치 예시

   이렇게 스케치로 정의된 화면의 흐름은 직접 눈으로 보기 때문에 지속해서 스케치를 빠르게 추측하며 수정할 수 있습니다.

프리핸드 스케치 제작 팁

① **그리는 데에 너무 많은 시간을 소요하지 마세요.**

프리핸드 스케치는 예쁘게 그릴 필요가 없습니다. 상대방이 충분히 알아볼 수 있는 정도의 화면으로 주요 구조, 핵심 기능, 내용을 기재하면 됩니다.

② **스토리를 그리세요.**

프리핸드 스케치의 장점은 다음이 존재한다는 겁니다. 이동 흐름을 화살표로 그리고 다음 화면을 간단하게 연결해 나가세요.

③ **치환, 생략을 이용하세요.**

알고 있는 기능이나 개념은 생략해도 됩니다. 어차피 스토리보드를 제작할 때 정교하게 다뤄지므로 영역 표시 및 간략한 기술로 마무리하세요.

프리핸드 스케치란 머릿속에 상상하고 있는 이미지를 그림으로 제작하는 것이 아니라 그림을 통해 점차 완성도가 높은 이미지를 만드는 것을 의미합니다. 실제로 스케치는 컴퓨터로도 표현할 수 없는 이미지를 형상화할 수 있습니다. 나노 입자 〉 자동차 〉 볼트 〉 도시 〉 이동 거리 〉 상상으로 본 세계 등 그리지 못할 것이 없으며 이것을 발명가 또는 과학자는 펜으로 표현하여 그 표현을 현실의 제품으로 만들어 냅니다. 이처럼 프리핸드 스케치는 가장 완성도 높은 제품이나 상품을 제작하기 위한 가장 작은 그림이라고 할 수 있습니다.

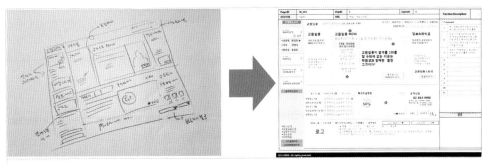

* **그림 4-53** 프리핸드 스케치가 스토리보드로 제작된 화면

9_ 프론트와 백오피스 스토리보드 작성

스토리보드Story Board는 실제 작업 담당자가 업무를 수행하기 전에 이해해야 할 작업 지시서로 고객의 의뢰에 따른 머릿속의 비즈니스 모델을 표현하는 것이라 할 수 있습니다.

사람이 머릿속으로 상상하는 모델을 문서로 표현할 수 있는 것은 꽤 매력적인 직업이며, 창조적인 또는 창의적인 직업군에 속한다고 할 수 있습니다. '스토리보드를 잘 그리려면?'이란 접근보다 '스토리보드는 작업자가 이해하기 쉽게 잘 정의되는 것!'이 중요합니다. 이를 위해서는 스토리보드의 세 가지 요소가 중요합니다.

9-1 스토리보드의 중요한 요소

Title은 문서의 앞 단에 스토리보드에 기술된 것을 한 문장 또는 키워드로 정의하는 것으로 각 장의 흐름을 이해하는 데 중요한 요소입니다. 여기서 Title 정의는 실제 스토리보드로 표현되는 페이지를 규명하는 것으로 이해하시면 될 겁니다. 스토리보드는 화면 안에서 카피, 기능, 링크를 정의하는 것으로, 우리나라에서는 마이크로소프트 파워포인트를 가장 많이 사용합니다. 파워포인트는 대부분이 기본으로 설치하고 있는 범용성이 뛰어난 소프트웨어입니다. 또한, 속도 및 표현의 자율성에 가장 뛰어난 도구로 많은 기획자의 창의적 사고를 잘 표현하는 도구로 자리 잡고 있습니다. 스토리보드를 잘 정의하려면 어떻게 해야 할까요? 실제로 스토리보드를 제작할 때 통용되는 규격이 있습니다. 이는 다년간 기술자들 사이에서 규격화되어 배포되고 있으며, 에이전시 및 웹/앱 서비스 회사에서 보편적으로 사용하고 있습니다. 스토리보드를 제작할 때 웹 기반의 서비스를 기획하던 시절에서 벗어나 다양한 디바이스 기반의 서비스를 고민해야 합니다. 최근에는 모바일 디바이스가 보편화되면서 모바일 기획이 또 하나의 전문 분야로 자리를 잡았습니다. 이는 소비자의 행동 패턴 변화로도 읽을 수 있습니다. 소비자가 어디에서나 쉽게 접근할 수 있는 스마트 디바이스를 즐겨 사용하기에 점차 IT 서비스 기업들은 너도나도 사용자와의 접점인 스마트 디바이스 환경에 서비스를 제공하려고 노력했습니다. 스마트 디바이스 환경의 서비스 스토리보드를 제작할 때 고려해야 할 점이 있습니다. 바로 모바일과 웹은 서비스 접근이 다르다는 점입니다.

- **웹:** 무수히 많은 사이트의 정보를 중요도 순위에 따라 Main에 큐레이팅하는 것
- **모바일:** 소비자가 의도한 서비스를 중심으로만 제공하도록 큐레이팅하는 것

프로와 아마추어의 차이는 '욕심을 버리는 것'에서 시작됩니다. 기획자의 습성상 어떤 것이든 기능적으로나 서비스적으로 좀 더 많이 넣으려는 습관이 있습니다. 물론 잘못된 것은 아니지만 가장 중요한 관점은 해당 서비스를 이용하는 고객이 '과연 그것을 원할까?'라는 질문을 해야 합니다. 가령 카카오톡에 메인 페이지를 추가했다고 가정해봅시다. 그럼 카카오톡의 메인으로 들어가 다시 내가 원하는 채팅이나 친구 목록으로 이동해야 하는 불편함이 있었을 겁니다. 예진 1990년대에는 UI를 중심으로 하여 처음 접하는 인터넷 서비스 디자인의 포장 관점으로 보여줬다면, 이제는 UX를 중심으로 고객이 원하는 가치를 가장 빠르게 고객에게 전달하는 것이 기획에서 필요한 습관이 되었습니다.

디스크립션Description은 작업자 간 중요한 아이디어나 메시지를 문서를 통해 전달할 때 사용되며 최종적으로 스토리보드가 마무리되어 작업자에게 전달되는 버전에서 해당 디스크립션을 삽입합니다. 작업자에게 일일이 해당 문서의 주요 내용을 설명할 수 없으므로 좀 더 깊고 자세하게 스토리보드에 번호를 매겨 설명을 하는 것이 좋습니다. 뒤에 좀 더 자세하게 각 분야별 설명을 하겠습니다.

9-2 스토리보드 기본 규격

스토리보드를 제작할 때 기본적으로 통용되는 제작 규격이 있습니다. 기본 규격을 규정하고 스토리보드를 작성하면 여럿이 함께 작업할 때 더욱 효율적으로 제작할 수 있으므로 다음 규격 가이드는 꼭 기억해둬야 합니다.

❶ 폰트 규격
- **폰트:** 맑은 고딕(이미지 or 기본), 굴림, 돋움(시스템)
- **기본 사이즈:** 8~9
- **색상:** 블랙, 화이트, 레드, 블루
- **강조:** 크기, 밑줄, 색상 부여(RED)

❷ 라인 규격
- **두께:** 1/2 pt
- **색상:** 블랙
- **버튼 모양:** 모서리가 둥근 직사각형 or 직사각형
- **버튼 배경색:** 흰색, 배경 1, 55% 더 어둡게

❸ 이미지 표시

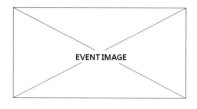

❹ Object

• **Radio Button:** ● 선택 ○ 미선택

• **Check Box:** ■ 선택 □ 미선택

• **Drop-Down Box:**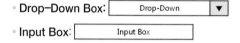

• **Input Box:**

❺ Scroll bar

❻ 테이블

• **테이블 배경색:** 흰색, 배경 1, 15% 더 어둡게(기본), 주황

• **라인 두께:** 0.5 pt

• **라인 색상:** 검정, 텍스트 1

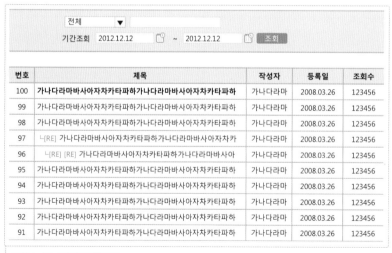

번호	제목	작성자	등록일	조회수
100	**가나다라마바사아자차카타파하가나다라마바사아자차카타파하**	가나다라마	2008.03.26	123456
99	가나다라마바사아자차카타파하가나다라마바사아자차카타파하	가나다라마	2008.03.26	123456
98	가나다라마바사아자차카타파하가나다라마바사아자차카타파하	가나다라마	2008.03.26	123456
97	└[RE] 가나다라마바사아자차카타파하가나다라마바사아자차카	가나다라마	2008.03.26	123456
96	└[RE] [RE] 가나다라마바사아자차카타파하가나다라마바사아	가나다라마	2008.03.26	123456
95	가나다라마바사아자차카타파하가나다라마바사아자차카타파하	가나다라마	2008.03.26	123456
94	가나다라마바사아자차카타파하가나다라마바사아자차카타파하	가나다라마	2008.03.26	123456
93	가나다라마바사아자차카타파하가나다라마바사아자차카타파하	가나다라마	2008.03.26	123456
92	가나다라마바사아자차카타파하가나다라마바사아자차카타파하	가나다라마	2008.03.26	123456
91	가나다라마바사아자차카타파하가나다라마바사아자차카타파하	가나다라마	2008.03.26	123456

• 그림 4-54 테이블 제작 예시

- **테이블 강조 색:** 흰색, 배경 1, 15% 더 어둡게(기본), 주황, 강조 6, 25% 더 어둡게(선택 상태)

• 그림 4-55 GNB 강조 색 표현 예시

GNB: 표로 구분 = 고정된 유형

❼ Link Bar

<u>AAA</u> ㅣ <u>BBB</u> ㅣ <u>CCC</u>

AAA ㅣ BBB ㅣ CCC

배경 테이블 메뉴 = 변화가 없는 Link Bar

9-3 스토리보드를 효율적으로 그리는 팁

9-3-1 스토리보드 마스터 만들기

스토리보드를 제작할 때 가장 먼저 제작해야 할 폼으로 해당 폼 제작을 통해 작업의 효율성을
극대화 시킬 수 있습니다.

❶ 보기 〉 슬라이드 마스터를 클릭합니다.

• 그림 4-56 보기 〉 슬라이드 마스터 위치

❷ 표지 슬라이드를 만듭니다.

첫 번째 슬라이드 마스터는 빈 공간으로 둡니다.

두 번째 슬라이드 레이아웃에는 다음의 요소를 정의합니다.

• 해당 슬라이드에는 마스터 제목 스타일 편집 부분을 추가합니다.

• 저작권에 대한 표시가 반드시 들어가는 것이 좋습니다.

• 해당 장표에는 적절하게 회사 로고를 추가하셔도 됩니다.

그림 4-57 표지 만들기 페이지 예시

❸ 표준 슬라이드를 만듭니다.

세 번째 슬라이드 레이아웃에는 다음의 요소를 정의합니다.

• 해당 슬라이드에는 TITLE 부분에 마스터 제목 스타일 편집 부분을 추가합니다.

• PAGE No.에는 슬라이드 번호 〈#〉을 추가합니다(자동으로 페이지가 표기됩니다).

• 그림 4-58 표준 슬라이드 만들기 페이지 예시

❹ 다음 페이지로 연장 슬라이드를 만듭니다.

네 번째 슬라이드 레이아웃에는 다음의 요소를 정의합니다.

◦ 해당 슬라이드에는 Story Board BODY 하단에 "다음 페이지로 이어짐 ▼"이 표기됩니다.

• 그림 4-59 다음 슬라이드 만들기 페이지 예시

❺ 이전, 다음 페이지로 연장 슬라이드를 만듭니다.

다섯 번째 슬라이드 레이아웃에는 다음의 요소를 정의합니다.

• 해당 슬라이드에는 Story Board BODY 상단에 "이전 페이지에서 이어짐 ▲"이 표기됩니다.

• 해당 슬라이드에는 Story Board BODY 하단에 "다음 페이지로 이어짐 ▼"이 표기됩니다.

• 그림 4-60 이전, 다음 슬라이드 만들기 페이지 예시

❻ 이전 페이지에서 연장 슬라이드를 만듭니다.

여섯 번째 슬라이드 레이아웃에는 다음의 요소를 정의합니다.

• 해당 슬라이드에는 Story Board BODY 상단에 "이전 페이에서 이어짐 ▲"이 표기됩니다.

이후 레이아웃은 "빈 레이아웃" 1개를 제외하고 모두 삭제합니다.

• 그림 4-61 이전 페이지에서 연장 슬라이드 만들기 페이지 예시

❼ 레이아웃 이름을 바꿉니다.

만들어 놓은 레이아웃 이름을 다음과 같이 변경합니다.

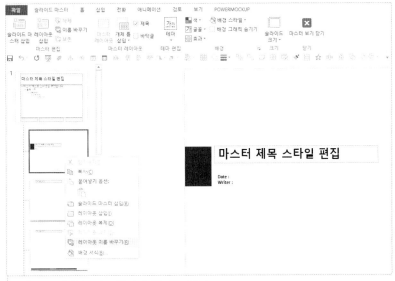

• 그림 4-62 슬라이드 마스터 〉 레이아웃 이름 바꾸기

A. 표지

B. 표준

C. 다음 페이지로 이어짐

D. 이전, 다음 페이지로 이어짐

E. 이전 페이지에서 이어짐

F. 빈 페이지

9-3-2 스토리보드 테마 저장

❶ 디자인 〉 테마 〉 자세히 클릭

● 그림 4-63 자세히 클릭 위치

❷ 현재 테마 저장 클릭 〉 해당 위치에 "Story Board 마스터로 저장"

● 그림 4-64 현재 테마 저장

테마를 저장한 후 상단 테마에 해당 스토리보드 마스터가 제대로 저장되어 있는지 확인합니다. 저장이 되어 있다면 바탕 화면에 새로운 파워포인트 화면에서 테마를 불러와 제대로 적용이 되어 있는지 확인하시면 됩니다.

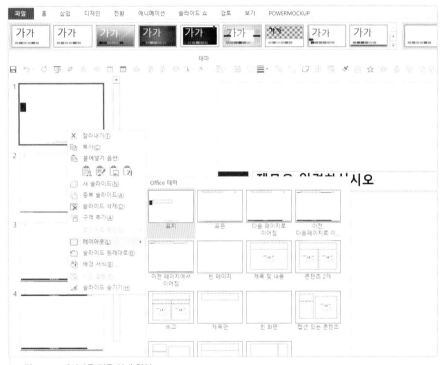

• 그림 4-65 레이아웃 적용 상태 확인

9-3-3 그림 만들기(아이콘)

스토리보드를 제작할 때 가끔 심볼이나 아이콘이 필요한 경우가 있습니다. 특별한 경우 해당 심볼이나 아이콘을 임의로 제작할 수 있으니 방법을 익혀 두시면 좋습니다.

❶ 아이콘을 만듭니다.

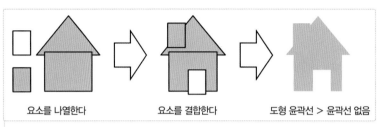

* 그림 4-66 아이콘 만들기 예시

❷ 그림으로 저장합니다.

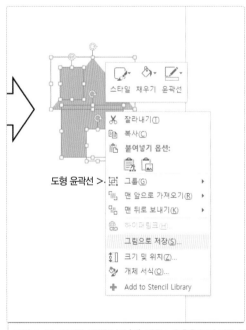

* 그림 4-67 전체를 선택합니다.(좌), 마우스 우측을 눌러 빠른 실행창에서 '그림으로 저장'을 선택하여 정리합니다.(우)

그림으로 저장하면 해당 이미지는 PNG로 저장되므로 이곳저곳에서 이미지를 확대·축소하여 쓸 수 있는 장점이 있습니다. 반복적인 아이콘이나 팝업은 그림으로 저장해서 빠르게 스토리보드에 적용하는 것이 효율적입니다.

9-3-4 글꼴 바꾸기

스토리보드를 제작하다 보면 글꼴이 통일성 없이 제작되는 경우가 종종 발생합니다. 이 경우 '글꼴 바꾸기' 기능을 통해 스토리보드 전체에 다르게 적용된 글꼴을 손쉽게 변경할 수 있습니다. 또한 맑은 고딕체가 맥 OS 환경인 경우 적용되지 않아 깨지는 현상이 발생하기도 합니다. 이 경우 전체 글꼴을 맥 OS에서 적용 가능한 글씨체로 변경할 수 있습니다.

＊ 그림 4-68 글꼴 바꾸기 예시

9-3-5 글 자동 고침 옵션

파일 〉 옵션 〉 언어 교정 〉 자동 고침 옵션은 반복적으로 사용되는 키워드의 특정 언어만 입력하면 자동으로 변경되어 작업의 속도를 높이는 기능 중 하나입니다.

❶ 위의 순서대로 해당 옵션 창을 열고 '자동 고침 옵션' 버튼을 클릭합니다.

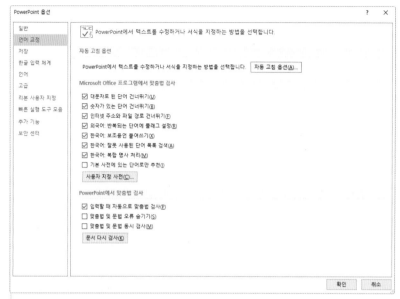

＊ 그림 4-69 워드 옵션 창

❷ 자동 고침 옵션 입력란에 "스토리보드"를 입력하고 결과란에 "Story Board"를 입력한 후 확인을 누릅니다.

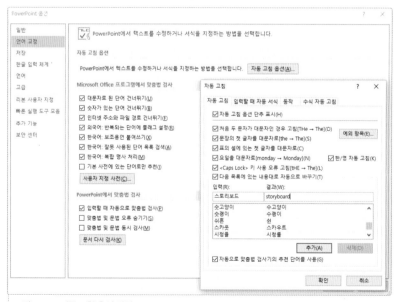

＊ 그림 4-70 자동 고침 옵션 팝업

바탕화면의 빈 곳에 "스토리보드"를 입력해보세요. 자동으로 "Story Board"로 변경되는 것을 보실 수 있습니다. 이처럼 반복되는 회사 네이밍이나 특정 영문 키워드 등은 문서를 타이핑하기 번거로우므로 해당 기능을 알아 두면 편리하게 특정 키워드를 입력하실 수 있습니다.

9-3-6 Alt & Ctrl & Shift 기능

① 개체를 일직선으로 이동하고 싶을 경우
- Shift 키를 누른 채로 마우스로 개체를 이동하면 일직선으로 이동합니다.

② 개체를 쉽게 복사하고 싶을 경우
- 개체 외곽 라인에서 Ctrl 키를 누른 채 마우스로 개체를 이동하면 바로 복제됩니다.

③ 개체를 세밀하게 움직이기 원할 경우
- Alt 키를 누르고 마우스로 개체를 이동하면 세밀한 조절이 가능합니다.

　　※ ① , ② , ③ 번을 동시에 적용하는 것도 가능합니다.

④ 마우스로 개체를 그릴 때/늘리거나 줄일 때
- Shift 키를 누른 상태라면 크기 조절 시 비율이 유지됩니다.
- Ctrl 키를 누른 상태라면 크기 조절 시 개체의 중간이 기준이 됩니다.
- Alt 키를 누른 상태라면 세밀한 조절이 가능합니다. (문서 눈금 설정 무시)

9-3-7 정렬 활용

정렬 활용은 스토리보드를 세밀하게 제작하거나 효율적으로 빠르게 제작할 수 있는 유용한 도구입니다. 정렬이 필요한 그림이나 도구를 선택하면 상단에 '그림 도구'창이 생겨납니다. 해당 그림 도구 버튼을 클릭하면 하단에 맞춤 버튼 기능이 나오는데 이 도구를 통해 반복적인 패턴 이미지나 지정된 범위 안에 그림을 가로, 세로로 정렬하여 깔끔하게 정리할 수 있습니다.

• 그림 4-71 그림 도구 〉 서식 〉 맞춤

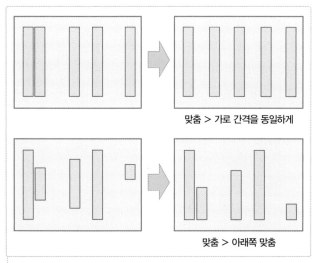

맞춤 > 가로 간격을 동일하게

맞춤 > 아래쪽 맞춤

• 그림 4-72 그림 or 도형 선택 (그림 도구 〉 서식 〉 맞춤)

9-4 디스크립션 추가하기

디스크립션Description은 작업자에게 '다음 행동'을 암시하는 정의 글로 최대한 간략하게 기술하는 것이 좋습니다. 디스크립션의 추가는 실제 스토리보드라는 장표 안에 UI로 보이는 부분의 부연 설명으로 순서는 '좌'에서 '우'로, '위'에서 '아래'로 기술 번호가 매겨집니다. 디스크립션의 삽입 요소는 다음과 같습니다.

- 링크(self, blink)
- 상황 요소(팝업, 알트)
- 테이블 or 구성 요소 추가

◦ 관리 요소와 프론트 요소상 교차 설명

ex) 테이블 or 구성 요소 추가

– 게시판에 셀렉트 박스 추가: 기본 옵션 '전체' 또는 '선택'

– Description: 전체, 글 제목, 글 내용이 들어가게 됩니다.

◦ 전체 게시글에서 검색하는 것보다 셀렉트에서 지정하는 검색 범위를 선택하여 검색한 경우 보다 빠르고 쉽게 원하는 결과를 얻을 수 있으며, 이 부분을 개발자에게 정의하지 않고 스토리보드를 넘긴 경우 개발자는 전체 글 검색 이외의 구분되는 정보를 모르므로 그냥 셀렉트를 전체로만 제작하거나 셀렉트에 들어갈 구분 정보를 기획자에게 다시 묻게 됩니다.

선 택 ▼

* 그림 4-73 셀렉트 박스 제작 예시

위와 같은 요소가 있을 시 해당 디스크립션이 기술되며, 표현 방법에는 다음 두 가지 유형을 가지고 있습니다.

◦ **중요 요소:** 레드
◦ **액션 요소:** 검정

스토리보드 상의 Description No의 표현은 아래 두 가지 유형을 가져갑니다.

◦ ❶ 안내 ① 링크(별도로 링크에 색상을 달리하는 경우도 있음)

디스크립션 작성 시 유념해야 할 것은 '디스크립션이 언제 표기되는가?'입니다. 실제로 제작된 스토리보드가 작업자(퍼블리싱, 디자인, 개발)에게 전달되는 시점인 V2.01~에 디스크립션이 확정되어 삽입되며, 업무를 파악하고 스토리보드를 제작하는 시점(V1.01~V1.99)까지는 UI 검증 및 개발 범위에 대해 작업자가 한데 모여 스토리보드를 보면서 업무를 파악하고 협의하여 확인된 디스크립션 내용을 기술하는 것이 바람직합니다. 사전에 스토리보드에 대한 이해가 서로 안 된 경우에는 작업의 범위가 일정을 초과하거나 추가로 작업자가 필요한 경우가 발생하는 등 프로젝트에 큰 문제가 발생하기도 합니다. 그러므로 사전에 제작된 스토리보드를 통해 미리 작업자 간 작업 범위 및 구현 기술의 수행 가능 여부를 확인함으로 문제를 사전에 예방하는 것이 중요합니다.

10 _ QA와 테스트

QA Quality Assurance는 제작되는 프로젝트의 품질을 보증하고 관리하는 업무를 지니고 있으며, 실제 프로젝트 산출물의 최종 점검 단계라고 할 수 있습니다. 다만 중요한 사실은 QA는 창조가 아닌 있는 그대로의 사실을 기반으로 검증한다는 것을 명심해야 합니다. IT 제품 출시 전에 버그 및 오류 사항에 대한 변수를 예측하여 개발 소스 및 디자인 가이드 준수 등의 전 분야에 걸친 테스트를 통해 버그를 잡아내는 역할을 합니다. 따라서 개발과 밀접한 관계가 있기 때문에 개발을 아는 사람이 더 유리하다고 할 수 있습니다. 다만 국내 실정상 QA도 테스트의 한 부분을 차지하고 있고, 디자인 검수 및 사용자의 이동 흐름에 대한 전체를 이해하거나 사전에 논의되어 검증하는 기술자가 기획자이기에 QA의 역할을 담당하기도 합니다.

10-1 블라인드 테스트

블라인드 테스트는 최종 고객을 초빙하여 사전에 어떠한 정보도 주지 않은 상태에서 사용성 테스트를 시행하는 테스트입니다. 이 테스트를 통해 최종 소비자의 행동 패턴을 분석하여 개선 사항을 발견할 수 있습니다. 해당 단계는 일차적으로 프로토타입을 만든 후 사전에 정의된 서비스 이용 과정, 예를 들어 "결제를 진행해보세요"와 같은 질문에 따라 고객의 이용 순서를 유심히 관찰하고 어떤 이유에서 그렇게 행동했는지를 분석하여 개선의 실마리를 찾는 것에 목적을 두고 있습니다. 스토리보드는 색상 및 이미지가 배제된 문서이므로, 의미 있는 고객의 행동을 분석하려면, 프로토타입으로 개발된 서비스로 테스트를 시행하는 것이 좋습니다. 참고로, 액슈어 Axure 나 발사믹 목업 Balsamiq Mockups과 같은 전문적인 프로토타입 제작 툴로 구현된 화면에서 테스트를 시행하는 것도 좋은 방법입니다.

10-2 표적집단면접(FGI)

표적집단면접FGI, Focus Group Interview은 아이디어를 도출하기 위한 리서치 형식으로 사람들의 특성과 취향을 분석하여, 2개 이상의 복수의 그룹을 구성합니다. 1개의 그룹은 5~6명 규모로 구성되며, 각 그룹 당 한 명의 사회자로 하여금 그룹을 이끌게 합니다. FGI에서의 사회자는 다양한 아이디어 도출 기법을 활용하여 참가자에게 질문을 던져 생각을 이끌어내는 역할을 수행합니다. 또한 질문한 내용에 대해 참가자 모두의 생각을 듣기 위해서는 요점을 파악하고 정리하는 능력이 사회자에게 요구됩니다. 단, 표적집단면접은 사실의 근거가 되지만 사실이 아닐 수 있다는 오류가 발생하기도 합니다.

예를 들면 유명한 커피 판매 회사가 즉석커피를 출시하기에 앞서 고객들과 표적집단면접을 했고 그 결과 원두와 즉석커피의 차별성을 느끼지 못했다는 결론을 통해 자신 있게 시장에 출시했으나, 결과는 그다지 좋지 못했습니다. 그래서 다시 고객들을 데리고 왜 즉석커피를 구매하지 않았는지 문의하니 '맛이 없어서'라고 기술했습니다. 정말 맛이 없었을까요? 앞에 원두와 즉석커피를 구분하지 못했던 소비자가 말입니다. 결론은 즉석커피에 대한 주위 시선과 편견이었습니다. 그것을 발견하고 다시 마케팅 포지션을 변경한 결과 즉석커피 판매 회사는 대박이 났습니다. 자, 결론적으로 고객으로 인해 유추되는 모든 사실의 내면에는 또 다른 진실이 숨겨져 있다는 것을 기억하세요!

10-3 연역법 테스트

연역법 테스트는 이미 결론지어진 사실을 기반으로 그것이 수행되었는지 아니면 수행되지 않았는지에 대한 사실을 검증하는 방법입니다. 연역법 테스트를 QA로 옮겼을 때, **IA에 기술된 모든 내용이 누락 없이 구현되었는가?**를 검증하는 방법으로 설명할 수 있습니다. 즉 모든 사이트가 사전에 기획된 내용대로 원활하게 동작하고 결과가 제대로 저장되는가에 초점을 맞춰 테스트를 진행하면 IA를 통해 쉽게 검증할 수 있습니다.

표 4-3 ○○○사이트 테스트   2014년 12월 11일

Depth				기획	디자인	코딩	개발
1 Depth	2 Depth	3 Depth	4 Depth				
결제 관리					완료	완료	완료
			상세	완료	완료	완료	완료
			영수증 출력(팝업)	완료	완료	완료	11월 15일
		장바구니		완료	완료	완료	완료
		〉장바구니	리스트	완료	완료	완료	완료
		〉주문/결제	주문/결제	완료	완료	완료	완료
			할인선택(팝업)	완료	완료	완료	11월 15일
			배송지 관리(팝업)	완료	완료	완료	11월 15일
			배송지 목록(팝업)	완료	완료	10월 25일	11월 15일
			배송지 수정(팝업)	완료	완료	10월 25일	11월 15일
			무이자 할부혜택 안내(팝업)	완료	완료	10월 25일	11월 15일
			환불규정 안내(팝업)	완료	완료	완료	11월 15일
		〉주문완료	주문완료	완료	10월 25일	완료	완료
		취소/환불내역		완료	10월 25일	완료	11월 20일
	나의상담내역	1:1상담내역		완료	10월 26일	완료	완료
		상담	리스트 페이지	완료	10월 27일	완료	완료
			상담하기	완료	10월 28일	완료	완료
			상세보기	완료	10월 29일	완료	완료
			상세보기(답변달린 것)	완료	10월 30일	완료	완료
			답글/수정/삭제	완료	10월 31일	완료	완료
	쿠폰조회			완료	11월 01일	완료	12월 21일
		할인쿠폰	리스트 페이지	완료	11월 02일	완료	12월 21일
	알림쪽지	받은쪽지	리스트	완료	10월 24일	완료	완료
		수신차단목록	리스트	완료	10월 24일	완료	완료
	개인정보관리			완료	완료	완료	11월 30일

10-4 귀납법 테스트

　귀납법 테스트는 다양한 가설을 세워 그것이 해결되었는가?를 역으로 검증하여 산출물이 제대로 개발되었는가를 추측하는 방법입니다. 우선 연역법 테스트를 통해 모든 페이지가 유기적인 이동이나 수행 결과물이 제대로 나온다는 가정하에 두 번째 단계인 귀납법 테스트를 진행하게 됩니다. 실제로 존재하지 않는 다양한 정의를 가설로 내세워 그것을 검증하는 단계로 예기치 않은 소비자의 행동 흐름에 근접하여 테스트해볼 수 있습니다.

No	구분	상세 구분	체크 사항	체크 담당자	체크 시점	결과	비고
1	결제						
2		결제	결제 화면에서 강의가 정상적으로 노출되는가?	홍길동	14.12.22		
14:22	오류						
3		결제			14.12.24		
10:15	정상						
4	로그인					오류	
5						정상	

　이 밖에도 다양한 테스트 기법이 IT 시장에 도출되어 있으나 해당 테스트의 목적성에 따라 테스트 기법은 다르다고 할 수 있습니다. 테스트에는 두 가지 분류로 나뉘는데 '추상적인 가설'을 기반으로 결과물을 도출하는 방법과 '사실을 기반'으로 하여 결과를 검증하는 방법으로 다양한 상황에 맞춰 테스트 시나리오를 계획하시는 것이 좋습니다.

원활한 커뮤니케이션과 자아 찾기

김동근 (41세 / 16년 차)

| NATE 지도 서비스, 지역 키워드 광고
| NATE Inside View 사업 전략
| NATE 제휴/전략, LBS Mash-up Manager

Q1 기획을 잘하려면 어떻게 해야 하나요? 노하우를 공개해주세요.

A1 상대방의 니즈를 잘 해결해주는 사람이 아닐까요?

좋은 기획이란 상대방이 원하는 것을 잘 해결해 주는 것입니다. 상대방이 원하는 것이 무엇인지 알기 위해서는 잘 듣는 능력과 주의 깊은 관찰력이 필요하며, 이와 더불어 새로운 트렌드와 마켓의 변화에 대한 깨알 같은 호기심이 요구됩니다.

흔히 좋은 기획은 크레이티브한 창의력이나 감성 그리고 뛰어난 센스를 가진 사람이 혼자 골방에서 고민에 고민을 거듭한 끝에 획기적인 서비스가 뚝딱 만들어지는 것 같지만, 실제 성공적인 서비스 개발 사례들을 살펴보면 사용자의 요구에 귀 기울이며 차곡차곡 개선해가는 무수한 시행착오 끝에 나오는 경우가 대다수입니다.

프로젝트 관계자들 간에 아이디어를 상호교환하고 상품을 개발하여 운영해 나가는 과정에서 기획자는 끊임없는 커뮤니케이션 지속 환경에 직면하게 됩니다. 나아가 얼리어답터나 프론티어 같은 오피니언 그룹의 상호작용이 그 어느 때보다 중요해지고 있습니다. 바야흐로 웹 3.0을 뛰어넘어 마켓 4.0이자 웹 4.0으로 접어드는 이 시점에 많은 회사들이 린Lean , 칸반Canvan 같은 협업 베이스의 프로젝트 방법론을 채택하고 SNS와 같은 자사 미디어로 사용자와 쌍방향 커뮤니케이션을 병행하여 서비스의 성공 가능성이나 회사의 지속 성장 가능성을 검증해 나가는 시기에, 한 명의 천재 기획자가 원활한 커뮤니케이션 없이 프로젝트를 진행하는 것은 자칫 독불장군으로 군림하여 외면받거나 해당 서비스가 없어질 확률이 높습니다.

따라서, 좋은 기획을 하려면 우선은 커뮤니케이션 능력을 키우고 관찰력 좋은 사람이 되는 게 먼저고, 화려한 PPT 제안서나 깔끔한 스토리보드를 만드는 능력은 그 다음입니다. 좋은 기획자가 되고 싶다면 무엇보다 시대적인 다양성을 인정하고 상대방에 대한 진중한 존경심과 원활한 커뮤니케이션을 리드할 수 있는 능력을 키우는 게 중요합니다.

Q2 좋은 기획자의 마인드는 무엇인가요?

A2 자기 관리가 첫 번째입니다.

잘 듣는 능력, 관찰력을 키우려면 어떻게 해야 될까요? 커뮤니케이션하는 책을 봐야 되나? 강의를 들으러 가야 하나? 이런 생각이 들겠지만, 가장 먼저 해야 할 것은 자기 관리입니다. 마음의 여유가 있어야 잘 들을 수 있고 마켓 데이터나 뉴스도 천천히 꼼꼼하게 살펴봐야 성공 포인트를 찾을 수 있습니다.

자기 관리라는 것이 쉬운 건 아니지만, 프로젝트를 진행하다 보면 중간 중간 테스트를 잊거나 미리 챙겨지지 않는 경우가 발생하기 마련인데, 이러한 착오의 기본은 철저하지 못한 자기 관리에서 비롯되는 탓이라 생각하기에 건강한 육체와 건전한 정신으로 이끌기 위한 자기 관리는 아무리 강조해도 부족합니다.

그다음은 다양한 분야의 책을 읽고자 하는 욕구가 간절해야 합니다. 새로운 서비스를 만드는 과정에서 예상치 못한 새로운 경쟁자가 수시로 나타나는 시기입니다. 닌텐도 DS나 MP3 플레이어가 스마트폰이라는 대체재의 등장으로 시장이 뒤바뀐 것처럼 사용자의 시간과 마음을 채우는 대체재는 어디에서 어떻게 나타날지 모릅니다. 하지만, 다양한 분야의 책을 읽음으로써 현명한 위인들의 논리와 생각 그리고 조언에 귀 기울인다면, 어떠한 위기 상황에서도 통찰력을 발휘하여 성공으로 이끌 가능성이 크다고 생각합니다. 철저한 자기 관리와 충만한 독서량을 통해 통찰력을 발휘하는 멋진 기획자가 되기 위해 함께 노력합시다!!

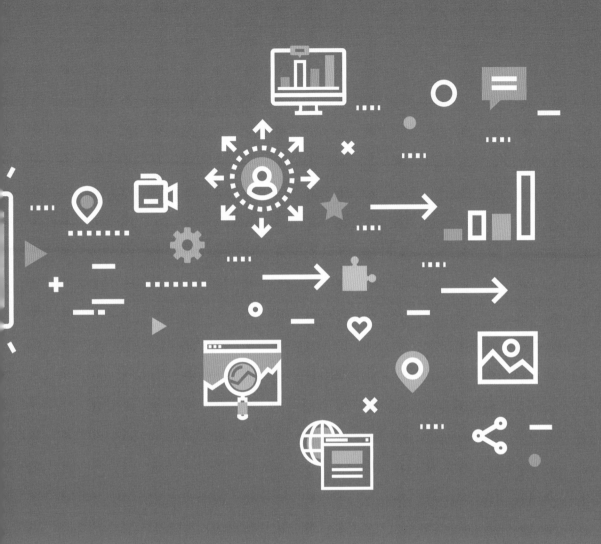

chapter 05

고객 만족을 위한
운영과 유지 보수

1_ 로그 분석

우리가 제작하는 '웹/앱 서비스 = 온라인 상점'이라고 했을 때, 로그 분석은 우리 상점에 방문하는 고객의 유입 경로, 사이트 이용 형태, 목표 달성 여부를 파악하는 분석 기법입니다. 사이트의 로그 분석은 해보지도 않은 채 '고객이 방문해야 하는데... 왜 오지 않지?'라고 생각만 하며 제대로 운영되지 않는 사이트를 바라만 보는 일이 종종 있습니다. 로그 분석은 제작된 저작물에 대한 직간접적인 고객의 사이트 평가를 유추하는 것으로 현재 웹사이트 또는 앱 운영에서 아주 중요한 역할을 하고 있습니다.

로그 분석의 분석 요소는 다음과 같습니다.

- 경유지
- 접근 검색엔진 키워드
- 사용자의 웹 브라우저
- 운영 체계(OS)
- 화면 해상도
- 각 페이지별 방문 횟수
- 방문 유형
- 년, 분기, 월, 일, 시간별 접속 방문자 수
- Goal 효과 측정
- 사용자 나이, 거주지, 등급별 행동 흐름

이 분석 요소를 기본으로 로그를 분석해 점차 고객이 원하는 방향으로 사이트를 수정하면 고객의 만족도를 높일 수 있습니다. 물론 CS(고객센터)를 통해 들어온 고객의 정보를 기반으로 사이트를 개선하는 것도 매우 중요한 개선 방향입니다. 하지만 CS를 통해 전달되는 정보는 대부분 불만 사항에 한정되어 있어 고객의 동선과 행동 흐름을 분석하기에는 부족한 점이 있습니다. 이에 웹 서버(아파치와 IIS)에 기본으로 쌓이는 로그 정보를 활용합니다. 로그 정보는 접속 시간, 접근 IP, 접속 경로, 오류 정보, 방문 고객 수, 페이지 방문 수, 재방문 유저와 신규 유저 등입니다. 이러한 정보가 계속 쌓이면 로그 분석 솔루션으로 가공해서 집약적인 정보를 제공받을 수 있습니다. 로그 분석은 대다수 고객의 유형을 대상으로 고객이 원하는 1:1 맞춤형 서비스가 제공되도록 로그인 계정에 따른 메서드Method를 제공하여, 좀 더 편리하고 쉽게 Goal 및 서비스를 이용하도록 개선하는 아주 중요한 역할을 합니다.

오프라인 상점은 고객의 방문 흐름이 한눈에 보여서 손님이 많은지, 장사가 잘 되는지, 무엇이 문제인지 쉽게 알 수 있습니다. 따라서 상황에 따른 맞춤 전략을 구사하기가 상대적으로 쉽습니다. 반면에 온라인 상점은 고객의 방문 흐름이 눈에 보이지 않기 때문에 서비스를 개선해야 하거나 문제가 감지되었을 때 무엇부터 해결해야 할지 서비스 운영에 혼란을 겪게 됩니다. 온라인 상점에 고객 로그를 파악할 수 있는 기능을 덧붙이면 고객의 행동 흐름을 수치로 확인할 수 있으며 개선 방향을 찾아낼 수 있습니다. 서비스 운영자는 이러한 로그 분석방법을 이해하고 실무에 적용할 수 있어야 합니다.

로그 분석이 필요한 두 가지 상황을 예시를 통해 살펴보겠습니다.

A는 야심 차게 준비한 쇼핑몰 서비스를 막 오픈했습니다. 자금에 여유가 있어 서비스 오픈 직후 100억 원의 예산을 투자해 TV/라디오/포털 광고를 진행했습니다. 이제 광고비 이상으로 매출이 발생하기를 기대합니다. 하지만, 예상한 만큼의 매출이 발생하지 않습니다. 문제가 있음을 감지했지만 무엇을 개선해야 할지 모르겠습니다. 광고를 보고 고객이 방문하지 않는 건지 (광고 문제), 마음에 드는 상품이 없는 건지(콘텐츠&상품 문제), 결제 과정(UI/UX 문제)에 문제가 있는 건지 도통 파악이 되질 않습니다. 광고비를 100억 원이나 지출했지만 결국 1억 원도 벌지 못했습니다. 나중에 알게 된 사실이지만 마케팅, 콘텐츠 모두 고객의 욕구를 충족했지만 결제 과정에서 고객의 97%가 이탈했습니다.

B는 '산들펜션'이라는 펜션 중개 서비스를 10년간 운영했습니다. 10년이란 시간만큼 충성 고객도 많이 생겼습니다. 그런데, 잠잠하던 시장에 큰 변화가 생겼습니다. 최신 트렌드에 맞춘 신규 생성사들이 생겨나기 시작했고, 기존 경쟁사들도 트렌드에 맞춰 서비스를 개편하기 시작해서 점점 '산들펜션'의 고객이 줄어들기 시작했습니다. 위기를 느낀 '산들펜션'도 서비스를 대폭 개편하고, 고객에게 새로운 이미지를 전달하기 위해 브랜드 이름을 '바람펜션'이라고 변경했습니다. '산들펜션'과 '바람펜션'은 같으면서도 다른 서비스가 되었습니다. 그런데 이때부터 심각한 문제가 발생합니다. UI/UX가 대폭 개선되어 서비스가 이전보다 훨씬 나아졌음에도 매출은 더욱 빠르게 감소했습니다. 도대체 문제가 무엇인지 파악이 되지 않습니다. 나중에 알게 된 사실이지만 서비스 개편 후 메인 페이지에서 이탈률이 굉장히 높았습니다. '산들펜션'의 충성 고객들은 '바람펜션'을 완전히 다른 서비스로 인지하였고, 새로운 서비스에 대한 신뢰가 없었기

때문에 구매까지 이어지지 못했습니다. 결국, '산들펜션'은 사업을 접게 되었습니다.

　이 두 가지 사례는 정도의 차이는 있지만, IT 현장에서 실제 발생했던 사례입니다. 로그 분석을 통해 고객을 좀 더 깊이 있게 관찰했다면 사전에 예방하거나, 빠르게 개선할 수 있는 문제였지만 즉시 대응하지 못해 큰 손실로 이어졌습니다. 고객 흐름을 전체적으로 파악해야만 문제 발생 시 즉각적으로 대응할 수 있으며 안정적으로 서비스를 운영할 수 있습니다. 이를 위해 서비스 운영자는 로그 분석을 반드시 이해하고 있어야만 합니다.

　서론은 이쯤에서 정리하고 지금부터 로그 분석방법을 하나씩 살펴보겠습니다. 로그 분석 기능을 제공하는 서비스는 구글 애널리틱스, 네이버 애널리틱스, 에이스카운터, 와이즈로그, 자체 시스템 구축 등 다양하지만 고객 유입, 고객 행동, 목표 전환을 측정한다는 점에서는 모두 동일하기 때문에 도구에 대한 기능 소개가 아닌 로그 분석 전체의 관점에서 살펴보겠습니다.

1-1 웹 로그 분석의 세 가지 핵심 요소

웹 로그 분석은 현재 기술이 발전하여 원하는 로그 정보를 입맛에 맞게 분석할 수 있습니다. 그 중 가장 핵심적으로 분석되고 응용되는 것이 아래의 세 가지 핵심 요소입니다.

웹 로그 분석의 세 가지 핵심 요소
- 어디서 왔는가?
- 어디로 이동하는가?
- 효과가 있는가?

　실제로 이 핵심 요소를 기준으로 기획자는 페이지 UI/UX 또는 마케팅 포지셔닝을 변경합니다.

1-1-1 어디서 왔는가?

로그 분석을 통해 제작된 사이트로 접근하는 이동 경로를 추적할 수 있습니다. 이를 통해 잠재 고객이 가장 많이 유입되는 곳이 어디인지 그리고 Goal로 이뤄지는 고객을 가장 많이 보유한 사이트가 어디인지를 파악하여 집중적인 마케팅 포지셔닝을 할 수 있습니다. 로그 분석을 하다 보면 실제로 매출이 이뤄지지 않고 고객 방문 트래픽만 증가하거나 유입되고 또 사이트를 이용하지 않고 바로 이탈하는 고객을 볼 수 있습니다. 반면에 방문 고객은 적으나 해당 사이트에 방문한 고객이 Goal로 이어지는 일이 잦은 사이트도 있습니다. 우리가 사이트를 운영하면서 수

시로 점검해야 하는 것이 "마케팅을 효율적으로 하고 있나?"라는 질문입니다. 광고를 진행하나 트래픽 또는 Goal로 연결되는 수치를 파악할 수 없다면 무의미한 광고 행위를 하고 있는 것이나 다름없습니다. 이것은 오프라인 광고도 마찬가지로 분석이 안 된다는 것은 효과를 측정할 수 없으므로, 다음에도 또 같은 실수를 반복할 수도 있습니다.

1-1-2 어디로 이동하는가?

방문 고객의 이동 경로 측정은 메인 페이지 방문으로부터 Goal까지 제대로 가고 있는가에 대한 측정뿐만 아니라 '고객이 어느 페이지에서 이탈되는가?'도 중요한 분석 포인트입니다. 필자의 경우, 실제로 사이트상에서 고객의 이탈 경로를 파악해본 결과 회원가입에서 이탈 회원이 많이 발생하고 있다는 것을 발견하여 이것을 개선한 적이 있습니다. 즉 회원가입 시 입력해야 하는 항목이 불필요하게 너무 많아 고객에게 부담을 준다는 것을 발견했고, 이를 가장 최소한의 정보 입력만으로 회원가입 및 서비스를 제공받도록 수정하여 동일 유입량 대비 평균 14% 이상의 가입자 수가 증가한 적이 있었습니다. 이동 경로에 대한 정확한 측정을 하려면 실제 사이트 구축 초기부터 고려하여 개발 작업 시 소스 코드를 각 페이지에 삽입하는 것이 좋습니다. 실제로 구축 후에 각 페이지마다 다시 소스 코드를 입력하는 작업은 상당한 시간이 소요되므로 초기에 개발자와 협의하여 진행되도록 하는 것이 좋습니다.

1-1-3 효과가 있는가?

사이트의 구축 목적이기도 한 Goal에 대한 설정 평가는 매우 중요하며, 이는 사이트의 존재 여부와 직결됨으로 어떠한 서비스를 하더라도 Goal에 대한 설정만큼은 항상 염두에 두어야 합니다. 여기서 평가는 고객의 분류에 따라 해야 하며, 다음과 같은 구분을 참고하여 분석에 들어가는 것이 좋습니다.

> Goal에 대한 로그 분석 고려사항
> - 가입일로부터 며칠 안에 Goal이 이뤄지는가?
> - 2회 이상 지속적인 Goal이 이뤄지는가?(또는 이탈하는가?)
> - 어떤 상품이 가장 많이 팔리는가?
> - 어떤 경로에서 Goal이 (가장 많이) 이뤄지는가?

1-2 웹 로그 분석 도구

현재 고객 분석에 대한 필요성이 증가함에 따라 웹 로그 분석 시스템을 제공해주는 유무료 사이트가 많이 생겨났으며 고객의 분석 조건 및 범위에 따라 가격이 다르게 책정되어 서비스됩니다. 로그 분석 기법으로는 로그 파일, 로그 분석 코드, 표본집단 통계에 따른 로그 분석 등 세 가지 분석 기법이 있으며 로그 분석 서버를 별도로 생성하여 관리하고 있습니다. 로그 분석 서버를 별도로 두는 이유는 하루 방문 트래픽이 과도한 접속 사이트인 경우 본 웹사이트 운영 서버에서 로그 분석 서비스를 같이 제공하면 자칫 서버에 과부하를 주어 서비스 속도에 영향을 줄 수 있습니다. 뿐만 아니라 지속해서 쌓이는 로그 데이터 정보량으로 인해 서버의 데이터 저장 공간이 필요하게 됨으로 로그가 많이 쌓이면 웹사이트의 서비스가 중단되는 경우도 생길 수 있으므로 주의해야 합니다.

표 5-1 무료 로그 분석 제공 사이트

사이트 명	도메인
구글 애널리틱스	http://www.google.com/intl/ko_ALL/analytics/
네이버 애널리틱스	http://analytics.naver.com

1-2-1 로그 파일을 이용한 분석

로그 파일을 통해 분석을 진행하면 별도로 쿠키 또는 특정 파일의 송수신을 통해 서버 저장 공간에 쌓입니다. 장점으로는 개인 고객에 대한 정확한 로그 데이터 수집과 좀 더 정교한 로그 데이터 수집 조건을 걸어서 수집할 수 있습니다. 단점은 실시간 통계는 불가능합니다. 로그 파일이 쌓이면 그것을 정해진 시간(대부분 이용자가 없는 새벽 시간)에 타이머를 걸고 데이터를 가공시켜 다음 날 전일 데이터를 확인할 수 있습니다(데이터 분석 시간 및 사용자별 로그 데이터를 정해진 시간에 한 번에 받아들여 통계를 내므로 매우 오래 걸립니다). 로그 파일을 이용한 분석은 별도의 솔루션 구축을 통해 진행이 가능합니다.

예) 학습 사이트에 구매 이력이 있는 홍길동 고객이 어제 시점으로 동영상 수강을 1개월 동안 몇 번 플레이했고 몇 시간 동안 학습하였는가?

1-2-2 페이지 코드 삽입을 통한 로그 분석

페이지 코드 삽입 방식은 규칙적인 코드 삽입을 통해 사용자의 접속 트래픽 정보를 얻어내는 방법으로 서버의 로그 파일을 저장하여 통계를 내는 방식과는 다르게 실시간으로 로그 분석이 가능합니다. 현재 기업에서 가장 많이 쓰는 로그 분석 방식으로 실시간 접근 로그에 대한 수집 및 고객의 행동 흐름을 실시간으로 관리할 수 있습니다.

예) 'ㅇㅇㅇ' 배너가 현재 시간 몇 번 클릭되었고 Goal이 몇 개 달성되었나?

1-2-3 표본집단 통계에 따른 로그 분석

표본집단 통계는 표본이 되는 집단의 수집된 데이터 또는 사용자에게 설문을 통해 로그를 분석하는 방법으로 로그 파일, 코드 삽입과는 좀 다르게 가설을 통해 만들어진 가상의 로그 데이터를 통계 수치로 만들어 로그를 기록하는 방법입니다.

예로 가설을 '20~25세의 여성들은 빨간색 구두를 선호한다'라고 세웠다면 20~25세가 방문하는 사이트에서 레드 색상 구두의 배너 클릭률과 다른 배너의 클릭률을 비교해 가설을 세우고 그것을 채택하는 방법입니다.

실제로 현재의 기술로 나온 다양한 로그 분석 기법과 솔루션을 통한 로그 분석은 현재 없어서는 안 될 중요한 운영 요소로 자리 잡고 있으며, 로그 분석은 운영 기획자에게는 사이트의 원활한 운영과 Goal의 목표 달성을 위해 꼭 배우고 익혀야 할 학습 요소로 자리 잡고 있습니다. 처음에는 복잡하고 어려운 로그 분석이지만, 쌓인 로그 데이터를 자주 보다 보면 다양한 부분에 관심이 생기고 고객의 행동 흐름과 발맞춰 사이트를 개선하고 발전시키는 자신을 발견하게 될 것입니다.

1-3 고객은 어디서 유입되는가?

사업 계획, 기획, 디자인, 퍼블리싱, 개발 과정을 거쳐 드디어 서비스를 오픈했습니다. 이제 고객이 찾아오고, 입소문이 나고, 서비스가 폭발적으로 커질 것으로 기대하지만 고객은 찾아오지 않습니다. 고객은 우리 서비스가 있는지도 모르기 때문입니다. 따라서 서비스를 오픈하기 전부터 광고 및 홍보 계획을 세워야 합니다. 고객이 유입되는 채널은 포털 검색Organic Search, 직접

링크Direct, 타 사이트 링크Referral, 소셜Social, 유료 광고Paid Search, 이메일E-mail로 구분됩니다. 유입 경로가 파악됐으니 이제 고객이 움직이는 길목에 우리 서비스를 노출시키면 됩니다. 각각의 채널별로 고객 유입을 늘리는 방법을 알아보겠습니다.

1-3-1 포털 검색을 통합 유입

코리안클릭 통계자료에 따르면 2015년 10월 기준 네이버(http://www.naver.com/)는 약 3,000만 명, 다음(http://www.daum.net/)은 약 2,400만 명의 순 방문자가 방문했습니다. 통계 결과에서 알 수 있듯이 포털은 전 국민이 가장 많이 이용하는 서비스로 자리 잡았고 궁금증이 생기면 포털 접속 후 검색을 해보는 것이 일상이 되었습니다. 포털 사이트는 온라인의 모든 정보가 담겨 있는 관문으로 고객은 포털 검색을 통해 전 세계 사이트로 이동합니다. 포털 사이트는 온라인에서 생성되는 모든 정보를 빠짐없이 수집하기 위해 검색엔진 로봇으로 업데이트된 페이지를 찾아서 색인에 추가합니다. 이를 크롤링Crawling이라고 부릅니다. 따라서 운영자의 서비스가 포털에 노출되기 위해서는 포털 검색엔진에 크롤링이 되어야만 합니다. 그렇다면 서비스 오픈 후 검색엔진 로봇이 방문하기까지 가만히 기다리고 있어야 할까요? 가만히 기다리고 있어도 언젠가는 검색엔진 로봇이 방문해 운영자의 서비스 정보를 수집해 가지만 '검색엔진 최적화'와 '웹마스터 도구'를 활용하면 더 능동적으로 대처할 수 있습니다. 각각의 개념과 활용 방법을 살펴보겠습니다.

검색엔진 최적화

검색엔진 최적화SEO란 검색엔진 로봇이 온라인 정보를 크롤링하는 방식을 이해하고, 자사가 보유한 콘텐츠를 검색엔진 색인 가이드에 맞추어 최적화하는 방법을 말합니다. 예로 A가 강남 맛집 전단을 만든다고 가정해봅시다. A는 강남의 모든 맛집을 직접 방문하고 맛보면서 자신만의 기준으로 맛집을 평가하고 내용을 정리합니다. 전단에 맛집의 상호, 소개 글, 대표 메뉴, 주소, 연락처를 게재한다고 했을 때, A가 정리한 내용과 맛집 주인들이 소개하고 싶은 내용은 다를 수 있습니다. 몇몇 맛집 주인은 정보가 어떻게 실리든 크게 상관하지 않을 것이고, 몇몇은 본인이 원하는 내용으로 게재해달라고 요청할 것입니다. 이를 온라인에 빗대어 보면 전자는 크롤링, 후자는 검색엔진 최적화라고 부릅니다. 실제 사례를 살펴보겠습니다. [그림 5-1]은 구글에서 'Hotel Gracery Shinjuku' 키워드로 검색한 결과 중 부킹닷컴과 호텔엔조이 자료입니다. 같은 콘텐츠임에도 부킹닷컴의 콘텐츠는 검색 상위에 있고 제목, 지역, 평가, 소개 정보가 정확하게 노출되는 반면 호텔엔조이의 콘텐츠는 검색 하위에 있고 어떤 내용인지 파악하기가 어렵습니다. 이 차이는 부킹닷컴이 호텔엔조이보다 검색엔진 최적화를 잘 해놨기에 생긴 것입니다.

※ 그림 5-1 'Hotel Gracery Shinjuku' 구글 검색 결과

그렇다면 검색엔진 최적화는 어떻게 해야 할까요? 검색엔진이 정보를 색인하는 기준은 포털별로 조금씩 차이가 있지만, 일반적으로 구글에서 제공하는 검색엔진 최적화 가이드[1]를 따르고 있습니다.

구글 검색엔진 최적화 가이드

- 명확하고 독창적인 타이틀의 사용
- "description" 메타 태그 활용하기
- 페이지의 URL 구조 개선하기
- 사이트 내에서 이동하기 쉽게 만들기
- 우수한 품질의 콘텐츠와 서비스 제공
- 보다 나은 앵커 텍스트 작성
- 이미지 사용의 최적화
- 제목 태그의 적절한 활용 등

저자주

1 ··· 구글 검색엔진 최적화 가이드 PDF 링크: http://static.googleusercontent.com/media/www.google.co.kr/ko/kr/intl/ko/webmasters/docs/search-engine-optimization-starter-guide-ko.pdf 단축URL http://goo.gl/VJRvJI

구글 검색엔진 최적화 가이드에서 제시하는 모든 내용을 따르기는 쉽지 않습니다. 하지만, 그중에서도 모든 페이지의 title(제목), description(설명), keywords(검색 키워드)는 반드시 페이지 성격이 분명히 드러나도록 설정하길 권장합니다. 이 세 가지가 검색엔진 최적화의 70%라고 할 수 있습니다. 부킹닷컴의 페이지 소스를 예로 설명하겠습니다. 페이지 소스는 부킹닷컴 사이트 접속 후 [마우스 우 클릭 〉 페이지 소스 보기]를 통해 열어볼 수 있습니다.

검색엔진 최적화가 잘 되어있는 부킹닷컴
'미스터김 게스트하우스' 페이지 소스

`<title> 미스터김 게스트하우스 (한국 인천) - booking.com </title>`

`<meta name="description" content="전역에 무료 Wi-Fi를 제공하는 미스터 김 게스트하우스는 인천에 위치해 있으며, 인천항 국제 여객 터미널에서 10km 떨어져 있습니다. 구내에 무료 전용 주차장이 마련되어 있습니다. 일부 객실에…" />`

`<meta name="keywords" content="미스터김 게스트하우스, 인천, 한국, 호텔,`

* 그림 5-2 부킹닷컴 '미스터김 게스트하우스' 페이지 소스

[그림 5-2]의 미스터김 게스트하우스 페이지 소스를 살펴보면 title, description, keywords가 명확히 적혀 있습니다. 미스터김 게스트하우스 페이지뿐만 아니라 부킹닷컴의 페이지는 모두 동일한 규칙으로 설정되어 있고, 포털은 부킹닷컴이 제시한 정보를 참고해서 검색 결과에 노출합니다. 이처럼 운영자의 의도대로 사이트를 노출시키려면 각 페이지별 정보를 분별력 있게 작성해야 합니다. 검색엔진 색인 텍스트는 규칙을 정해 모든 콘텐츠를 동시에 일괄 반영할 수 있습니다. [그림 5-2]를 통해 부킹닷컴의 세팅 규칙을 살펴보겠습니다.

- **title**: $DB 콘텐츠 제목$ + $(DB 국가, DB 도시)$ + '-booking.com'
- **description**: $DB 상품 소개$
- **keywords**: $DB 제목, 국가, 도시, 숙박 형태$

이해가 되나요? 동일한 페이지 내에서 DB 데이터만 바뀌는 경우 패턴을 적용해 일괄적으로 세팅할 수 있습니다. 이와 같은 방식으로 사이트 전체를 펼쳐 놓고 검색엔진 최적화 작업을 진행하면 생각보다 어렵지 않게 검색엔진 최적화 작업을 마칠 수 있습니다.

웹마스터 도구 사용

검색엔진 최적화가 콘텐츠 색인 정보를 정리해놓고 크롤링 로봇을 기다리는 수동적인 방법이

었다면, 웹마스터 도구는 즉시 크롤링을 요청하는 적극적인 방법입니다. 네이버와 구글은 포털에서 노출되는 콘텐츠를 직접 관리할 수 있도록 웹마스터 도구 서비스를 제공합니다. 두 서비스의 기능에는 일부 차이가 있지만 핵심 기능은 운영자의 콘텐츠가 포털에서 즉시 검색될 수 있도록 수집 요청을 하거나, 잘못된 정보가 노출되지 않도록 검색 제외를 요청하는 기능을 제공합니다. 사용법은 간단합니다. 웹마스터 도구 접속 후 페이지 URL을 입력하고 수집 요청 또는 검색 제외 요청 버튼을 클릭하면 검색엔진에 요청값이 전달되고 심사를 통과한 콘텐츠는 포털에 노출되거나 삭제됩니다.

네이버 웹마스터 도구
http://webmastertool.naver.com/

구글 웹마스터 도구
http://google.co.kr/webmasters/tools

＊ 그림 5-3 네이버 웹마스터 도구(좌), 구글 웹마스터 도구(우)

1-3-2 홍보를 통한 유입

검색엔진 최적화와 웹마스터 도구를 통해 포털에 콘텐츠가 잘 노출된다 하더라도, 고객이 검색하지 않거나 검색 결과 상위권에 랭크되지 않으면 서비스로의 유입은 적을 수밖에 없습니다. 따라서 포털 노출을 위한 검색엔진 최적화 작업은 기본적으로 수행하고 서비스 홍보를 위해 직접 발로 뛰어야 합니다. 가장 보편적인 홍보 방법은 네이버 지식iN의 질문에 답변을 달고 자사 서비스를 노출하는 간접적인 방식과 네이버 카페, 다음 카페, SLR 클럽, 디씨인사이드, 뽐뿌, 미즈넷, 루리웹 등의 커뮤니티 사이트에 홍보 전단을 배포하는 직접적인 방식을 병행해서 사용하는 것입니다. 이와 같은 방법은 비용을 지불하지 않고도 서비스를 알릴 수 있는 좋은 방법이지만, 너무 상업적인 홍보 콘텐츠는 오히려 역효과를 초래할 수 있으니 유의하기 바랍니다.

1-3-3 SNS를 통한 유입

SNS는 자사를 브랜딩하고 홍보할 수 있는 효과적인 채널로 네이버 블로그와 페이스북이 대표적인 채널로 자리 잡고 있습니다. 네이버 블로그는 대부분 네이버 검색을 통해 유입되기 때문에 검색 상위에 노출되기 위해 양질의 콘텐츠를 축적하는 게 중요합니다. 고객이 궁금해하거나 좋아할 만한 콘텐츠를 지속적으로 발행해서 검색 상위에 랭크 시키고 블로그를 통해 자사 서비스로의 유입을 유도합니다. 반대로 페이스북은 검색을 통한 유입이 아닌 개개인의 타임 라인에 노출되는 것이 중요합니다. 따라서 많은 사람이 좋아하고 공유할 만한 흥미 위주의 콘텐츠를 발행하는 것이 효과적입니다. 네이버 블로그는 지속성, 페이스북은 단발성의 특징을 가지고 있기 때문에 각각의 매체 특성에 맞게 콘텐츠를 생산하는 것이 중요합니다.

1-3-4 광고를 통한 유입

'한방에 핫딜 검색 다 함께 쿠차차~' 쿠차는 잘 모르더라도 신동엽이 광고했던 이 광고는 많은 사람들이 기억하고 있습니다. 이 광고 덕분에 인지도가 거의 없었던 쿠차가 급부상했고 트래픽과 매출에서 고속 성장을 이뤘습니다. 이처럼 광고는 고객을 모으는 가장 쉬운 방법이며, 비용을 지불하고 고객을 유입시키는 가장 원초적인 방법입니다. 광고 종류와 방법은 매우 다양하며 가장 대표적인 세 가지 방식을 살펴보겠습니다.

- **검색 광고:** 네이버/다음/구글에서 검색했을 때 검색 결과 상위에 노출되는 광고입니다. CPCClick Per Cost 방식으로 1클릭 당 광고비가 지출되며, 인기 있는 키워드일수록 업체 간의 경쟁 때문에 가격이 비싸집니다.
- **디스플레이 광고:** 광고주가 설정한 광고 영역에 일정 기간 동안 이미지 형태의 광고를 노출하는 방식입니다. 검색 광고는 고객이 검색어를 입력했을 때 광고가 노출되지만 디스플레이 광고는 사이트를 방문하는 모든 고객에게 노출되는 점에서 차이가 있습니다. 디스플레이 광고 비용은 동일한 광고일지라도 브랜드 인지도와 서비스 트래픽에 따라 가격이 천차만별 다릅니다. 2015년 기준 네이버 웹사이트 메인 배너는 15시~16시 1시간 게재 비용이 3,100만 원입니다.
- **쇼핑 광고:** 상품을 판매하는 e커머스 서비스는 쇼핑 광고도 효과적인 채널입니다. 네이버 쇼핑, 다음 쇼핑, 쿠차 등의 쇼핑 포털에 판매 중인 상품을 등록하고 CPC 방식으로 광고 비용을 지불합니다. 정도의 차이는 있지만 키워드 광고보다 비용이 저렴한 편입니다.

이외에도 동영상 광고, 지역 광고, TV 광고, 라디오 광고, 지하철/버스 광고 등 광고 집행 채널은 다양합니다. 어떤 채널에 광고를 집행할지는 선택의 문제이며, 무엇보다도 광고 목적을 명확히 설정하고 목적 달성을 위해 광고 비용, 광고 채널, 대상 관점에서 꼼꼼히 따져 보아야 합니다. 일단, 광고를 집행했다면 광고를 통해 유입된 사용자가 목적 달성을 얼마나 하고 있는지 전환율을 지속적으로 체크해 광고 지출비 대비 최대 효과를 얻을 수 있도록 지속적으로 모니터링해야 합니다.

1-3-5 이메일, PUSH 알림을 통한 유입

이메일, 모바일 PUSH 알림은 고객 재방문을 유도하는 효과적인 방법입니다. 이메일 발송 대상은 회원가입 고객, 모바일 PUSH 알림 대상은 자사 앱 설치 고객입니다. 이들은 서비스 이용 경험이 있는 고객으로 서비스 운영 목적에 따라 대상고객에게 메시지를 전달하여 지속적인 재방문을 유도할 수 있습니다. 이메일과 PUSH 알림을 사용하는 대표적인 메시지는 다음과 같습니다.

- **프로모션(이벤트) 안내:** 선착순 100명에게 피자 쏩니다.
- **신규 상품 출시 안내:** 카카오 프렌즈 신규 이모티콘 출시!
- **깜짝 할인 안내:** 블랙프라이데이 전 상품 70% 할인!
- **서비스 고도화 안내:** 서비스가 새롭게 오픈했습니다.
- **서비스 정책 변경 안내:** 회원 약관이 변경되었습니다.
- **고객 맞춤 상품 안내:** 고객님이 알림 설정한 OOO 상품이 입고되었습니다.
- **상품 구매 피드백(후기) 요청:** 상품은 만족스러우셨나요? 후기를 남겨 주세요.
- **커뮤니티 활동 내역:** 고객님의 글에 댓글이 달렸습니다.

이메일은 다양한 정보를 전달할 수 있다는 이점이 있지만 사람들이 잘 읽지 않고, 모바일 알림은 동시에 많은 사람에게 정보를 전달할 수 있지만 짧은 메시지로 소통해야 한다는 제약 사항이 있습니다. 메시지 문구에 따라 고객 유입량이 급격히 차이 나기 때문에 서비스 운영자는 문구 선택에 신중해야 합니다. 주의사항으로는 고객 유입 확대를 위해 너무 잦은 알림과 낚시성 문구는 사용하지 말아야 합니다. 이는 곧 고객 불만을 야기시키며 고객 이탈로 이어집니다. 알림 수신을 원치 않는 고객을 위해 수신 거부 채널은 반드시 만들어 놓아야 합니다.

지금까지 다섯 가지 채널을 통해 고객 유입을 늘리는 방법을 살펴봤습니다. 앞에서 소개한 내용이 로그 분석과 어떤 관계가 있는지 의아할 수 있겠지만 이 모든 내용은 로그 분석을 통해 어떤 채널에서 얼만큼의 유입이 발생하고 있는지 수치적으로 측정할 수 있습니다. 측정이 가능하면 문제점을 찾아낼 수 있고 문제점을 찾아내면 상황에 따른 맞춤 처방을 내릴 수 있습니다. 따라서 서비스 운영자는 고객 유입 확대를 위해 여러 채널에 마케팅을 진행하고, 각 채널별 고객 유입을 지속적으로 체크해야만 합니다.

1-4 고객은 사이트 접속 후 어떻게 행동하는가?

고객이 유입되었다면 다음으로 고객이 우리 서비스를 어떻게 이용하는지 파악해야 합니다. 고객은 유입 후 바로 이탈할 수도 있고, 운영자가 의도한 것과 다른 방향으로 서비스를 이용할 수도 있기 때문입니다. 로그 분석에서 어떤 항목을 살펴보면 좋을지 각각 살펴보겠습니다.

방문, 재방문, 체류 시간 체크

하루에 고객이 100명 방문했을 때, 이 수치는 1명의 사용자가 100번 방문했을 수도 있고, 100명의 사용자가 1번씩 방문했을 수도 있습니다. 전자의 경우 우리 서비스를 정말 좋아하는 충성 고객은 있지만 다른 고객의 유입이 없어 홍보가 덜 되었다고 볼 수 있으며, 후자의 경우 재방문이 없었기 때문에 한 번 왔던 고객은 우리 서비스에 만족하지 못하고 떠난다고 볼 수 있습니다.

또한 콘텐츠에 머물러 있는 평균 체류 시간이 5초인 경우도 있고, 5분인 경우도 있습니다. 전자의 경우 콘텐츠가 고객의 흥미를 이끌지 못했다는 이야기이고, 후자는 고객의 흥미를 이끌었다고 파악할 수 있습니다. 이처럼 고객 방문 빈도와 체류 시간을 확인하면 서비스 성격과 콘텐츠 품질을 파악할 수 있고 이를 통해 무엇을 개선해야 할지 알 수 있습니다.

시간대별, 요일별, 월별 트래픽 체크

1일은 24시간, 1주는 7일, 1개월은 30(31)일, 1년은 12개월로 돌아갑니다. 약 1년간 로그 정보를 수집해 로그 분석 데이터가 충분히 쌓여 있는 경우 시간별, 일별, 월별 평균 트래픽을 확인하면 일정한 패턴을 발견할 수 있습니다.

- 시간별 트래픽을 확인해 보니 오후 12시와 19시에 가장 많은 사용자가 방문합니다.
- 요일별 트래픽을 확인해 보니 화, 수요일에 가장 많은 사용자가 방문합니다.
- 월별 트래픽을 확인해 보니 7~9월에 가장 많은 고객이 방문합니다.

로그 분석을 통해 위와 같은 패턴이 발견되었다면 서비스 운영자는 오후 12시/19시, 화/수요일, 7~9월에 고객이 몰린다는 사실을 바탕으로 콘텐츠 발행 시점이나 서비스 개편 시기를 결정할 수 있습니다.

디바이스 체크

모바일 대중화와 함께 고객의 서비스 이용 패턴은 점차 다양해지고 있습니다. 고객은 PC와 모바일의 구분 없이 필요한 시점에 언제 어디서든 서비스에 접속합니다. 따라서 고객이 어떤 디바이스에서 많이 유입되는지 체크해볼 필요가 있습니다. PC와 모바일 중 어디서 많이 유입되는지, PC 접속자가 많은 시간과 모바일 접속자가 많은 시간은 언제인지, 고객은 어떤 디바이스를 많이 사용하고 있는지 등을 파악하면 웹 서비스와 모바일 서비스 중 어디에 집중할지, 모바일 중에서도 어떤 디바이스를 먼저 고려할지를 파악할 수 있습니다.

운영 체제 체크

모바일 앱을 제작할 때 안드로이드 앱과 아이폰 앱 중 한 가지를 먼저 출시해야 한다면 무엇을 먼저 개발할지 고민해야 합니다. 일반적으로 국내 고객이 가장 많이 이용하는 안드로이드 앱을 먼저 제작하지만, PC 웹/모바일 웹을 운영 중이라면 로그 분석을 통해 자사 서비스를 이용하는 고객 특성을 파악할 수 있습니다. 가령 안드로이드 방문자가 70%이고 100만 원의 매출을 발생시켰는데, 아이폰 방문자가 30%이고 200만 원의 매출을 발생시켰다면 iOS 앱을 먼저 출시해야 합니다. 따라서 맹목적으로 안드로이드 앱을 개발하는 것은 옳지 않으며 서비스별 고객 특성을 고려해야만 합니다.

해상도 체크

해상도는 서비스가 보이는 화면의 크기로 모니터별, 모바일 디바이스별 그 크기가 매우 다양합니다. PC 웹 서비스 개편 작업 시 1024×768, 1280×1024 두 개의 해상도 중 하나를 기준으로 선택해야 한다면 로그 데이터를 분석해봐야 합니다. 1024×768 고객이 전체 고객의 50% 이상이라면 1280×1024 해상도를 선택해서는 안 되며, 10% 미만이라면 선택해도 무방하다고 볼 수 있습니다. 모바일 디바이스의 해상도는 PC와 비교할 수 없을 정도로 엄청나게 다양합니다. 이 경우 우리 서비스를 가장 많이 이용하는 **디바이스의 해상도와 화면 비율**을 고려하여 선택하는 것이 좋습니다. 해상도가 다르더라도 화면 비율이 같으면 이미지 손실은 있지만 서비스를 이용하는 데 있어 큰 불편함은 없습니다.

브라우저 체크

웹 브라우저는 인터넷 익스플로러, 크롬, 파이어폭스, 사파리 등이 있고, 인터넷 익스플로러만 해도 7, 8, 9, 10, 11 등 버전별로 다양합니다. 모든 브라우저에서 서비스가 잘 보이면 다행이지만 브라우저별로 사이트를 출력하는 방법에 차이가 있기 때문에 인터넷 익스플로러에서는 잘 보이는 화면이 크롬에서는 안 보인다거나 파이어폭스에는 잘 보이는 화면이 인터넷 익스플로러에서 구현이 안 되는 경우가 있습니다. 게다가 인터넷 익스플로러는 버전별로 화면이 다르게 보입니다.

이 때문에 서비스 운영자와 퍼블리셔 간의 마찰이 발생하기도 합니다. 서비스 운영자는 인터넷 익스플로러 8을 사용하는 고객들이 사이트를 정상적으로 이용할 수 없으니 인터넷 익스플로러 8에서도 잘 보이도록 수정해 달라고 요청하고, 퍼블리셔는 오래된 브라우저는 문제가 발생할 수 있으니 버려야 한다며 고객의 브라우저 업데이트를 권장하라고 합니다. 두 가지 주장 중 정답은 없지만 이러한 경우에는 실제 우리 서비스의 방문 고객별 브라우저 비율을 체크하고 그 데이터에 따라 결정하는 것이 합리적입니다. 인터넷 익스플로러 8 사용자가 50% 정도라면 아무리 오래된 브라우저일지라도 맞추는 것이 좋습니다.

검색 유입 키워드 체크

앞서 포털 유입에 관해 설명했습니다. 고객은 포털에서 검색어를 입력한 다음, 검색 결과를 타고 자사 서비스로 유입됩니다. 고객이 어떤 검색어로 많이 유입되는지 알 수 있다면 이후에 콘텐츠를 발행할 때 해당 검색어에 포커스를 맞출 수 있습니다. 펜션 예약 사이트의 경우 가평 펜션, 강화도 추천 펜션으로의 유입이 많이 발생한다면 해당 지역의 상품을 지속적으로 추가해야 하고 검색 결과가 더 많이 노출되고 상위에 랭크 될 수 있도록 신경 써서 관리해야 합니다.

인기 페이지, 이탈 페이지 체크

인기 페이지와 이탈 페이지를 분석하면 자사 서비스 중 어떤 페이지가 반응이 좋고, 어떤 페이지가 이탈이 높은지 알 수 있습니다. 인기 페이지를 분석해 유사한 콘셉트의 콘텐츠를 계속 생산하고, 이탈 페이지를 분석해 심각한 문제가 발생한 페이지는 즉각 개선해야 합니다. 또한, 인기 페이지와 이탈 페이지를 순위별로 나열하면 전체 사이트 관점에서 무엇을 개선해야 하는지 파악할 수 있으며 이러한 데이터를 근거로 서비스 콘셉트를 바꾸거나 메뉴 구조를 변경하는 기준으로 세울 수도 있습니다.

고객 파악

자사 서비스에 가입한 고객이라면 로그 분석을 통해 위에서 소개한 정보 외에도 더 많은 정보를 얻을 수 있습니다. 회원가입 시 성별, 나이, 거주지 등의 정보를 입력받았다면 20대 여성은 미샤 화장품을 많이 구매한다, 40대 남성은 차량용품을 많이 구매한다 등의 세부적인 정보를 추출할 수 있습니다. 이러한 정보를 근간으로 고객 맞춤형 상품 및 콘텐츠를 설정할 수도 있고, 서비스를 핵심 대상에 맞추어 개편할 수도 있습니다. 초기에 예상했던 고객이 30대 경제력이 있는 여성이었는데 실제로 서비스를 이용하는 핵심고객이 40대 남성이라면 하루 빨리 이들을 위한 서비스로 개편하는 것이 좋습니다.

1-5 사이트 목표를 효과적으로 달성하고 있는가

서비스 성격에 따라 사이트 목표는 각각 다양합니다. 소셜커머스, 오픈마켓, 여행사, 쇼핑몰 등의 e커머스 서비스는 상품 구매가 목표입니다. 게임 서비스는 이용권 결제, 아이템 구매가 목표이고, 크라우드 펀딩 서비스는 기부 금액을 모으는 것이 목표입니다. 꼭 수익이 발생하지 않더라도 회원가입 전환율을 방문자 대비 30%로 만들겠다거나 이벤트 참여자를 방문자 대비 50%로 만들겠다 등도 목표가 될 수 있습니다. 목표의 경중과 관계없이 일단 목표를 세웠다면 달성률을 측정하고 파악해야 합니다.

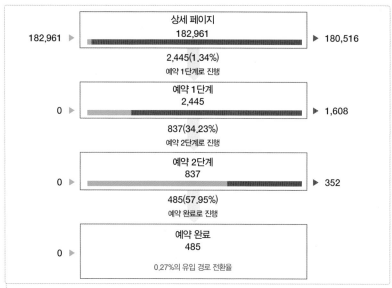

상세 페이지
182,961

182,961 ▶ ◼◼◼◼◼◼◼◼◼◼◼◼◼◼◼◼◼◼◼◼◼◼ ▶ 180,516

2,445(1.34%)
예약 1단계로 진행

예약 1단계
2,445

0 ▶ ◼◼◼◼◼◼◼◼◼◼◼◼◼◼◼◼◼◼◼◼◼◼ ▶ 1,608

837(34.23%)
예약 2단계로 진행

예약 2단계
837

0 ▶ ◼◼◼◼◼◼◼◼◼◼◼◼◼◼◼◼◼◼◼◼◼◼ ▶ 352

485(57.95%)
예약 완료로 진행

예약 완료
485

0 ▶

0.27%의 유입 경로 전환율

◦ 그림 5-4 e커머스 사이트의 상품 상세 페이지에서 예약 완료까지의 전환율

    [그림 5-4]는 어떤 e커머스 사이트의 실제 사례로 상품 상세 페이지에서부터 예약 완료까지의 전환율을 보여 주고 있습니다. 그래프에서 빨간 부분이 이탈률을 나타내는데 상품 결제 과정인 상세 페이지 → 예약 1단계 → 예약 2단계 → 예약 완료 프로세스에서 단 0.27%만이 예약 완료로 전환되었습니다. 이 서비스는 마케팅을 공격적으로 진행했었는데 마케팅 지출비 대비 수익 전환율이 매우 저조합니다. 이 서비스는 가장 먼저 상품 상세 페이지의 문제점을 검토하고 예약 단계의 전 과정을 다시 한 번 꼼꼼히 살펴봐야 합니다. 이 경우 UI/UX를 조금만 개선해도 결제 전환율을 급격히 높일 수 있고 이는 곧 매출 확대로 이어집니다. 이 사례와 같이 목표를 설정했다면 목표 도달까지의 전 과정을 확인하고 전환 과정에 문제는 없는지 각 단계별로 세심하게 검토해야만 합니다. 지금까지 로그 분석을 통해 유입, 행동, 전환을 측정하는 방법을 살펴봤습니다. 힘들게 오픈한 서비스를 성공적으로 운영하기 위해서는 많은 고객이 유입되어야 하고, 고객은 서비스를 편리하게 이용하며 긍정적인 느낌을 받아야 합니다. 서비스에 만족한 고객은 자연스럽게 재방문하고 주변 지인에게 자발적으로 입소문을 전달합니다. 이러한 선순환 과정이 성공적인 서비스로 발전하는 필수 요소이며, 이를 위해 로그 분석이 필수적입니다. 초기 학습이 어려울 수 있지만 일단 익혀 놓고 나면 기획자에게 든든한 무기가 될 수 있습니다. 이 책을 보신 독자 여러분들은 꼭 로그 분석 기술을 익히길 바랍니다.

1-6 고객 방문 수를 증가시키는 요소

웹사이트를 제작하고 이제 본격적인 운영 활동을 시작하면 '어떻게 하면 고객이 우리가 원하는 Goal에 도달할까?'에 대한 궁금증이 많을 것입니다. 필자 또한 다수의 사이트를 운영하면서 터득한 방법으로 고객의 클릭을 유도하는 세 가지(카피, 디자인, 위치) 요소가 있어 정리해 드리고자 합니다.

1-6-1 고객이 원하는 카피

프리미엄 종합반 수강료 50% 할인

vs

합격으로 보답하겠습니다! 프리미엄 종합반 50% 할인

위의 카피 예처럼 고객이 왜 사이트에 방문했고 무엇을 원하는 것인지를 먼저 파악하여 사이트 운영을 리드해야 합니다. 이는 앞서 학습한 페르소나를 통해서 전달했듯이 다수의 고객 중 주요 고객층을 겨냥한 니즈를 분석하여 카피를 만들어야 합니다. 실제 학원 고객은 종합반 수강료 50% 할인이 목적이 아니고 합격이 목표가 되어 종합반을 듣기 때문에 트래픽이 높은 카피는 자신의 목적과 부합되는 후자가 될 것입니다.

1-6-2 디자인&위치

멋지고 화려한 디자인이 고객을 사로잡는다? 실제로 많은 이들이 바라는 그림이겠지만 꼭 그렇지 않습니다. 고객은 화려하고 역동적인 플래시로 돌아가는 화면을 원하는 것이 아니라 목적에 맞는 단순화 화면을 원합니다. 이는 제작자의 욕심이 불러오는 정당화된 오류라고 할 수 있습니다. 즉 내가 좋아하면 고객도 좋아할 것이다!라는 신념으로 나와 고객을 동일시하는 것입니다. 물론 잘못된 것은 아니지만 고객과 기획자의 입장으로 돌아보면 많이 다르다는 것을 알 수 있을 겁니다. 누구나 자신이 제작하는 작품(사이트&앱)이 경쟁사보다 예쁘고 화려하길 바랄 것입니다. 하지만 고객 입장에서 우리가 제작하는 화면을 바라본다면 현란하게 돌아가는 플래시 배너보다 내가 원하는 메뉴 또는 아이템이 원하는 위치에 있기를 바랄 것입니다.

앞서 정의된 내용을 다시 되짚어보면 고객이 웹사이트에 들어와서 잔류를 결정하는 시간이 6초에서 3초로 줄어들었고 이는 스마트폰의 이용자 수가 늘어남으로 인해 만들어진 패턴의 변화로 3초 안에 주요 메시지 또는 이미지를 부각시켜 클릭을 유도해야 합니다. 이런 소비자의 행동 패턴이 변화되면서 예전에 현란하게 움직이며 고객에게 눈요깃거리를 제공해주었던 플래시 배너 또는 다양한 애니메이션 요소들이 점차 기피 대상이 되고 있다는 점에 주목해야 합니다. 고객은 빠른 의사결정이 필요한 화면을 원하며 이를 뒷받침해주는 요소는 디자인과 위치입니다.

디자인

고객에게 익숙한 형태 또는 패턴을 규칙적으로 가지고 있는 디자인으로 주요 카피와 보조 카피가 패턴을 가지고 있어 항상 변화되더라도 동일한 패턴 안에서 고객이 전달되는 메시지를 인지하도록 해야 합니다.

• 그림 5-5 패턴을 가지고 있는 디자인 배너(참조: 공단기 배너)

고객에게 제공되는 화면의 디자인적 요소에서 또 하나의 중요한 점이 색상입니다. 위치에 따른 색상 변화 또는 사이트의 대표 색상을 통해 인지 요소를 각인시키는 경우가 있습니다(네이버의 대표 컬러 연두색). 간혹 대표 컬러의 보색 계열로 제작된 배너 광고를 사용하여 부각시키는 경우도 종종 보게 됩니다. 이는 전체 사이트의 흐름을 무너뜨리는 것으로 추천하지 않는 방법입니다. 사이트 자체가 고객에게 제공되는 큰 개념의 서비스를 중점적으로 내세우고 특정 광고나 배너를 현란하게 노출하여 고객의 시선을 끄는 부분은 되도록 자제하는 것이 좋습니다.

장기적인 관점으로 보았을 때 고객은 특정 배너를 원해서 오는 것이 아니라 사이트의 서비스를 받으러 오는 것이기에 이러한 행위는 고객에게 제공되는 서비스의 질을 낮추는 결과를 초래하게 됩니다.

위치

잦은 방문 고객은 화면 안에서 자신의 이동 경로를 경험하고 다시 사이트를 찾을 때 그 이동 경로대로 움직이려는 학습 형태를 가지고 있습니다. 그래서 사이트를 리뉴얼하거나 UI/UX를 업데이트할 때 주의할 점은 이러한 고객의 습관과 학습된 행동 흐름입니다. 간혹 이러한 고객의 경험을 무시하고 사이트를 리뉴얼하였을 때 고객은 다시 사이트를 학습해야 하는 불편이 있습니다. 이 경우는 사전에 고객에게 사이트의 변화를 인지할 수 있도록 공지사항 또는 안내 이메일 등을 통해 안내해 주어 고객의 이탈 및 불편함을 방지해야 합니다.

2_ VOC를 근거로 한 서비스 개선

이번에 살펴볼 VOCVoice Of Customer는 고객의 불만 사항이나 개선 사항을 듣고 해결하여 고객 만족도를 높이는 고객 관리 방법으로 우리말로 고객의 소리라고 부릅니다. 기업이 온라인 서비스를 운영하는 목적은 고객에게 좋은 상품, 즐거움, 편리함 등을 제공하고 수익을 창출하는 것으로 고객이 없다면 서비스가 유지될 수 없기 때문에 서비스 운영자는 항상 고객의 소리를 귀담아들어야만 합니다.

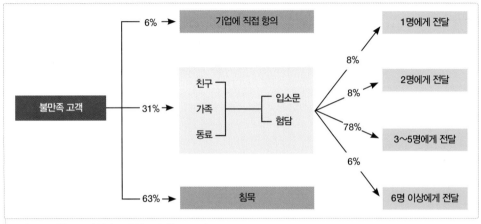

* 그림 5-6 와튼 스쿨의 불만 고객 연구 결과(2006.03)

[그림 5-6]의 와튼 스쿨의 불만 고객 연구 결과에 따르면 불만 고객 중 단 6%만이 기업에 불만을 항의하고, 31%는 주변 지인에게 험담하며, 63%의 고객이 침묵한다고 합니다. 이처럼 서비스에 불만족한 고객은 조용히 떠나가거나, 자신의 불만스러운 감정을 주변에 전파하기 때문에 고객 불만은 순식간에 눈덩이처럼 불어납니다. 충성 고객을 만들기도 어렵지만 한번 돌아선 고객의 마음을 되돌리기는 더더욱 어렵기 때문에 기업은 고객의 불평, 불만을 철저히 관리하여 고객의 작은 불만이라도 절대 소홀히 여기지 말고 우선적으로 해결해야 합니다. 고객의 소리를 수집하는 창구로는 전화, 고객 상담실, 영업 지점, 웹/모바일 사이트, 이메일 등 여러 가지가 있으며, 우리는 이 중 웹 서비스를 통한 VOC 관리 방법에 대해 자세히 살펴보겠습니다.

2-1 일반 서비스의 VOC 방법

웹과 모바일 환경에서 고객의 소리를 수집하는 보편적인 방법은 사이트 내 고객센터를 만드는 것입니다. 보통 고객센터는 **문의/신고/제안하기, 자주 묻는 질문, 공지사항** 게시판으로 구성되며, 고객의 소리가 접수되면 이메일/SMS 등을 통해 진행 상황을 안내하고, 반복되는 질문은 자주 묻는 질문으로 선정하여 고객센터 메인 화면에 공개합니다. 주요 포탈을 포함한 정보제공형 서비스가 이러한 프로세스로 운영하고 있으며 가장 정석적인 방법입니다.

• 그림 5-7 투어팁스 고객센터

고객센터 구축의 핵심은 고객이 문의/신고/제안 사항을 쉽게 등록할 수 있고, 빠르게 답변 받을 수 있는 프로세스를 만드는 것입니다. 고객을 응대하는 직원은 기업 이미지를 대표하므로 교육받은 전담 직원을 따로 배치하는 것이 좋습니다.

2-2 쇼핑 서비스의 VOC 방법

쇼핑 서비스는 상품 거래가 빈번히 발생하는 특성상 타 서비스에 비해 고객센터의 유입 비중이 높습니다. 이러한 이유로 대부분의 쇼핑 서비스는 GNBGlobal Navigation Bar에 고객센터 메뉴를 위치시켜 접근성을 높이고 있습니다. 또한, 판매 절차에 따라 문의 내용이 다양하므로 빠르고 정확한 답변을 제공하려면 문의 유형을 분류해 전담 직원에게 바로 연결되도록 하는 것이 좋습니다. [표 5-2]는 쿠팡의 문의 분류로, 상품 판매 순서에 따라 세분화된 문의 분류를 제시하고 있습니다.

표 5-2 쿠팡의 문의 분류

1차 분류	2차 분류	1차 분류	2차 분류
취소	배송전 취소	쿠폰	쿠폰 재발송
	공제금		사용
	환불	결제	결제 오류
	쿠폰취소 요청		결제 내역
교환	교환 회수		영수증
	교환 비용	회원	회원정보
	교환 신청		회원가입
반품	반품 회수	이용문의	판매자정보
	반품 배송비		영수증
	반품 신청		이용문의
배송	배송 일정	쿠팡캐시	캐시적립
	배송 상품		캐시사용
	배송비	시스템문의	결제 오류
상품	A/S		시스템 기타문의
	쇼핑상품	기타문의	기타문의

쇼핑 서비스는 고객 문의가 타 서비스에 비해 훨씬 많이 발생하기 때문에 자주 묻는 질문의 비중을 키우고 문의 등록 창구를 눈에 띄게 배치하는 것이 효과적입니다.

2-3 서비스 피드백을 받기 위한 VOC 방법

웹 에이전시/SI를 통해 제작되는 납품형 서비스는 완성된 형태로 출시되지만, 스타트업과 같은 신기술 기반의 서비스는 핵심 기능을 먼저 시장에 선보이고 고객 반응을 살펴 가며 서비스를 완성시켜 나갑니다. 이러한 스타트업 서비스에 적합한 VOC 방법은 사이트 전면에 피드백Feedback 버튼을 삽입하는 방식이 좋습니다. 이 방법은 고객 참여를 비약적으로 높일 수 있기 때문에 서비스의 버그 및 오류를 빠르게 발견할 수 있으며, 고객 반응을 바탕으로 고객의 니즈를 반영한 서비스를 만들 수 있다는 장점이 있습니다.

• 그림 5–8 왓챠의 피드백 등록 팝업

반면에 서비스 콘셉트가 불명확하거나 오류로 가득한 경우 VOC 게시판이 불평, 불만으로 도배되어 오히려 서비스에 대한 신뢰를 잃어버릴 수 있습니다. 따라서 전면 피드백Feedback 서비스를 운영하는 경우에는 고객 피드백에 즉시 답변을 남기고, 오류는 빠르게 해결하며, 친절하고 진정성 있게 소통해야 합니다. 이러한 피드백 VOC를 제대로 관리한다면 서비스 개선을 위한 다양한 아이디어 수집과 함께 고객의 신뢰도 한꺼번에 얻을 수 있습니다.

2-4 시스템 오류 수집을 위한 VOC 방법

IT 서비스는 다양한 디바이스와 환경에서 구동되기 때문에 오픈 단계에서 수많은 QA Quality As-surance를 진행했다 하더라도 제작자가 발견하지 못한 오류가 서비스 중에 생깁니다. 오류가 발생한 시점에 고객이 오류 발생 경위에 대해 상세하게 전달해준다면 좋겠지만, 대부분의 고객은 짜증스러운 감정과 함께 서비스를 이탈합니다. 누군가가 신고하지 않는다면 이러한 증상은 계속해서 발생하게 되는데 결제 과정에서 발생하는 오류라면 손실로 이어질 수 있습니다. 오류가 발생한 시점에 정확한 오류 경위를 확인할 수만 있다면 오류를 비약적으로 줄일 수 있습니다.

◆ 그림 5-9 에버노트의 오류 보고서 팝업

[그림 5-9]는 에버노트의 오류 보고서로 프로그램에 VOC 기능을 탑재해 오류가 발생한 시점에 자동으로 오류 보고서를 만들어 내고, 고객이 오류 상황에 대해 메시지를 남길 수 있도록 친절한 안내 문구와 함께 입력 박스를 제공하고 있습니다. 이러한 방식은 고객이 고객센터를 찾아가는 수고를 덜어 주고 오류 발생 시점에 즉각 참여할 수 있기에 시스템 오류를 빠르고 정확하게 수집할 수 있습니다.

2-5 잘못된 정보를 신고받는 VOC 방법

온라인에서 쉽게 찾아볼 수 있는 서비스 요금, 매장 위치, 여행지 위치, 연예인 프로필 등의 정보는 시간이 지나면 바뀔 수 있는 정보입니다. 이러한 정보는 소수의 운영자로 관리하는 것이 불가능하기에 고객 참여를 통해 잘못된 정보를 신고받는 것이 유용합니다.

◆ 그림 5-10 다음 지도의 틀린정보 신고

[그림 5-10]은 다음 지도의 검색 결과 페이지로 장소를 선택하면 요약 정보를 보여 주고 좌측 하단에 틀린정보 신고 링크를 제공하고 있습니다. 이곳을 잘 아는 사람이라면 잘못된 정보를 단번에 발견할 수 있고 신고 버튼을 통해 쉽게 참여할 수 있습니다. 기업은 고객의 신고 내용을 토대로 정확성 유무를 체크해 업데이트하면 되므로 고객 참여를 통해 최신 정보를 관리할 수 있습니다.

이상으로 IT 서비스에 적용할 수 있는 다섯 가지 형태의 VOC 운영 방법을 살펴보았습니다. 미국 자포스Zappos의 고객 만족을 통한 경영 혁신 사례가 지금까지도 모범 사례로 손꼽히는 것처럼 VOC에 진심을 다하면 고객의 부정적인 인식을 긍정적인 이미지로 되돌릴 수 있습니다. 반대로 제대로 관리하지 못하는 경우에는 기업의 매출과 수익 감소로 직결될 수도 있기에 불만/제안/신고 등의 이야기를 건네는 고객이야말로 기업에 도움과 이익을 안겨 주는 1등 고객이라는 점을 명심하기 바랍니다.

3_ 신기술에 따른 대응

IT 기술이 발전하자 다양한 디바이스와 그에 맞는 솔루션이 빠르게 나오며 소비자의 서비스 이용 환경도 다양해졌습니다. 대표적인 예로 스마트 디바이스가 등장한 후 웹 이용 방식이 PC의 웹 브라우저에서 스마트 디바이스의 모바일 웹 브라우저로 바뀌었습니다. 집에서 PC를 켜던 사람들은 이제 소파에 앉아 TV 시청과 함께 스마트 디바이스를 들여다봅니다. 한때 호황기였던 지하철 무료 신문이 자취를 감춘 데는 사람들이 신문보다는 스마트 디바이스로 뉴스와 생활 정보를 보는 행동이 영향을 줬을 겁니다. 그렇다면 기획자의 세상은 어떻게 바뀌었을까요? 초기 iOS와 안드로이드가 발표되었을 때 처음 보는 스마트 디바이스의 화면에서 기획을 어떻게 해야 할지 혼란을 겪고 있었으며 OS의 환경이 다르기에 유지 보수 및 업데이트 등을 고려해야 하는 요소까지도 더 많이 학습해야 하는 시기가 있었습니다. 지금은 어떻게 변화되고 있을까요? 드론의 출현과 3D 프린터, 배터리의 이용시간이 길어지는 혁신 및 생체 에너지를 이용하는 웨어러블wearable 디바이스 이용, 홀로그램 자판 등 무궁무진한 새로운 생활 기기 및 용품이 발명되고 있으며 상용화되고 있습니다.

• 그림 5-11 드론 [2]

저자주

2… 출처: JJRC 홈페이지(http://www.jjrctoy.com/)

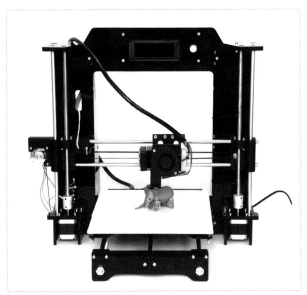

• 그림 5-12 3D 프린터 [3]

　기획자도 웹사이트, 솔루션, 플랫폼을 설계하던 시대에서 앞으로는 기계를 제어하고 DB를 추출하여 새롭게 가공하고, 새로운 모듈을 생산해 내는 기술의 영역으로 발전해 나아갈 것입니다. 점차 생활과 생체에 밀접한 영역으로 발전되는 IT 기술을 미리 숙지하려면 현재 우리가 알고 있는 기술만을 유지하고 학습하는 것이 아니라 세계 시장의 IT 디바이스의 출현에 눈을 돌려 관심 있게 지켜 보고 그것을 응용할 수 있는 기술을 개발해야 합니다. 현재는 멀티플랫폼 시대로 최근에 많이 사용하는 모바일 디바이스는 다음과 같습니다.

- 스마트폰
- 웨어러블 디바이스
- 블루투스 헤드셋 또는 이어폰
- 유/무선 충전기
- 태블릿 PC 또는 노트북
- 와이파이 공유기

저자주

3⎯ 출처: 오픈크리에이터즈 홈페이지(http://opencreators.net/)

앞으로는 이동 중에 더욱더 자주 여러 기계를 이용하게 될 것입니다. 또한 여러 기능을 한곳에 모은 사용자의 니즈를 충족시킬 수 있는 새로운 디바이스가 나올 것입니다. 앞서 정의된 것처럼 기획자는 문제를 해결하는 사람입니다. 즉 고객이 제시하는 사이트를 구축하는 것이 아니라 그 사이트를 문제의 관점으로 보고 그 문제를 어떻게 해결해야 만족스럽고 성공적인 작품이 나오는 지를 고민하고 이끌어 가는 사람입니다. 이것을 단순히 사이트의 관점으로만 보는 것이 아니라 그것을 해결할 수 있는 새로운 기술을 접목하여 고객이 원하는 플랫폼을 만들어 내는 역할을 수행합니다. 가령 고객이 자전거 여행 코스를 추천하는 사이트를 만들고 싶다고 합니다. 그럼 웹사이트만을 제작하는 것이 아니라 스마트 디바이스에 연동하여 GPS 정보 또는 네비게이션 정보를 제공해 주는 멀티 서비스를 제공한다면 이용 고객이 더욱 가치를 느끼는 사이트가 될 것입니다.

- **고객의 문제:** 자전거 여행 코스를 추천하는 사이트를 만들고 싶습니다.
- **기획자의 추천:** 웹사이트&앱을 동시에 구축하여 제작하여야 합니다.

즉 고객의 문제는 필요성으로 접근한다면 기획자는 그 문제에 가장 최적화된 답으로 접근해야 합니다. 물론 거기에는 비용과 시간이라는 한계가 존재하지만 향후 앱 제작을 염두하고 제작된 사이트와 아닌 사이트는 엄청난 차이가 있습니다. 이처럼 기획자는 앞으로 더욱 많은 신기술 및 신종 디바이스에 관심을 가지고 남들보다 더 빨리 체험하고 능숙하게 다룰 줄 알아야 낙오되는 기획자가 되지 않을 것입니다.

표 5-3 신기술에 대한 정보를 습득하기 위해 자주 방문하는 사이트

사이트 명	도메인
블로터	http://www.bloter.net
유튜브	http://www.youtube.com
지디넷	http://zdnet.co.kr

4_ 이벤트 프로모션 기획

서비스를 운영하다 보면 이벤트 및 프로모션을 통해 결과를 끌어내려 노력합니다. 우선 이벤트 프로모션을 하기에 앞서 가장 선행되어야 하는 것이 고객층에 대한 이해입니다. 그러므로 기획자는 고객층을 연령, 성별, 지역, 소속 단체, 구매력(유료 구매자, 무료 이용자) 등으로 나누고 해당 고객에 맞는 프로모션 기획을 제공해야 합니다. 모든 고객을 만족시키는 프로모션은 없습니다. 즉 고객은 다양하게 존재하고 있으며 사이트에 방문하는 목적 또한 다르기에 프로모션 기획을 할 때는 중점 대상 그리고 그 대상에 맞는 상품 제안이 필요합니다. 그러기 위해서는 우선 상품에 대한 기획이 존재하며 상품 기획에서 '팔릴 것이다!'라는 가설로 세워진 상품을 기획자는 팔릴 수 있도록 포장을 하게 됩니다.

프로모션 기획의 핵심 질문

1. 어떠한 문제로 이 사이트를 방문하였나?
2. 문제를 프로모션을 통해 해결할 수 있나?

실제로 고객이 어떠한 경로를 통해 사이트를 방문하였을 경우 방문의 목적이 존재하며 그 목적을 가장 잘 표현하여 클릭을 유도하고 Goal로 연결시키는 것이 프로모션의 핵심입니다. 프로모션 기획은 크게 메인 배너와 프로모션 페이지 기획으로 나뉘며 페이지를 설명하는 다양한 요소가 존재하지만 여기서는 크게 다뤄지는 내용을 정리하였습니다.

4-1 메인 배너

1. 헤드카피(슬로건)
2. 서브카피(헤드카피를 설명하는 문구)
3. 프로모션 기간 및 종료 시점

메인 배너 공간에 모든 정보를 담을 수는 없습니다. 즉 메인에 들어가는 배너 자리는 고객의 시선을 끄는 중요한 카피와 이미지로 클릭을 유도하도록 하는 공간이며 기획자는 메인에 들어갈 배너의 카피를 기획합니다. 메인 페이지에서의 특징은 전체 사이트 구조의 핵심 페이지를 선두에 내세워 고객이 사이트에 접속한 목적에 맞춰 이동하도록 유도하는 것이 특징입니다. 때문에 메인 페이지에 존재하는 다양한 링크 경로와 메뉴 중 기획자가 제작한 프로모션 이벤트 배너를 클릭하는 것은 매우 어려운 작업입니다.

4-1-1 헤드카피

기획자는 카피를 제작할 때 다양한 카피 제작의 원리에 따라 상황에 맞도록 카피를 제작하게 됩니다. 그중 가장 많이 쓰이는 것이 단정의 원리입니다. 단정의 원리는 A와 관계있는 B를 떠올려 붙이거나 관계없는 C를 A와 B 사이에 넣어 새로운 문장을 만들어 내는 것으로 예를 들면 아래와 같습니다.

- **A** 결혼
- **B** 행복
- **C** 여행

단정의 원리[4]를 적용하면 다음과 같은 문장이 됩니다.

1. 결혼은 행복입니다.
2. 결혼은 여행과 같은 행복입니다.

이처럼 문장을 만들 때 카피를 제작하는 원리에 따라 제작하면 고객의 시선을 이끄는 카피가 만들어집니다. 또 다른 예는 고객의 현재 상황에 맞춘 배너의 카피입니다.

- 예) 대학 입시! 달콤한 합격 비결!!

헤드카피에서 주의할 점은 과도한 포장을 통한 식상한 표현입니다. 최고의, 오직 하나뿐인, 빅 세일 등의 문구는 고객도 이미 많은 전단 매체를 통해 알고 있고 그리 신뢰할 수 있는 단서를 메인에서 보여 주지 못하기 때문에 신뢰성에 저해가 될 수도 있으니 신중하게 사용하기 바랍니다.

저자주

4 — 광고 카피의 여덟 가지 원리 중 하나. A는 B이다는 식의 문장 형태로 주장을 주지시키는 데 사용한다.

4-1-2 서브카피

서브카피는 헤드카피를 보조해 주는 설명 문구로 특정 대상 또는 목적에 부합되는 본문의 문구를 요약 제공하여 이해를 돕는 역할을 합니다.

> 예) **헤드카피**: 대학 입시! 달콤한 합격 비결!!
>   **서브카피**: 고2 수험생을 위한 수능 설명회로 초대합니다.

서브카피 또한 무엇보다 중요한 역할은 궁금증 유발 또는 기대감을 불러일으켜 프로모션 페이지로 이동하게 하는 것이 목적입니다. 주의해야 할 점은 서브카피는 두 줄 이상 넘어가면 고객에게 심리적 부담감을 줌으로 시선 이탈을 줄 수 있다는 것입니다. 되도록 짧고 간결한 어조로 마무리하는 것이 좋습니다.

4-2 프로모션 페이지

1. 헤드카피
2. 서브카피
3. 프로모션 기간 및 구매 제한 인원
4. 지원 혜택
5. 이것을 왜 사야 하는가?
6. 가격

프로모션 페이지는 메인 배너를 클릭하여 들어온 고객에게 구체적인 메시지를 전달하여 고객의 Goal까지 이끄는 매우 중요한 역할이라고 할 수 있습니다. 고객이 선택하여 들어온 화면에서 가장 중요한 메시지는 '이것을 왜 구매해야 하는가?'에 대한 의미전달입니다. 고객의 선택에 따라 들어온 화면에서 목적에 부합되는 신뢰성 있는 이유와 선택에 대한 불안감을 해소해줄 근거 있는 자료 등의 메시지 전달을 통해 고객과 소통을 해야 합니다.

4-3 선택과 구매는 이성보다 감성으로 이뤄진다

마지막으로 필자가 가장 강조하는 부분으로 대부분 고객에게 이해를 시키는 것에 치중한 나머지 고객의 감성적인 부분을 놓치는 경우가 많습니다. 백화점에 진열된 신상품 구두의 구매는 가격과 가죽 재질, 브랜드가 하나의 요소로 적용되지만, 무엇보다 중요한 것은 저 구두가 나에게 가장 잘 어울린다는 욕구와 한정판 라벨 표시로 다른 고객이 저것을 먼저 구매하면 어쩌나 하는 우려로 고객은 선뜻 구매하게 됩니다. 이처럼 기획자는 고객에게 전달되는 메시지에 딱딱한 의미 전달의 가격표보다 인간의 감성을 터치하는 살아있는 메시지를 전달하도록 노력해야 합니다.

5_ 정기적인 운영 리포트

사이트를 운영하면서 운영 리포트를 통해 사이트에서 개선해야 할 내용뿐만 아니라 Goal의 흐름 및 앞으로의 정책 방향의 기준을 마련하고 있습니다. 고객의 행동 패턴을 시기별로 분석하고 그 시기에 맞춰 프로모션 및 상품을 배열하는 것도 매우 중요한 운영 전략으로 차곡차곡 데이터를 쌓다 보면, 매출의 흐름 및 고객의 가입 시기 그리고 고객의 구매가 가장 많이 일어나는 시기 등이 파악되어, 장기적으로 볼 때 그 시기에 출시될 상품을 사전에 미리 꼼꼼하게 제작할 수 있습니다. 3월 새학기 시즌에 맞춰 노트북 특가전을 시행한다고 했을 때 이벤트에서 집계되는 리포트는 시기에 따라 다음과 같이 분류됩니다.

표 5-4 시기별 리포트 주요 내용

일일 리포트	– 마케팅 비용 대비 일 접속자 수 – 마케팅 비용 대비 일 회원가입 수 – 접속자 수 대비 일 매출
주간 리포트	– 전주 대비 주간 접속자 수 – 주간 회원가입 증감 비율 – 주간 매출 및 목표 달성률 – 주간 마케팅 비용 – 접근 경로 상세 분석 – 홈페이지&디바이스 방문 비율
월간 리포트	– 월간 회원가입 증감 비율 – 월간 매출 및 목표 달성률 – 월간 마케팅 비용 – 월간 접근 경로 총계 – 전년 대비 매출 목표 달성률 – 월별 손익

장기적인 관점에서의 운영 리포트에서 다뤄지는 내용으로는 로그, 매출, 상품 기획서 등이 제작되며 운영 리포트를 통해 매주 마케팅 방향이나 상품 기획을 변경하고 점검하게 됩니다.

표 5-5 리포트에서 다뤄지는 내용

UV(Unique Visitor)	순수한 방문자 수를 얘기하는 것으로 하나의 고객이 해당 페이지를 다수 방문했더라도 방문 수를 1회로 카운트하며, 중복 방문 IP를 필터링하여 카운터에서 제외한다.
PV(Page View)	한 페이지를 열람한 고객의 수를 보여 주는 것으로 대부분 메인이나 핵심 페이지를 중심으로 접속자 수를 카운트하여 마케팅의 주요 지표로 삼으며 체류 시간까지도 측정하여 사이트 안에서 핵심 페이지의 인기를 측정하게 된다(PV는 중복 카운터가 되므로 한 명의 고객이 중복으로 방문하면 계속 누적 카운터가 쌓이게 된다).

다양한 소프트웨어로 리포트를 작성할 수 있지만 대중적이면서도 가장 편리한 도구는 아무래도 마이크로소프트의 엑셀입니다. 엑셀은 수치 입력 및 계산식 적용을 통해 편리하게 보고서를 작성할 수 있다는 장점과 꺾은선 그래프를 통해 등락폭을 점검할 수 있어 한눈에 흐름을 파악할 수 있다는 점에서 많이 이용되고 있습니다.

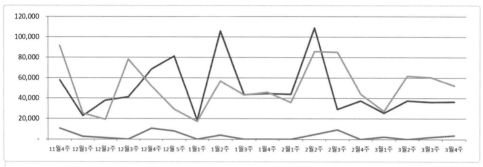

◦ 그림 5-13 주별 UV 꺾은선 그래프 예시

기획자로 활동하면서 사이트 구축 기획 업무를 주로 하는 에이전시에서 근무하다 이직을 통해 사이트 운영 기획으로 넘어가면 가장 난관에 부딪히는 것이 운영 리포트라 할 수 있습니다. 구축의 업무와는 다른 마케팅 및 고객에게 제시될 상품에 대해 고민을 해야 하는 운영 기획자에게 주간 리포트는 현재 운영되는 사이트의 전체적인 흐름과 고객의 동선을 파악하고 그것을 근거로 앞으로 계획되어야 할 마케팅 전략을 추론하고 결정할 수 있는 바탕이 됩니다.

Part 03

기획자의 성장을
이끄는 팁

chapter 06

팀장도 알려 주지 않는
기획의 노하우

1_ 서비스별 기획의 핵심

기획을 하다 보면 처음부터 어떻게 시작해야 할지 또는 무엇을 주 관점으로 설계해야 할지를 고민할 때가 많습니다. 기획자는 현재 자신에게 주어진 업무뿐만 아니라 직장에서 새로운 사업을 진행하거나 퇴직 후 다른 곳으로 재취업했을 때 요구되는 솔루션에 대한 경험과 노하우를 미리 습득하고 대비하는 것이 필요합니다. 한곳에 오래 근무한 기획자에게 생소한 프로젝트를 주면 어렵게 느끼고 미리 준비하지 못한 점을 후회하곤 합니다. 필자 또한 이런 경험이 있어 다양한 경험의 중요성을 깨달았습니다. 기획자로 경력을 쌓을수록 하나에 국한된 프로그램만이 아닌 다양한 경험과 여러 솔루션을 응용한 새로운 플랫폼을 구축하는 역할을 요구합니다. 이 과정에서 필요한 기술의 영역은 관리자 모듈에 대한 설계 경험입니다. 하지만, 누구에게나 처음이 존재할 겁니다. 그래서 설계 경험 없이 프로젝트 의뢰를 받아 고민하는 독자를 위해 관리자 모듈에 대한 팁과 설계하면서 짚고 넘어가야 할 부분을 설명하겠습니다.

1-1 쇼핑몰 기획 팁

쇼핑몰을 기획하다 보면 무엇을 먼저 시작해야 할 지 막막한 경우가 많습니다. 그런 어려움을 겪는 기획자가 가장 자주 하는 실수는 쇼핑몰을 프로젝트로 인식하여 기능 중심의 관점으로 사용자 화면Front과 관리자 화면Admin을 설계한다는 것입니다. 하지만 이 관점에서 쇼핑몰을 제작하면 고객이 요구한 모습으로 완성하기 어려우며, 완성된 후에는 쇼핑몰 이용객에게도 만족감을 주기 어렵습니다. 우리가 쇼핑몰을 기획할 때는 가장 먼저 'Why'와 'What'에 대한 관점으로 접근하여 해결책을 찾아 나가는 것이 좋습니다.

1-1-1 Why? 왜 만들어야 하는가?

왜 만드는가? 의뢰 고객이 쇼핑몰을 만드는 이유를 짚고 넘어가야 합니다. 쇼핑몰이 필요한 이유를 먼저 찾고 그것을 해결할 방법을 찾는 것이 요점입니다. 가령 쇼핑몰이 필요한 고객이 찾아와 쇼핑몰 제작을 의뢰했을 때 어떠한 프로젝트든 문제가 있고 그 문제로 인해 쇼핑몰이 필요한 것이므로 그 문제가 무엇인지를 먼저 찾고 그것을 해결하는 방법을 모색하는 것입니다.

예로 골프용품을 취급하고 있고, 전국 18개 지점에 체인점을 가지고 있는 의뢰 고객이 쇼핑몰을 제작하고자 한다면 문제는 유통의 활성화, 체인점 브랜드 인지도 상승, 체인점 간 거래 B2B몰의 필요성 등을 들 수 있습니다. 고객이 요구한 쇼핑몰을 무턱대고 제작한다면 고객의 문제를 해결할 수 있을까요? 고객이 요구한 'Why?'의 관점으로 본다면 유통의 활성화가 목적이었을 때와 브랜드 인지도 상승이 목적이었을 때, 각각의 상황에 따라 쇼핑몰은 UI/UX부터 달라져야 합니다. 또 체인점 간 거래 B2B라면 관리자 및 회원의 등급이 필요하므로 앞서 말한 쇼핑몰과는 전혀 다른 쇼핑몰이 필요합니다. 즉 쇼핑몰이 모두 같은 건 아닙니다. 그래서 쇼핑몰을 제작할 때는 'Why?'를 정확히 파악하고 방향을 잡아내는 것이 중요합니다.

1-1-2 What? 무엇을 만들어야 하나?

'Why?'에 대한 해답과 방향성이 나왔다면 다음으로 먼저 기획해야 할 쇼핑몰에 대해 질문을 해야 합니다. 질문을 잘하는 기획자야말로 의뢰 고객이 원하는 결과물을 선사합니다. 질문하는 핵심 포인트는 여러 가지가 있지만 주요 질문 포인트 항목은 꼭 짚고 넘어가야 합니다.

Plus

쇼핑몰 기획의 질문 포인트

① **찾아오는 고객의 연령대는?**

쇼핑몰에 찾아오는 고객의 분류는 아주 중요합니다. 10대부터 예비 엄마, 주부층 및 장년층 등등 분류에 따라 쇼핑몰의 색상, 레이아웃, 폰트 사이즈가 결정됩니다. 즉 페르소나를 통한 분류가 선행되어야 어떤 쇼핑몰을 제작할지가 결정됩니다.

② **상품은 무엇인가?(시기에 따라 즉시 구매하는 상품 vs 검색을 통해 찾아가는 상품)**

쇼핑몰은 상품에 따라 UI/UX가 달라집니다. 시기를 타는 제품, 예를 들어 인기가요나 드라마 PPL에 등장한 제품처럼 소비자의 구매욕이 상승했을 때 즉시 구매할 수 있는 제품은 최대한 메인 화면에 이미지를 노출해서 고객이 바로 보고 구매할 수 있게 유도해야 합니다. 하지만 컴퓨터용품이나 문서 서식 및 클립아트 등 선택 범위가 넓거나 전문성이 필요한 상품은 빠른 검색이나 고객 분류 및 취향에 따라 메뉴를 분류 하거나 컨설팅 기능을 부여하여 고객이 원하는 제품을 찾아 나갈 수 있도록 하는 것이 필요합니다.

③ 배송이 필요한가?(무형의 상품 vs 유형의 상품)

쇼핑몰은 배송 여부에 따라 많은 부분이 바뀝니다. 인기가요 또는 드라마와 같은 무형의 상품은 저작권만으로 제공되며 배송은 고민하지 않지만, 솔루션에 대한 유포나 보안 등의 기능이 강화되어야 합니다. 반면 컴퓨터나 의류, 화장품 등 유형의 상품은 배송은 물론이거니와 무료 배송 쿠폰, 반품, 클레임 처리 등등의 다양한 정책을 설계해야 하므로 배송에 대한 부분은 꼭 짚어 나가야 합니다.

④ 포인트&쿠폰이 필요한가?

포인트와 쿠폰은 관리자 화면Admin에서 결제 관리의 중요 정책이므로 초반에 주의해서 설계해야 합니다. 포인트 자체는 하나의 정책이지만 포인트가 적용되는 상품은 수백 수천 가지가 될 수 있으므로 사이트 오픈 후에 적용하기엔 매우 어려운 작업입니다. 포인트 및 쿠폰을 통해 수반되는 변경 요소는 배송, 상품 안내 페이지, 결제 페이지 등이 사용자 화면Front에서 변경되어야 하고, 관리자 화면에서는 결제 통합 관리, 회원 관리, 상품 관리, 정산 관리, 통계 등이 모두 반영되어 변경되므로 구축 전에 미리 꼼꼼하게 챙겨야 프로젝트를 무리없이 끝낼 수 있습니다.

표 6-1 쇼핑몰 주요 관리 메뉴

ADMIN	환경 설정	카테고리 관리
		쿠폰 관리
		포인트/적립금 관리
		정책 관리
		배송 관리
	디자인 관리	배너 관리
		팝업 관리
		메일 관리
	회원 관리	관리자 관리
		회원 관리
	상품 관리	상품 관리
	주문/매출 관리	주문 관리
		교환/환불/취소 관리
	운영 관리	고객 상담 관리
		FAQ 관리
	정산 관리	결제 관리
		정산 관리
	통계 관리	접속 통계
		매출 통계
		마케팅 통계

쇼핑몰을 기획하다 보면 대부분의 쇼핑몰 환경이 비슷하고 이렇다 할 특징이 없어 보입니다. 여성 의류 쇼핑몰만 하더라도 검색해보면 4,104개의 쇼핑몰(2016년 랭키닷컴 여성 의류 쇼핑몰 검색 기준)이 있습니다. 그 수많은 쇼핑몰 사이에서 경쟁하려면 검색엔진 광고 및 특정 사이트 배너 광고를 통해 비용을 들여서 마케팅을 할 수도 있겠지만, 거대 쇼핑몰 틈바구니에서 자본력으로 승부를 보기에는 어렵습니다. 따라서 기획자는 사람들에게 기억될 수 있는 매력적인 기능이나 특색을 찾아내야 합니다. 그리고 그 기능과 특색을 쇼핑몰의 서비스, 화면 UI/UX, 마케팅 등의 요소에서 표현해야 합니다.

Plus

사람들의 머릿속에 각인되는 마케팅의 실제 사례

쇼핑몰에서 물건을 구매했을 때 주문한 물건 속에 동반한 쇼핑몰 브랜드를 대변하는 아기자기하고 예쁜 티스푼이 Gift 상품으로 들어 있었습니다. 소비자는 우연치 않게 받은 티스푼도 마음에 들었고 본인이 주문한 제품도 마음에 들었습니다. 그리고 그런 사실을 주변 지인에게 소문냈습니다. 그 사실을 전해들은 지인도 그 쇼핑몰에 찾아오게 되고 물건을 구매합니다.

- **티스푼 = 마케팅 비용 + 고객 만족 + 브랜드 인지도 상승 + 기회 비용**

제품 단가에서 스푼 1개가 차지하는 비용을 계산하면 그리 많지 않은 비용이었지만 파급 효과는 상당히 높았고 해당 마케팅은 성공했습니다.

1-2 커뮤니티 기획 팁

고객이 많이 방문하고 글을 올리는 커뮤니티 서비스는 게시물 관리가 중요합니다. 게시물 관리에서 가장 중요한 부분은 음란, 음해성 글이나 커뮤니티 목적에 맞지 않는 불특정 다수에 배포되는 스팸Spam 관리입니다. 자칫 해당 글을 제어하지 못하면 사이트의 성격 및 정체성이 망가질 수 있습니다. 하지만 게시글 하나하나를 관리자가 점검하기에는 무리가 있기에 신고 제도나 게시글 평가 제도를 통해 소비자와 연대하여 올바른 커뮤니티 문화를 같이 만드는 방법을 권합니다. 또한 목적에 맞지 않는 게시글이 등록되었을 경우 자동으로 해당 게시글을 잡아낼 수 있는 검색 기능이나 연관 검색어 또는 상세 검색 기능을 통해서 관리자가 게시글을 잡아내는 방법도 있습니다. 커뮤니티에 게시하는 등록자에 대해 평가를 통해 경고, 영구 정지 등의 정책에 따라 제어하는 기능도 설계 전에 고민하여 뼈대를 잡고 진행하는 것이 좋습니다. 초기 설정에서 커뮤니티는 스토리보드 설계 전 정책 관리 관련에 대한 내용을 최대한 유추하여 정의하고 진행해야 합니다. 자칫 정책 부분에서 예기치 않은 정책이 구축 도중에 나온 경우 진행된 개발 사항 전체를 뒤집어야 하는 상황까지도 발생하게 됩니다.

표 6-2 커뮤니티 서비스의 주요 관리 메뉴

ADMIN	환경 설정	카테고리 관리 정책 관리
	매출 관리	
	디자인 관리	배너 관리 페이지 관리 팝업 관리
	회원 관리	관리자 관리 회원 관리 등급 관리
	게시판 관리	자료실 게시판 댓글
	마케팅 관리	배너 추천 검색어
	콘텐츠 관리	비속어 연관 검색어
	운영 관리	고객 상담 FAQ 관리
	통계 관리	접속 통계 매출 통계 마케팅 통계

커뮤니티는 7%의 우량 회원이 93%의 회원을 이끈다고 해도 과언이 아닙니다. 즉 주로 글을 올리고 활동을 적극적으로 하는 7%의 회원을 잘 관리하고 지속적으로 소통한다면 점차 커뮤니티는 활성화될 수 있습니다.

● 그림 6-1 페이스북 메인

커뮤니티 서비스에서 가장 중요한 것이 소통입니다. 즉 나의 글에 관심을 가지고 응원하고 지켜봐 주는 고객들이 있으므로 글을 작성하는 고객은 더욱 힘을 내고 적극적으로 글을 올립니다. 그래서 페이스북, 트위터 등의 서비스에는 고객의 평가와 좋은 게시글을 추천하는 추천 제도가 있으며, 좋은 글을 자신의 소유로 만들고 싶은 욕구에 부합되는 스크랩과 복사 기능을 두어 게시글을 다른 이들과 나눌 수 있도록 시스템화되어 있습니다.

커뮤니티 서비스 필수 고려 기능

● 댓글

● 스크랩

● 공유

● 추천

● 신고

● 회원 등급 및 권한

회원의 중심축인 충성 고객Heavy User에 대한 지속적인 설문조사 및 모니터링을 통해 고객이 원하는 목소리를 듣고 그것을 찾아내어 지속적으로 사이트를 개선한다면 커뮤니티 사이트는 활성화될 것입니다.

1-3 콘텐츠 기획 팁

콘텐츠 서비스는 게시글, 이미지, 동영상 등의 콘텐츠를 제공합니다. 보통 고객은 일정 금액을 지불하거나 특정 광고를 시청한 다음 콘텐츠를 이용합니다. 해당 서비스의 핵심은 콘텐츠에 대한 관리 기능이며 사용자에 비례하여 서버 용량이 늘어나는 터라 비용적인 부담도 고려해야 합니다. 따라서 콘텐츠에 대한 정책 정의를 통해 기간이 지난 데이터를 따로 백업하는 것에 대한 정책과 탈회 회원에 대한 데이터를 삭제하는 정책 등 서버에 대한 이해도 중요한 기획 요소 중 하나입니다.

표 6-3 콘텐츠 서비스의 주요 관리 메뉴

ADMIN	환경 설정	카테고리 관리 정책 관리
	매출 관리	통합 매출 관리 콘텐츠별 매출 관리
	디자인 관리	배너 관리 페이지 관리 팝업 관리
	회원 관리	관리자 관리 회원 관리 등급 관리
	게시판 관리	자료실 게시판 댓글
	마케팅 관리	배너 추천 검색어
	콘텐츠 관리	등록 관리 백업 관리 불량 콘텐츠 관리
	운영 관리	고객 상담 신고 관리 FAQ 관리
	통계 관리	접속 통계 검색 키워드 통계 매출 통계 마케팅 통계

콘텐츠를 제공하는 사이트는 콘텐츠 퀄리티에 대한 보장과 고객 참여를 통해 활성화됩니다. 또한 데이터에 대한 보안 정책 및 해킹에 대한 리스크 관리도 중요한 과제입니다. 자칫 외부 공격으로부터 데이터가 유실되거나 특정 콘텐츠가 저작권에 위배되는 등의 문제가 생길 수 있습니다. 따라서 콘텐츠에 대한 정책이 규정 이용 약관에 명시되지 않으면 사이트를 운영하며 고객과의 법적 소송에 휘말리는 일이 생길 수도 있습니다. 이에 콘텐츠 관련 사이트 설계 시 콘텐츠 운영 정책에 대한 부분을 매우 깊은 부분까지 세세하게 짚어 이를 이용 약관 및 운영 정책에 반영해야 고객과의 트러블을 미연에 방지할 수 있습니다.

1-4 이러닝 기획 팁

이러닝e-Learning 기획은 폭넓은 솔루션을 조합하여 모듈화한 집합체라고 할 수 있습니다. 동영상, MP3, 이미지, 문서 등의 콘텐츠를 폭넓게 소비자에게 제공할 뿐만 아니라 그것에 대한 과금 체계도 다양하여 과금제, 회원제, 시간제 등의 다양한 방법으로 결제가 이뤄지기 때문에 플랫폼 개념이 적합합니다. 이러닝은 콘텐츠에 대한 과금 체계가 핵심이므로 많은 테스트와 정책에 대한 정의가 필요합니다. 또한, 이러닝 콘텐츠 서비스에서는 해커들의 공격이나 콘텐츠 유출이 매우 심하게 일어나기에 보안도 더욱 신경 써야 합니다. 그래서 많은 이러닝 업체가 DRMDigital Rights Management 솔루션을 도입하여 디지털 자료에 대한 하드웨어적인 불법 사용을 제어하고, 지정된 이용자 및 시간을 제한하고 있습니다.

이러닝 기획은 플랫폼이 완성된 후에도 지속적으로 신기술 및 새로운 관리자의 기능이 요구되기에 끊임없이 개선하고 발전해 나가야만 업계에서 인정받을 수 있습니다. 기술력이 낙후되거나 콘텐츠의 질이 떨어지면 소비자는 금세 외면합니다. 고객에게 가장 편리한 학습 모델을 제시함은 물론 지속적인 학습 독려와 관심이 필요한 분야입니다. 이러닝 서비스의 가장 큰 단점은 학원 강의와 다르게 학습자의 의지를 잡아줄 수 있는 강제성을 띄기 어렵다는 점입니다. 그러므로 학습 환경에 대한 제공뿐만 아니라 학습자가 목표에 도달할 수 있도록 앱 등을 활용한 스마트 디바이스 케어나 전화 상담 등을 진행하는 플랫폼을 마련할 필요가 있습니다.

표 6-4 콘텐츠 서비스의 주요 관리 메뉴

ADMIN	회원 관리	고객 관리 기업 회원 관리 교수 관리 거래처 관리
	상품 관리	온라인 강의 관리 온라인 상품 관리 학원 강의 관리 교재 관리 모의고사 관리
	운영 관리	상품 신청/취소 관리 취소/환불 요청 관리 비 과금 강의 관리 CS 관리 배송 관리 독려 관리
	프로모션 관리	이벤트 관리 쿠폰 관리 포인트 관리 캐쉬 관리
	CMS 관리	콘텐츠 정보 관리 업로드 관리 콘텐츠 검수
	관리자 관리	관리자 정보 관리 관리 그룹 및 권한 관리 Admin 메뉴 관리
	정책 관리	배송 정책 강좌 수강 정책 휴면/탈퇴 정책 환불/취소 정책 기간 연장 정책 보강 정책 비 과금 정책 할인 정책 마일리지 정책 회원 레벨 정책 수익 배분 정책 독려 정책
	코드 관리	사이트 코드 관리 카테고리 코드 관리 과목 코드 관리 과정 코드 관리 유형 코드 관리 공통 코드 관리
	운영 관리	고객 상담 콘텐츠 신고 관리 FAQ 관리 게시판 관리 자료실 관리

통계 관리	접속 통계
	검색 키워드 통계
	매출 통계
	마케팅 통계

1-5 모바일(애플리케이션) 기획 팁

모바일 기획은 웹 기획과는 성격이 약간 다르다고 할 수 있습니다. 웹사이트에서는 다수의 고객이 원하는 것을 찾기 위해 메뉴를 찾고 또는 검색을 통해 접근해 나가지만 모바일 기획에서는 스마트 디바이스를 가진 한 명의 고객을 위한 하나의 서비스를 제공한다는 점에서 많은 차이를 가져옵니다. 또한 웹에서는 모니터 화면을 통해 다양한 이미지를 전달할 수 있지만 대부분의 스마트 디바이스에서는 상대적으로 좁은 공간 안에서 서비스를 제공해야 하므로 UI/UX의 차이 또한 큽니다. 모바일 기획에서 가장 중요한 개념은 '하나의 디바이스 = 하나의 서비스' 입니다. 성공한 앱들의 특징을 보면 모두 서비스 하나만 집중적으로 제공한다는 점입니다. 예로 고객은 앱스토어에서 여행 예약이라고 검색해서 나오는 수많은 앱 중에 원하는 것을 다운받고 이용합니다. 모바일이라는 한정된 공간에서 제공되는 서비스는 텍스트로 모든 메뉴를 설명할 수 없기 때문에 메뉴를 대변하는 스마트폰 아이콘 픽토그램을 통해 직간접적으로 표현하고 있으며 모바일 서비스 설계 시 이를 고려하여 제작해야 합니다. 또 모바일 디자인 트렌드를 고려해야 하는데 스큐어모피즘Skeuomorphism 방식과 플랫Flat, 플랫의 상위개념인 미니멀리즘Minimalism, 머티리얼Material 디자인 정도 알아두면 좋습니다. 각 디자인 트렌드에 맞춰 기획 방향을 반영하는 것도 좋은 방법입니다. 간략한 디자인 특징을 살펴보겠습니다.

1-5-1 스큐어모피즘

스티브 잡스의 디자인 철학이 담긴 스큐어모피즘은 그리스어인 스큐어모프Skeuomorph가 어원으로 그릇 또는 도구를 뜻하는 skeuos와 모양을 뜻하는 morphe의 합성어로 인공물을 모방하는 디자인을 말합니다. 이는 바꿔 정의하면 사용자에게 익숙하지 않은 스마트 디바이스 앱의 기능을 오랫동안 생활에서 사용해왔던 사물에서 본떠 앱의 디자인으로 응용한 것으로 사용자에게는 사물과 동일한 기능으로 이해하도록 하는 디자인 철학이 담겨 있습니다. 애플의 초창기 디자인은 이런 스큐어모프의 요소를 많이 반영하여 실제 물리적인 디자인을 본떠서 적용되었다고 할 수 있습니다.

• 그림 6-2 아이패드 시계(좌), 스위스 연방 철도(SBB) 아날로그 시계(우)

스큐어모프는 위의 예처럼 시계라는 기능을 가진 새로운 앱을 처음 이용하는 고객에게 오래되고 익숙한 인공물의 정보인 아날로그 시계 모양을 적용하여 보다 쉽게 기능에 대한 이해와 접근성을 높이도록 하는 측면에서 새로운 디자인 트렌드로 자리 잡았습니다.

1-5-2 플랫

플랫은 스큐어모피즘에서 한 단계 진화된 디자인 트렌드로 스큐어모피즘을 통해 혁신적인 디자인으로 평가되고 그 흐름을 주도해왔던 애플이 급진적으로 변화를 주고 있는 디자인 트렌드입니다. 디바이스의 해상도와 사이즈가 다양해지자 애플은 스큐어모피즘의 그래픽 요소를 유지하는데 한계를 느끼며 스큐어모피즘 디자인 패턴을 유지하면서 좀 더 평면적인 2차원 디자인으로 변화를 주었습니다. 그러나 2011년부터 이미 구글이 플레이 스토어 등의 웹사이트를 플랫 디자인으로 구축했고 MS 또한 사용자 시작 화면인 매트로 UI를 플랫 디자인으로 적용했기에 애플보다 빠르게 디자인 트렌드를 적용했다고 할 수 있습니다.

플랫 디자인은 평면적이면서 단순함을 추구하는 디자인으로 2011년 이전부터 이미 많은 웹사이트가 플랫 디자인으로 제작되고 있습니다. 플랫Flat의 사전적 의미인 평평한, 고르다의 의미처럼 깔끔한 평면적 디자인에 레이아웃, 대비, 색상, 폰트 등을 이용한 심플한 디자인을 추구하고 있습니다. 플랫 디자인 가이드를 살펴보면 심플한 아이콘, 배제된 효과, 타이포그래피,

단순한 컬러, 미니멀리즘으로 복잡하고 화려한 디자인보다 좀 더 사용자에게 인지 효과를 극대화 시킬 수 있는 절제된 디자인을 추구합니다.

* 그림 6-3 MS의 매트로 UI

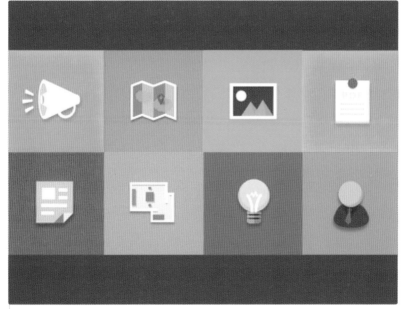

* 그림 6-4 플랫 디자인 예시

1-5-3 미니멀리즘

최소주의를 모태로 발달한 미니멀리즘은 가장 간결함을 추구하고 있습니다. 단순, 반복, 일관성이 특징이며 최소한의 구현을 통해 복잡함보다 효율성 있는 단순함으로 접근하고 있습니다. 여백을 강조한 나머지 너무 공허한 디자인을 추구하는 미니멀리즘은 단순함과 반복적인 리듬을 통해 색다른 매력을 보여 주고 있습니다. 불필요한 것이 너무 많이 표현되어 오히려 소비자에게 필요한 것을 제시 못 하는 현재 트렌드에서 미니멀리즘은 거추장스러운 표현보다 직접적이고 간결한 타이포그래피Typography와 직접적인 이미지 표현으로 고객에게 다가가고 있습니다.

● 그림 6-5 미니멀리즘 디자인 예시

1-5-4 머티리얼 디자인

구글은 2014년에 모바일 및 다양한 디바이스에 적용 가능한 머티리얼Material 디자인을 가이드라인으로 공개했습니다. 머티리얼 디자인은 중첩되는 셀로판지에 그림자 효과나 입체감을 주어 직관적인 사용자 경험을 중요시하는 디자인 트렌드입니다. 디자인 표면에서 제공되는 그림

자를 물리적인 구조로 형성하여 사용자에게 터치를 유도할 수 있도록 강조하였으며 화면 간의
구분을 선명하게 하여 각 요소별 관계를 명확하게 하였습니다.[1]

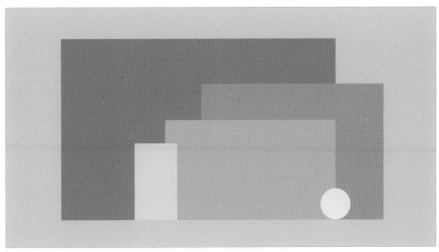

★ 그림 6-6 머티리얼 디자인 예시[2]

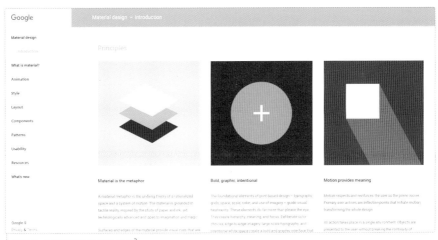

★ 그림 6-7 머티리얼 디자인 예시[3]

2 _ 좋은 기획자로 성장하기 위한 습관

2-1 관찰

기획자에게 중요한 능력으로 관찰력이 있습니다. 사진가가 뷰 파인더에 숲을 담을 때, 멀리서 숲을 바라보더라도 숲 속의 나무와 꽃, 풀과 풀벌레까지도 고려하고 관찰해야 남들과는 다른 조금 더 특별한 사진을 담아낼 수 있습니다. 이와 마찬가지로 관찰력이 좋은 기획자는 눈앞에 보이는 단편적인 내용을 넘어 주변의 미세한 정보까지도 발견하기에 문제 해결 능력이 뛰어나고 틈새시장을 잘 찾아내는 특성이 있습니다.

"북극에서 냉장고 팔고, 사막에서 난로를 파는 일이 가능할까요?" 장사꾼이나 사기꾼에게 사용하던 이 말이 오늘날에는 실현되어 북극에 냉장고를 팔고 사막에 난로를 팔고 있습니다. 흔히 북극은 매우 춥고, 사막은 매우 덥기에 말도 안 되는 이야기로 생각하겠지만, 조금 더 생각해보면 북극은 너무 추워 음식이 어는 문제가 있어서 냉장 보관 기능이 강화된 냉장고가 필요하고, 사막의 저녁은 기온이 급격히 떨어지므로 체온을 유지하려면 난로가 필요하다는 사실에 접근할 수 있습니다.

이처럼 관찰력이 좋은 사람은 다 같이 수용하는 정보 속에서도 미세한 차이를 발견하고 새로운 기회를 만들어 냅니다. 또한, 관찰력이 좋은 기획자는 문제 해결 능력이 뛰어납니다. 가령 아동 쇼핑몰을 기획한다고 했을 때 A 기획자는 잘 나가는 성인 쇼핑몰을 벤치마킹해서 유사하게 만들고, B 기획자는 아이 엄마들을 집중적으로 관찰해서 고객이 선호하는 브랜드, 잘 팔리는 상품, 구매 가격대, 구매 시간 등 몇 가지 패턴을 발견해서 기획합니다. 속도 측면에서 바라보면 A 기획자의 결과물이 훨씬 빠르고 완성도가 높을 수 있지만, 사업 목적인 수익 창출의 관점에서 바라보면 고객의 구매 패턴에 따라 기획한 B 기획자의 쇼핑몰의 성공 확률이 훨씬 높습니다. 관찰력이 좋은 기획자는 새로운 기회를 잘 찾아내고, 그것을 실현할 수 있는 획기적인 방안을 제시하기 때문에 어느 직장에서나 유능한 기획자로 인정받습니다.

이 책에서 제시하는 수많은 기획자의 능력 중 으뜸은 관찰력이라고 말할 수 있을 정도로 관찰력은 정말로 중요합니다. 다행히도 관찰력을 키우는 방법은 생각보다 어렵지 않습니다. 관찰력은 일상을 바라보는 습관에 의해 형성되므로 의도적으로 주변 상황을 다른 각도에서 바라보도록 시야를 키우고 관점을 바꿔야 합니다. 매일같이 반복되는 출퇴근길의 지하철 풍경을 바라보면 만원 지하철에 짜증 난 사람, 스마트폰에 열중하는 사람, 음악을 듣는 사람이 있습니다. 그리고 어떤 사람은 지하철 안의 사람들을 바라보며 짜증을 해소하거나 스마트폰 서비스를 만들기 위해 유심히 관찰하고 탐구합니다. 이 책을 보는 여러분은 관찰하는 사람인가요? 관찰을 당하는 사람인가요? 가장 획기적이고 인기 있는 제품은 우리 주변에서 나오는 법입니다. 끊임없는 관찰을 통해 새로운 기회를 발견하기 바랍니다.

2-2 메모

메모하는 습관이 없는 대부분의 기획자는 뛰어난 아이디어나 정보 포화 시장에서 유용한 기술을 활용하지 못하고 사장시키곤 합니다. 이제 메모하는 습관과 좀 더 효율적으로 메모하는 방법을 알고, 기억저장소를 메모로 활용하는 방법을 다루고자 합니다.

메모란 다른 사람에게 간결한 말을 전하거나 자신의 기억을 돕기 위해 짧은 글로 남기는 기술을 일컫습니다. 많은 기획자가 기억력 보조 도구이자 창조의 기술로 메모를 활용합니다. 실제로 토머스 에디슨은 메모광으로 생전에 남긴 메모가 5백만 건이라고 합니다. 천재 발명가로 불리는 에디슨은 이런 말을 남겼습니다.

> "자신이 접하는 모든 정보를 기억하라. 기록한 아이디어를 설명하기 위해 그림, 낙서, 스케치 등으로 보완하라."

에디슨은 아이디어를 설명하기 위해 그림, 낙서, 스케치를 사용하라고 합니다. 이것은 'chapter 04_ 깔끔하게 마무리 짓는 웹사이트 구축[103p]'에서 설명한 UML, 프리핸드 스케치, 스토리보드의 기술로 발전되어 프로젝트 이해 관계자에게 설명할 때 필요한 보완 기술로 발전되었습니다. 비슷한 예로 천재 화가 레오나르도 다빈치 또한 7천 건의 스케치와 메모를 남겼습니다. 이처럼 메모는 단기 기억의 한계를 보완하는 가장 유용한 기억 저장 도구입니다. 메모는 아이디어, 프로젝트, 스케줄, 드로잉 노트 등 다양한 용도로 쓰이고 있으며, 오늘날에는 아날로그 방식과 디지털 방식으로 메모를 기록합니다. 아날로그 방식으로는 키워드 메모로 가장 많이 쓰이는 포스트잇을 예로 들 수 있으며, 메모지, 노트, 냅킨 등 어떤 것이든 주변에 있는 필기가 가능한 종이면 모두 가능합니다.

메모의 내용을 바탕으로 생각을 구체화하는 방법으로는 코넬 대학교의 교육학 교수인 월터 팍Walter Pauk이 대학교 학생들의 학습 효과를 높이고자 고안한 코넬 노트가 있습니다. 코넬 필기 시스템Cornell note-taking system은 5R이라고도 하는데 ① 보고 들은 내용을 최대한 많이 기록(Record)하고, ② 핵심어로 축약(Reduce)한 다음 ③ 핵심어만 보고 내용을 외우고(Recite) ④ 내용을 읽고 아이디어를 추가해 넣는 성찰(Reflect) 단계를 거쳐 ⑤ 강조나 기호를 삽입하고 연관 내용을 엮어 도식화하는 복습(Review) 단계를 의미합니다.[4]

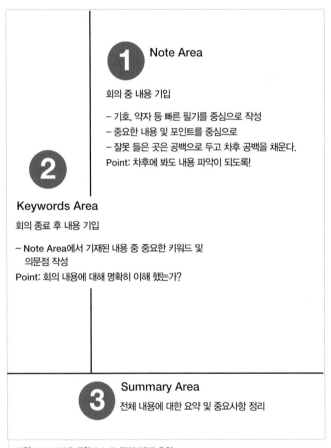

1 Note Area

회의 중 내용 기입

- 기호, 약자 등 빠른 필기를 중심으로 작성
- 중요한 내용 및 포인트를 중심으로
- 잘못 들은 곳은 공백으로 두고 차후 공백을 채운다.
Point: 차후에 봐도 내용 파악이 되도록!

2

Keywords Area

회의 종료 후 내용 기입

- Note Area에서 기재된 내용 중 중요한 키워드 및 의문점 작성
Point: 회의 내용에 대해 명확히 이해 했는가?

3 Summary Area

전체 내용에 대한 요약 및 중요사항 정리

✦ 그림 6-8 코넬 대학교 노트 정리 방법 요약

저자주

4 ─ 인용: https://ko.wikipedia.org/wiki/코넬_노트

이처럼 아날로그 방식은 생각을 정리하기 좋으며 빨리 기록할 수 있고, 감성 표현 등에 뛰어난 메모 방식입니다. 스마트 디바이스가 발전한 요즘은 Things, Google Keep, 에버노트, Mindjet Maps 등의 소프트웨어가 그 역할을 하며, 분류, 검색, 공유, 복제 등의 아날로그와는 차별화된 기능이 추가되었습니다. 그 외에도 분실하기 쉬운 메모지를 스마트 디바이스의 카메라로 촬영해 저장/관리할 수 있습니다. 예를 들어 어썸노트Awesome Note는 직접 메모하고 또는 사진 촬영해서 저장하며, 카테고리별 저장이 가능한 앱입니다. 이런 앱을 통해 메모의 활용성을 확대할 수 있습니다.

● 그림 6-9 유용한 메모 앱(에버노트 | UPAD3 | 어썸노트 | Mindjet Maps)

정보의 양이 폭주하는 오늘날, 생각을 정리하거나, 지식과 정보를 수집/저장하고 자신이 진행하고 있는 업무를 정리하여 관리하는 등 다양한 부분에 메모를 사용합니다. 특히 할 일이 많을 때는 포스트잇에 당장 할 일과 일주일간의 업무 계획을 구분하여 적어 모니터 옆에 부착한 다음 완료된 업무는 떼는 방식도 유용합니다. 더불어 디지털 디바이스를 통해 완료된 업무를 기재하여 관리하는 방법도 효율적입니다.

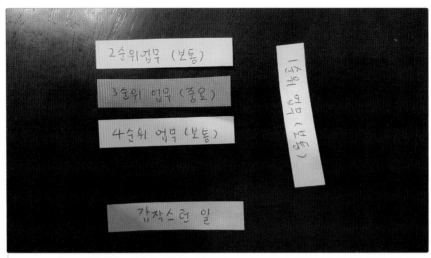

메모하는 습관은 아이디어의 원천일 뿐 아니라, 업무 정리 및 생각을 구체화해 나갈 수 있는 가장 효율적인 방법입니다. 하지만 메모는 어떤 결과나 결론을 내는 것이 아닙니다. 갑자기 떠오른 아이디어나 업무를 빠르게 정리하고 기억하는 용도로 메모를 이용하며, 메모의 내용을 바탕으로 다시 한 번 깊게 고민해서 문서를 제작하거나 업무 처리 상태를 확인합니다. 메모는 확실하지 않은 가설을 세우는 단계로 많이 활용되고 있으며, 시대가 변함에 따라 아날로그 도구인 종이와 필기도구를 통해 작성한 간략한 메모를 주간 단위로 정리하고, 완성된 업무 또는 생각은 디지털 도구인 스마트 디바이스를 통해 장기적으로 데이터를 저장해서 차후 다시 꺼내 볼 수 있도록 하는 것이 바람직합니다.

2-3 다독

모두가 바쁘기에 책을 읽을 시간이 없습니다. 하지만 하루 출퇴근 2시간을 활용하면 한 달에 3권 정도는 충분히 읽을 수 있습니다. 이렇게 습관화해서 책을 읽으면 독서 뇌가 발달하여 책을 읽을 시간도 단축할 수 있게 됩니다. 전문 서적 외에도 다양한 분야에 관심을 두고 여러 분야의 책을 보는 것이 좋으며 IT 기술 서적 외에도 개발, 전략, 리더십, 학습 방법, 마케팅, 심리학, 인문학 등 분야를 가리지 않고 책을 보며 간혹 잡지도 읽는 것이 좋습니다. 잡지는 제안서의 디자인 스타일이나 패턴을 결정할 때 참고하기 좋습니다. 잡지만큼 디자인 구조나 고객의 시각을 사로잡는 색상이나 배열을 참고하기 좋은 재료는 없습니다. 제안서는 설득력 있는 문구도 중요하지만 사람의 시각을 사로잡는 디자인 요소도 중요합니다. 아무리 상품을 잘 만들었어도 패키지 디자인에 따라 고객에게는 품질이 결정될 수도 있습니다. 따라서 기획자의 시각에서 디자인을 보는 감각도 필요합니다. 또한 월간 디자인(http://mdesign.design.co.kr/) 같은 잡지를 보며 디자인의 흐름이나 UI/UX의 변화를 파악하는 것도 기획자에게는 좋은 습관이 될 수 있습니다. 스토리보드로 화면을 설계할 때 화면 구조를 알고 접근하는 것과 모르고 접근하는 것은 엄청난 차이점이 될 수 있기에 관련 서적을 읽어 간접 경험을 쌓는 일은 중요합니다.

지금까지 기획자에게 꼭 필요한 습관을 살펴봤습니다. 하지만 기획자에게 있어 교류가 가장 중요합니다. 사람을 만나는 일 만큼 중요하고 필요한 습관은 없습니다. 대화의 폭을 넓혀 많은 이들과 소통을 통해 배움을 얻는 것도 중요합니다. 사람을 통한 경험! IT 업계는 종사자들 간의 교류가 부족한 편입니다. 그만큼 기술에 대한 보안도 중요하고 자신의 노하우가 사실 지적 재산이기에 쉽게 공유하긴 어렵습니다. 직장 내 같은 직업군끼리야 물론 업무상 교류는 하지만, IT 업계에서 사람과 사람 간의 기술 교류는 많이 약한 편입니다. 이런 시장에서의 IT 은둔 고수의 노하우는 참으로 많은 도움이 된다고 할 수 있으며, 많은 것을 가지지 못하더라도 하나의 기술도 IT 업계에선 큰 기술이 될 수 있기에 무엇보다 사람을 통한 교육도 적극적으로 추천합니다.

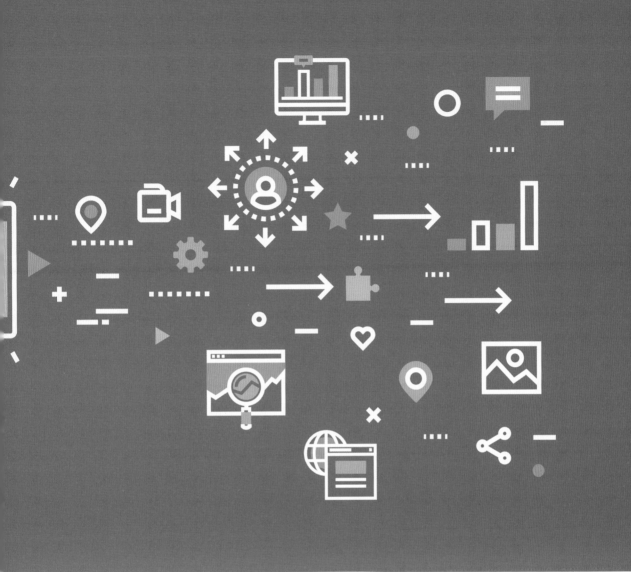

chapter 07

웹 기획자,
무엇을 배워야 할까?

1_ 웹 기획자로 성장하기 위한 기반 능력 편

웹 디자인이나 웹 개발 분야는 배울 수 있는 공교육 기관이나 사설 기관이 많지만, 웹 기획은 배울 수 있는 곳이 거의 없습니다. 다행히 최근 들어 웹 기획 강좌를 개설한 전문 학원이 가끔 눈에 띕니다. 하지만 커리큘럼을 살펴보면 '이게 정말 웹 기획 과정인가?' 싶을 정도로 기획과는 거리가 멉니다. 예를 들어 포토샵이나 엑셀, 파워포인트 사용법을 가르치는 거죠. 물론 기획을 구체화하는 데 도구가 필요하지만, 도구 사용법 자체가 웹 기획 과정으로 둔갑해 6개월씩 배울 필요는 없다고 생각합니다.

상황이 이렇다 보니 교육을 거친 주니어 웹 기획자조차도 기획자의 소양을 제대로 갖추지 못한 일이 더러 있습니다. 여기에 직무교육 프로그램이 없는 대다수의 회사[1]에서는 도제식 교육에 의존해 웹 기획을 전수(?)합니다. 일을 가르칠 사수조차 없는 곳이라면 정말 맨땅에 헤딩하고 협업자들과 직접 부딪히면서 스스로 기획 업무를 터득할 수밖에 없습니다.

• 그림 7-1 연차에 따른 기획자 인력 구조

문제는 이러한 과정에서 기획자가 습득할 수 있는 업무 스킬은 극히 제한적이라는 점입니다. 물론 당장은 어깨너머로 배운 스킬만으로도 업무가 가능합니다. 하지만 기획을 주도해야 할

저자주

1 … 아직까지 이름만 대면 알만한 대형 포털 서비스나 외국계 오픈마켓, 업계 수위를 차지하는 웹 에이전시조차도 직무교육 프로그램이 없는 경우가 허다하다.

5년 차 즈음이 되면 제한적인 스킬만으로는 기획자로서 한계를 절감할 겁니다. 그렇다 보니 초, 중, 고급 기획자들의 인력 구조는 피라미드보다 더한 호리병 구조입니다.[2]

[그림 7-1]과 같이 극단적인 인력 구조를 보이는 이유는 뭘까요? 앞에서 언급한 바와 같이 웹 기획의 체계적 교육이 드문 상황에서 도제식의 제한적이고 불확실한 교육 구조도 원인으로 볼 수 있습니다. 이번 절에서는 웹 기획자가 알아야 할 다양한 지식 전달을 통해 성장의 기반을 마련해 드립니다. 더불어 성공하는 기획자의 습관을 통해 실패하지 않는 기획자가 되는 방법을 알려드립니다.

1-1 Open Think : 생각하고 받아들일 수 있는 열린 사고

웹과 모바일을 막론하고 우리가 다루어야 할 인터넷 환경은 다른 어떤 영역보다도 빠르게 변화하고 있습니다. 이러한 빠른 변화에서는 어제의 정답이 오늘은 오답이 될 만큼 경험만으로 대처하기엔 분명 한계가 따를 수밖에 없습니다. 최근 인터넷 환경에서는 빅데이터와 함께 사물인터넷이 큰 이슈로 떠오르고 있습니다. 아마도 1~2년 내로 이들을 기반으로 한 서비스가 활성화되리라 예상하는데, 이와 같은 새로운 트렌드를 흡수하고 서비스에 반영하려면 경험뿐만 아니라 열린 사고, 즉 다양한 생각을 결합할 수 있는 마인드를 갖춰야 합니다.

열린 사고력을 갖추려면 먼저 다음 페이지의 '1-2 Knowledge : 장르를 가리지 않는 다양한 배경지식[250p]'에서 언급할 다양한 정보와 지식을 갖추고 있어야 합니다. 요즘 기획자들은 정보와 지식을 습득하는 주요 채널로 인터넷을 이용합니다. 하지만 전문가들은 인터넷 검색을 통해 얻을 수 있는 정보의 신뢰성과 타당성이 높지 않다고 지적합니다. 이는 책상에 앉아 인터넷 중심으로 정보를 습득하는 기획자의 패턴 변화가 필요하다는 말입니다. 기획자는 '내가 원하는 정보' 하나만을 찾기보다는 다양한 분야의 독서를 통해 정보의 본질을 올바르게 정리하고 찾아나가는 습관을 갖는 것이 중요합니다.

저자주

2 ⋯ 실제로 한계를 극복하지 못한 5년 차 내외 기획자의 전직, 이직 비율이 높은 편이다.

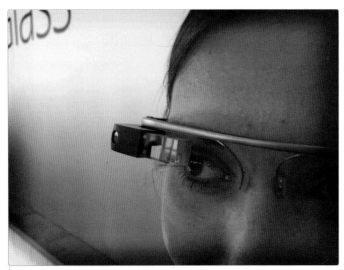

* 그림 7-2 구글이 선보인 웨어러블 디바이스[3]

또한, 인터넷상에서 얻은 정보를 무조건 신뢰하거나 단순히 인터넷 정보 찾기만 이용한다면 기획자 본인에게도 전혀 도움이 되지 않습니다. 여러 정보를 교차 비교하여 정보의 신뢰성 여부를 판단하고 가설 수립과 검증 과정을 통해 정보의 정확성을 높이는 과정은 사고력을 키울 수 있는 좋은 방법이며 이를 통해 생각하는 기획자, 새로운 가치를 만들어내는 기획자가 돼야 합니다.

1-2 Knowledge : 장르를 가리지 않는 다양한 배경지식

기획자에게 불필요한 지식은 없습니다. 혹시 '나는 웹 기획자니까 웹과 관련된 지식만 습득하면 된다'고 생각한다면 잘못된 생각입니다. 기획자라면 분야별 기술 프로세스를 이해해야 하며, 정치, 경제, 사회, 문화, 역사, 스포츠 등 다양한 분야의 지식을 습득하려는 노력을 해야 하는데, 그 이유는 바로 융합을 통한 시너지에 있습니다.

자, 정치 커뮤니티 사이트를 기획한다고 가정해봅시다. 커뮤니티 사이트를 기획하기 위한 사전 지식으로 게시판 구조와 커뮤니티 구조를 알고 있다면 기획 자체는 어렵지 않을 겁니다. 그런데 여러분의 지식 정도나 범위가 협소하다면 어떨까요? 아마 특색 없는 커뮤니티 사이트에 껍데기만 정치라 이름 붙일 겁니다. 하지만 여러분이 정치에 관심이 있고 잘 안다면 좀 달라질 겁니다. 정

저자주 . . . .

3 ⋯ 구글 글래스 출처 : http://ko.wikipedia.org/wiki/구글_글래스

당이나 공천 등의 프로세스를 도입하거나 정치라는 아이덴티티를 살려 각 클럽(정당)의 운영자의 명칭을 당 대표나 총재, 최고위원, 사무총장 같은 이름으로 사용할 수도 있습니다.

● **그림 7-3** 지식의 융합은 새로운 가치를 만들어낼 수 있습니다.

여기에 스포츠 지식을 바탕으로 커뮤니티 활동의 불량사용자에게 이용시간을 제약한다거나 옐로카드, 레드카드 제도를 운영하는 등의 다양한 분야의 지식을 더한다면 훨씬 커뮤니티를 동적으로 기획할 수도 있을 겁니다. 이러한 지식의 융합을 위해서는 응용하는 능력에 앞서 "기획자에겐 불필요한 지식은 없다"라는 전제를 가지고 직간접적인 지식을 더 많이 습득하기 위해 노력해야 합니다.

1-3 Writing : 지식과 논리를 풀어낼 수 있는 작문 능력

작문 능력은 기획 업무를 수행하는 내내 가장 많이 활용되는 능력으로 몇 번을 강조해도 부족하지 않을 만큼 기획자의 필수 능력으로 요구됩니다. 여기서 작문 능력의 정의는 어떤 주제를 줬을 때 그 주제에 대해 A4용지 한 장 분량으로 글을 써 내려 갈 수 있는 정도를 의미합니다. 흔히 글쓰기와 기획 과정은 동일하다고 이야기합니다.

실제로도 글을 쓰는 과정을 살펴보면 글의 재료가 되는 배경지식과 글을 읽는 독자의 환경이라 할 수 있는 나이나 성별, 학력, 지역, 언어 등을 고려해야 합니다. 여기에 글 작성 능력에 해당하는 기승전결 구조나 문장력과 논리력을 갖추고 있어야 하는데, 이러한 구조는 기획하는 과정과 매우 유사합니다. 글을 잘 쓰는 사람은 기획자로서의 성장 가능성이 상대적으로 높은 편이며 실력 있는 기획자는 대체로 글쓰기에 능한 편입니다.

◈ 그림 7-4 글쓰기는 기획의 중요한 기반입니다.

특히 글쓰기는 사업 기획 업무를 수행할 때 유용합니다. 잘 작성된 사업 기획서의 요소 중 하나가 바로 '기승전결에 따른 자연스러운 흐름'이라는 점에서 그 유용성은 매우 큽니다. 굳이 사업 기획을 차치하더라도 기획자로서 글을 써야 할 일이 상당히 잦은 편이라 현업 기획자라면 모두 공감할 겁니다.

이메일을 보낼 때나 스토리보드를 작성할 때 디스크립션 영역에 디자이너, 개발자가 이해하기 쉽도록 기획 내용을 정리해서 전달하고, 회의록을 작성할 때 전반적인 회의 내용을 요약하는 형태로 정리하는 등, 작문 능력은 일상적인 업무와도 연관성이 많습니다. 이러한 작문 능력을 키우려면 책을 많이 읽는 한편 직접 글을 써야 합니다.

글을 써보지 않고서는 글의 흐름이나 전개를 이해할 수 없으며 어떻게 표현해야 상대가 쉽게 이해할 수 있는지 알 수 없습니다. 또한, 직접 글을 쓰고 검토하는 과정에서 문맥에 맞지 않거나 이해가 어려운 내용을 수정하는 과정을 반복하다 보면 글쓰기가 기획 역량과 밀접하다는 것을 체감할 수 있습니다. 더불어 커뮤니케이션 능력이나 논리적인 사고 역시도 비약적으로 향상됩니다. 글을 많이 써본다는 것은 기획자에게 있어서 필수 불가결한 필요조건인 만큼 지금 이 순간부터라도 꾸준히 글을 쓰길 바랍니다.

글쓰기는 생각보다 쉽습니다. 꼭 거창한 주제가 필요하지도 않습니다. 하루에 있었던 일을 쓰며 가볍게 시작할 수 있습니다. 익숙해지면 좀 더 나가 드라마나 책을 보고 감상을 적거나 사회 문제를 고민하고 생각을 정리하는 글을 쓰는 방법도 효과적입니다. 그리고 글을 쓴 다음 될 수 있으면 타인에게 평가받는 편이 좋습니다. 블로그, 페이스북 등 타인에게 글을 공유할 공간은 많습니다. 글을 공유하면 부족한 글은 지적을 받고 설득력 있는 글은 호응을 얻을 겁니다. 이는 곧 독자와의 소통이며 글쓰기 능력을 객관적으로 평가받을 수 있는 방법입니다. 이렇게 글을 쓰고 공유하면 글쓰기 능력이 빠르게 향상되는 것을 스스로 느낄 수 있을 겁니다.

지금까지 웹 기획자로 성장하기 위한 필수 기반 능력 세 가지를 정리해봤습니다. 잊지 마십시오. 앞에서 언급한 세 가지의 기반 능력은 단시간 또는 특정 기간 내에 익히는 게 아니라 기획자로 살아가는 내내 꾸준히 병행해야 하는 일입니다. 또 어느 정도 궤도에 올라왔다고 방심하거나 등한시해서도 안 되는 일입니다. 그간 쌓아왔던 노력의 가치가 신기루와 같이 사라질 수도 있습니다.

2_ 웹 기획자의 틀을 갖추기 위한 전문지식 편

앞서, 기획자로 성장하기 위해 갖춰야 할 기반 능력을 정리해봤습니다. 이 기반 능력은 웹이나 모바일 기획자에만 해당되는 것이 아닌 온/오프라인 기획자 모두에게 요구되는 능력입니다. 온라인 환경에서 웹/모바일 기획자로 일하기 위해서는 여기에 추가로 인터넷 환경이나 구조를 이해해야 합니다. 여기서 언급하는 세 가지 지식은 IAInformation Architecture와 웹 프로세스Web Process, 데이터베이스Database입니다.

언뜻 보면 기획자가 아닌 웹 개발자가 익혀야 하는 내용으로 보일 테고, 실제로도 개발과 관계가 있는 내용입니다. 하지만 개발 영역만큼이나 기획에서도 자주 언급되는 내용이니 이 부분은 반드시 먼저 이해하고 넘어가야 합니다. 그럼 지금부터 웹 기획자의 틀을 갖추기 위한 전문지식을 하나씩 배워보도록 하겠습니다.

2-1 정보 설계를 위한 IA

1975년 리처드 솔 워먼Richard Saul Wurman은 『Information Architects』(Graphis Inc, 1997)라는 저서에 현대사회에서 일어나는 정보에 대한 폭넓은 사고를 체계화할 사람이 필요하다고 말했습니다. 이후에 『웹사이트 구축을 위한 인포메이션 아키텍처』(한빛미디어, 2003)[4]의 저자, 루이스 로젠펠드와 피터 모빌은 이를 응용해 웹 관점의 IA를 구체화했습니다.

IA는 무수히 쏟아지는 정보의 흐름에서 사용자가 정보를 손쉽게 찾을 수 있도록 수많은 정보의 흐름을 웹 환경에 맞춰 구조화하는 것으로 요약할 수 있습니다. "모든 이해의 시작은 분류에서 출발한다"는 헤이든 화이트의 말처럼 사용자나 직업, 기능이나 정책 등에 따라 이해하기 쉽게 분류하는 서비스 구축의 가장 기초 영역이라 할 수 있습니다. IA 핵심은 크게 다섯 가지 정도로 볼 수 있습니다.

1. **구조** Construction: 무형의 정보 구성 요소 하나하나를 규명하고 그것에 대한 각각의 상호작용을 정의합니다. 예를 들어 게시판에서 글쓰기 버튼을 눌러 글을 쓴 후에 확인 버튼을 누르는 순간 글이 게시판에 등록되며 동시에 게시판 글 목록에 New 아이콘이 붙어 게시판 목록의 최상단에 글이 등록되는 것과 같이 사용자의 액션

저자주

4 ⋯『Information Architecture for the World Wide Web』(O'Reilly Media). 2006년 3판까지 출간되었다.

에 따른 **연쇄작용**을 한눈에 볼 수 있도록 정의하는 것을 의미합니다. 구성에서 중요한 것은 각 메뉴의 이름을 만드는 레이블링Labeling 작업으로 고객이 페이지를 보지 않고도 서비스의 내용을 알 수 있도록 하는 직관적인 메뉴명을 규정하는 것이 중요합니다.

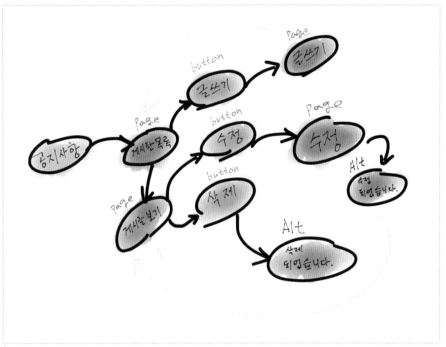

• 그림 7-5 구조의 연쇄작용

② **레이블링** Labeling: 정보를 그룹화시켜 같은 정보와 기능끼리 손쉽게 이동 또는 사용할 수 있도록 하는 것으로 UX와 밀접하게 연관되어 있습니다. 쉽게 설명해서 레이블링은 각 메뉴나 서비스의 이름을 정의하는 것으로, 전문용어나 기타 어려운 용어는 될 수 있으면 피하고, 실제 서비스의 사용자 언어를 파악하여 반영해야 합니다. 올바른 레이블링은 '일관성'이 뒷받침되어야 하는데, 예를 들어 똑같이 글을 쓰는 기능의 버튼이 게시판마다 '글쓰기', 'Write' 등 제각각으로 정의되어 있다면, 일관성에 맞지 않는 레이블링이라 할 수 있습니다.

③ **내비게이션** Navigation: 하이퍼링크 기반의 사용자가 알아보기 쉽게 명확하게 네이밍Naming을 부여하고 이동 흐름을 한눈에 알 수 있도록 규정합니다. 즉 "현재 여기는 어디인가?", "어디로 갈 수 있는가?", "어떤 방법으로 갈 수 있는가?", "예전에 갔던 곳을 어떻게 돌아가는가?" 등의 목적 중심적이고 행동 지향적인 모든 요소를 내비게이션으로 정의할 수 있으며 레이블링 요소와 결합해 사용자가 이해하기 쉬워야 합니다. 이런 내비게이션의 구현은 3단계로 구별되며 1단계(혹은 1 Depth)는 단계별 이동의 흐름이 정보의 성격을 부여하는 광의의 범위입니다. 2단계(혹은 2 Depth)는 기능의 범위와 의미를 상징하며 3단계(혹은 3 Depth)는 상세 기능을 설명합니다.

4 **콘텐츠 설계** Contents Design: 콘텐츠 설계는 콘텐츠의 배치를 의미하며, 넓은 의미에서 각각의 웹 페이지가 하나의 정보라고 본다면, 이들 정보를 어떻게 배치하는가도 IA의 중요한 요소입니다. 콘텐츠의 설계는 사용성 Usability과도 상당한 연관성이 있는데 "사람의 시선은 왼쪽 상단에서 오른쪽 하단으로 이동한다"와 같이 배치의 시각화에 중점을 주고 있는 사용성 방법론과 더불어 목적성을 기반으로 한 배치가 잘 녹아 들어야 합니다. 콘텐츠의 배치는 시각적 배치와 함께 반드시 목적에 따라 이루어져야 하며 목적성이 불분명하거나 사용성이 적은 콘텐츠는 과감히 삭제하고 콘텐츠와 콘텐츠의 배치는 사전 정의된 성격에 부합해야 하는 등의 규칙이 있습니다.

5 **검색** Search: 검색은 IA를 구성하는 중요한 요소입니다. 대부분 사용자는 내비게이션과 레이블링으로 사이트를 살펴보는데 이를 통해 정보를 찾을 수 없을 때야 비로소 검색을 이용합니다. 그만큼 구조나 레이블링, 내비게이션 구조가 탄탄해야 한다는 말입니다. 어떻게 보면 서비스 내에서 검색이 활발하다는 말은 1차 브라우징이 만족스럽지 못하다는 의미입니다. 따라서 검색을 이용하는 사용자들에게 찾고자 하는 정보를 정확히 찾을 수 있도록 키워드 검색 서비스를 제공하거나 시각적 이미지를 제공해서 검색에 따른 사용자의 만족도를 높여야 합니다. 사용자는 크게 네 가지 기준에 따라 검색을 이용합니다. 크게 '무엇을 찾을지에 대한 구체적인 계획이 수립된 검색', '목적 없는 우연한 검색', '정보의 존재 여부와 상관없이 내가 찾고자 하는 정보가 있느냐 없느냐를 판단하는 가능성 검색', '포괄적인 단어 선정에 따른 검색'으로 나뉩니다. 검색을 이용하는 사용자들의 특성을 파악하여 정보를 정확하게 연결해주는 장치를 마련해야 합니다.

no	Menu Division	1 Depth	2 Depth	3 Depth	4 Depth	기획 작업 SB No.	디자인 작업	코딩 작업	개발 작업	개발 point	스토리 보드 완성	담당자 팀장	코딩 URL	접근성 체크	개발 URL
1	내강의실					SB_F_23									
2		강의실				SB_F_24									
3			수강확인강의			SB_F_25	○	○			1.4	2014.09.23	홍길동	http://nasdfjlajsdflajslf.com (예시)	○	http://nasdfjlajsdflajslf.com (예시)
4			수강대기강의			SB_F_26	○	○	○	○	2	2014.09.23	홍길동	http://nasdfjlajsdflajslf.com (예시)	○	http://nasdfjlajsdflajslf.com (예시)
5			유료회원			SB_F_27	○	○	○	○	12	2014.09.23	홍길동	http://nasdfjlajsdflajslf.com (예시)	○	http://nasdfjlajsdflajslf.com (예시)
6			수강내역			SB_F_28	○	○	○		3	2014.09.23	홍길동	http://nasdfjlajsdflajslf.com (예시)	○	http://nasdfjlajsdflajslf.com (예시)
7			학습관리			SB_F_29	○	○	○		0.7	2014.09.23	홍길동	http://nasdfjlajsdflajslf.com (예시)	○	http://nasdfjlajsdflajslf.com (예시)
8			모의고사			SB_F_30	○	○	○		6	2014.09.23	홍길동	http://nasdfjlajsdflajslf.com (예시)	○	http://nasdfjlajsdflajslf.com (예시)
9		구매내역				SB_F_31	○	○			1.4	2014.09.23	홍길동	http://nasdfjlajsdflajslf.com (예시)	○	http://nasdfjlajsdflajslf.com (예시)
10			주문내역			SB_F_32	○	○	○	○	2	2014.09.23	홍길동	http://nasdfjlajsdflajslf.com (예시)	○	http://nasdfjlajsdflajslf.com (예시)
11			장바구니			SB_F_33	○	○	○		12	2014.09.23	홍길동	http://nasdfjlajsdflajslf.com (예시)	○	http://nasdfjlajsdflajslf.com (예시)
12				상세정보입력(배송)		SB_F_34	○	○			3	2014.09.23	홍길동	http://nasdfjlajsdflajslf.com (예시)	○	http://nasdfjlajsdflajslf.com (예시)
13					결제완료	SB_F_35	○	○	○		0.7	2014.09.23	홍길동	http://nasdfjlajsdflajslf.com (예시)	○	http://nasdfjlajsdflajslf.com (예시)
14			배송현황			SB_F_36	○	○			6	2014.09.23	홍길동	http://nasdfjlajsdflajslf.com (예시)	○	http://nasdfjlajsdflajslf.com (예시)
15			취소/교환/환불내역			SB_F_37	○	○			1.4	2014.09.23	홍길동	http://nasdfjlajsdflajslf.com (예시)	○	http://nasdfjlajsdflajslf.com (예시)
16		쿠폰				SB_F_38	○	○	○	○	2	2014.09.23	홍길동	http://nasdfjlajsdflajslf.com (예시)	○	http://nasdfjlajsdflajslf.com (예시)
17			할인쿠폰			SB_F_39	○	○	○		12	2014.09.23	홍길동	http://nasdfjlajsdflajslf.com (예시)	○	http://nasdfjlajsdflajslf.com (예시)
18			이벤트쿠폰			SB_F_40	○	○			3	2014.09.23	홍길동	http://nasdfjlajsdflajslf.com (예시)	○	http://nasdfjlajsdflajslf.com (예시)
19			유료회강쿠폰			SB_F_41	○	○			0.7	2014.09.23	홍길동	http://nasdfjlajsdflajslf.com (예시)	○	http://nasdfjlajsdflajslf.com (예시)
20		포인트				SB_F_42	○	○			6	2014.09.23	홍길동	http://nasdfjlajsdflajslf.com (예시)	○	http://nasdfjlajsdflajslf.com (예시)
21		복지				SB_F_43	○	○			1.4	2014.09.23	홍길동	http://nasdfjlajsdflajslf.com (예시)	○	http://nasdfjlajsdflajslf.com (예시)
22			받은 복지함			SB_F_44	○	○	○	○	2	2014.09.23	홍길동	http://nasdfjlajsdflajslf.com (예시)	○	http://nasdfjlajsdflajslf.com (예시)
23			수신거부 목록			SB_F_45	○	○	○	○	12	2014.09.23	홍길동	http://nasdfjlajsdflajslf.com (예시)	○	http://nasdfjlajsdflajslf.com (예시)
24		개인정보관리				SB_F_46	○	○			3	2014.09.23	홍길동	http://nasdfjlajsdflajslf.com (예시)	○	http://nasdfjlajsdflajslf.com (예시)
25			개인정보 수정			SB_F_47	○	○			0.7	2014.09.23	홍길동	http://nasdfjlajsdflajslf.com (예시)	○	http://nasdfjlajsdflajslf.com (예시)
26			비밀번호 수정			SB_F_48	○	○			6	2014.09.23	홍길동	http://nasdfjlajsdflajslf.com (예시)	○	http://nasdfjlajsdflajslf.com (예시)
27			회원탈퇴			SB_F_49	○	○			1.4	2014.09.23	홍길동	http://nasdfjlajsdflajslf.com (예시)	○	http://nasdfjlajsdflajslf.com (예시)
28	강좌신청					SB_F_50	○	○	○		2	2014.09.23	홍길동	http://nasdfjlajsdflajslf.com (예시)	○	http://nasdfjlajsdflajslf.com (예시)
29		학습강좌				SB_F_51	○	○	○	○	12	2014.09.23	홍길동	http://nasdfjlajsdflajslf.com (예시)	○	http://nasdfjlajsdflajslf.com (예시)
30			단과반			SB_F_52	○	○			3	2014.09.23	홍길동	http://nasdfjlajsdflajslf.com (예시)	○	http://nasdfjlajsdflajslf.com (예시)
31			패키지			SB_F_53	○	○			0.7	2014.09.23	홍길동	http://nasdfjlajsdflajslf.com (예시)	○	http://nasdfjlajsdflajslf.com (예시)
32			종합반			SB_F_54	○	○			6	2014.09.23	홍길동	http://nasdfjlajsdflajslf.com (예시)	○	http://nasdfjlajsdflajslf.com (예시)

● 그림 7-6 IA 예시

이런 IA의 핵심적 요소는 보통 서비스나 제품의 밑그림 구성 단계부터 최종 단계의 테스트 및 업무수행 결과에 따른 분석까지 적용되어야 합니다. 웹에서의 IA 적용은 글로벌 내비게이션Global Navigation 구조와 함께 로컬 내비게이션Local Navigation의 큰 흐름을 잡는 것부터 시작됩니다. 또 작게는 웹상에서 이뤄지는 고객의 행동 및 콘텐츠에 따른 분류까지 IA의 핵심 요소를 적용함으로써 처음 접한 사용자에게 손쉬운 정보 흐름을 위한 나침반을 제공하는 것이라 할 수 있습니다.

IA는 고객의 습관과 행동 패턴에 따른 상식적인 체계, 즉 방향표지판과 같이 데이터를 정보Infor-mation로 변형시켜 조직화, 구조화, 시각화, 표현매체로 현실화시키는 과정입니다.

YES24 동영상 다운로드 서비스

1. 영화채널	2. 방송채널	3. 마이페이지
1.1 전체보기	2.1 드라마	3.1 마이페이지 메인
1.1.1 각 장르별 구분	2.1.1 방송중인 프로그램	3.2 내가 구매한 동영상
1.1.2 업데이트/인기/평점/가나다 순 정렬 구분	2.1.2 종영된 프로그램	3.3 내 동영상 교환권
1.3 한국영화	2.3 스포츠	3.4 나의 스탬프
1.3.1 각 장르별 구분	2.4 공연	3.5 동영상 카트
1.3.2 업데이트/인기/평점/가나다 순 정렬 구분		
1.4 외국영화		
1.4.1 각 장르별 구분		
1.4.2 업데이트/인기/평점/가나다 순 정렬 구분		
1.5 성인영화 (+19)		
1.5.1 전체보기		
1.5.2 한국성인		
1.5.3 해외성인		

· 그림 7-7 IA 레이블링 설계서

또한, 머릿속에 있는 무형의 경험을 고객 관점으로 전환하여 고객 중심의 UX 기초 데이터를 만들어가는 과정입니다. 이를 위해서는 정보 체계를 가설로 세우고 고객의 입장에서 검증하여 사이트의 전략이나 목적에 맞게 완성도를 높여야 합니다. 웹사이트 기획과 개발의 중간 단계로도 설명할 수 있습니다. 프로젝트 작업의 범위를 가시적으로 알 수 있는 IA는 각 개발방법론에 따라 사용 용도가 다르지만 프로젝트의 전체 수행 범위를 가장 효율적으로 빠르게 규명할 수 있는 단계라 할 수 있는데, 다만 고객의 입장과 사이트의 목적 간에 적절한 균형이 맞아야 합니다.

간혹 둘의 균형이 맞지 않아 고객의 요구가 사이트의 목적에 맞지 않거나 그 반대로 사이트의 목적만 고려하다가 고객의 요구를 무시하는 경우가 발생하기도 합니다. 이때는 가급적 사이트의 목적을 명확히 하고 맞춰가는 게 바람직하며 고객에게 목적 지향적인 사이트 설계를 통해 얻어지는 긍정적인 요소에 대해 충분히 전달해야 합니다. 이러한 내용을 종합했을 때 IA는 사용자(클라이언트)의 니즈를 이해하는 것을 시작으로 정보를 분류하고 구조, 내비게이션, 레이블링, 검색, 콘텐츠 디자인을 하는 것을 의미하며 궁극적으로 사용자User의 고민을 최소화하는 작업이라 정의할 수 있습니다.

2-2 YES?! NO?! 경우의 수로 대표되는 플로차트

우리가 일상에서 하루에도 수십 번씩 겪는 일이 바로 어떤 결정에 앞선 '선택'과 그에 따른 인과관계입니다. 아침에 일어나서 무엇을 먹을지, 무엇을 타고 출근할지, 또 어떤 업무를 우선순위에 놓고 일할지 등 다양한 선택의 기로에 놓이며 하나를 선택할 때마다 그에 따르는 결과가 발생합니다.

우리가 웹사이트를 설계하는 과정에서 다루는 플로차트Flowchart, 순서도는 앞서 설명한 선택의 과정을 도형으로 표현합니다. 즉 플로차트는 명령의 순서를 간략하게 보여 주는 알고리즘이며, 서비스의 시작부터 종료까지 발생할 수 있는 다양한 경우의 수가 고려된 일련의 과정입니다.

A라는 선택에 경우의 수가 세 가지일 때, 무엇을 택하든 선택에 따라 또 다른 경우의 수가 발생합니다. 이런 상황을 일목요연하게 정리해서 예측하지 못한 상황의 발생을 최소화하고 서비스 전반의 흐름을 파악하고자 하는 목적으로 플로차트를 구성합니다. 이 프로세스를 구성하는 데 있어 가장 먼저 고려해야 하는 사항은 바로 "모든 경우의 수를 다 고려했는가?"입니다.

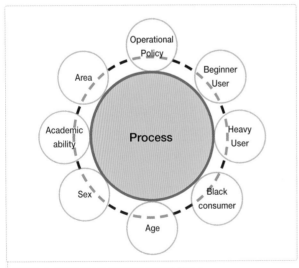

• 그림 7-8 웹 프로세스의 다양하게 고려해야 할 요소

서비스를 하나 구성한다면 그 서비스에 접근하는 사람들의 성향에 따라 혹은 회사에서 규정한 정책에 따라 정해진 결과로 사용자들을 유도해야 합니다. 또한, 예상 결과에서 벗어날 소지가 있는 사용자의 동선을 고려하고 정책의 맹점을 악용하려는 사용자 또한 프로세스 내에 끌어들여야 하는데, 이런 다양한 경우의 수를 고려하면 자연스레 복잡한 형태의 플로차트가 만들어질 수밖에 없습니다.

플로차트에 경우의 수가 많다는 말은 긍정적으로 보면 그만큼 서비스에 대해 고민했다는 의미지만, 경우의 수가 많으면 개발 일정이 지체되거나 정책적으로 꼬이는 현상이 발생하는 등 다른 문제가 생깁니다. 이런 문제를 해결하려면 복잡한 플로차트를 단순화하고 분산시킬 방법을 고민해야 합니다. 그럼 어떻게 해야 간단명료한 플로차트를 만들 수 있을까요?

프로세스의 2단계 정의

STEP. 01
서비스를 만들기 위해서는 완벽성을 기한 프로세스를 구성해야 한다.

STEP. 02
복잡한 프로세스를 줄이고 분산시킬 수 있는가에 대해 고민해야 한다.

· 그림 7-9 프로세스의 2단계 정의

정답은 생각보다 쉽습니다. 프로세스상에서 발생할 수 있는 경우의 수 중 꼭 필요하지 않은 내용을 과감히 정리해야 합니다. 또는 사용자가 별다른 고민 없이 사용할 수 있는 직관적인 환경을 제공해야 합니다. 이렇게 프로세스 간소화에 따른 직관적인 환경이 완성되었을 때 얻을 수 있는 효과는 크게 사용자 관점과 개발/운영적인 관점에서 확인할 수 있습니다.[5]

저자주
5 먼저 모든 경우의 수를 고려한 프로세스를 설계한 후 분산과 간소화를 적용해야 한다.

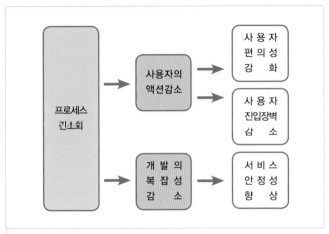

• 그림 7-10 프로세스 간소화에 따른 이점

[그림 7-10]과 같이 프로세스의 간소화가 이뤄지면 사용자는 불필요한 클릭이나 터치 등의 단계를 줄일 수 있으며 이는 궁극적으로 사용자의 편의성 강화와 더불어 사용자의 진입장벽이 감소하는 효과를 얻을 수 있습니다. 사용자의 액션이 감소한다는 것은 쉽게 말해 클릭과 입력의 횟수를 줄여 기존 사용자의 편의성 도모와 신규유입 사용자의 진입을 쉽게 만드는 것을 의미합니다.

뿐만 아니라 개발/운영적 관점에서 봤을 때 개발의 복잡성이 감소됨으로 인해, 서비스의 안정성 향상, 즉 불필요한 프로세스로 인한 개발 기간이 늘어나거나 개발 이후 테스트 과정이 복잡해지는 것을 줄이는 간접 효과를 얻을 수 있습니다. 이런 내용은 [그림 7-11]의 회원가입 정보 입력 폼 예시를 통해서도 잘 확인하실 수 있습니다.

2-2-1 회원가입 폼으로 살펴보는 프로세스 간소화의 효과

[그림 7-11]을 봅시다. 흔한 회원가입 정보 입력 폼(좌)과 최근 SNS 등을 통해 확산되고 있는 간소화한 정보 입력 폼(우)이 나란히 있습니다. 이 두 폼을 비교해보면 차이가 꽤 있는 것을 확인할 수 있는데 좌측의 입력 폼을 중심으로 하나씩 살펴보겠습니다.

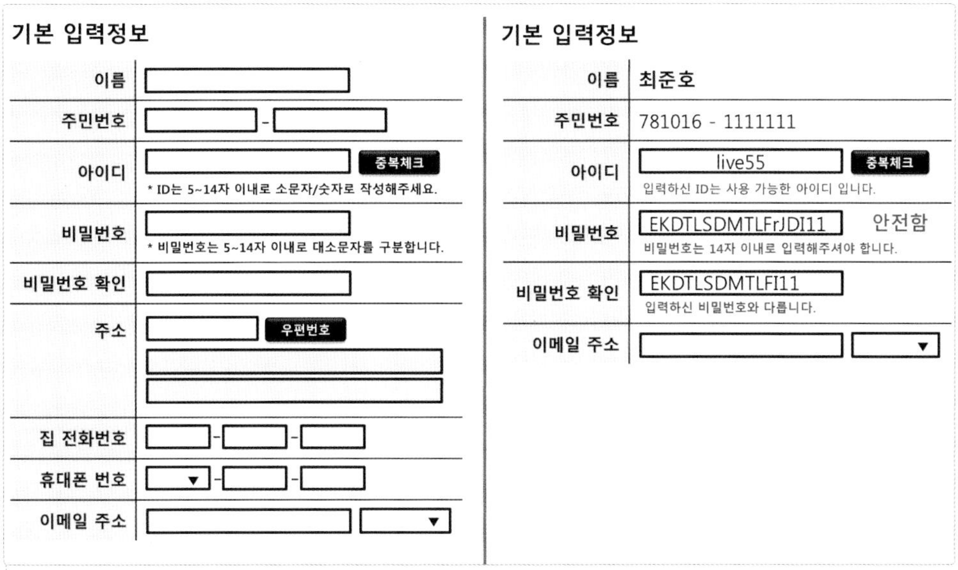

● 그림 7-11 일반 회원가입 정보 입력 폼(좌), 간소화한 회원가입 정보 입력 폼(우) 예시

먼저 아이디 영역을 비교해보면 좌측은 아이디 입력 필드에 아이디를 입력하고 중복체크 버튼을 누릅니다. 그러면 보통 팝업 페이지가 뜹니다. 팝업 페이지에서 아이디 사용 여부를 알 수 있고 중복된 아이디라면 다른 아이디를 입력하고 다시 중복체크를 해야 합니다. 이렇게 보면 모르겠지만 우측의 간소화된 회원가입 폼은 보통 웹 2.0 기반 기술인 Ajax를 제한적으로 사용합니다. 이를 통해 새로운 팝업이 뜨거나 페이지가 새로 고침 되는 일 없이 현재의 페이지 내에서 해당 아이디의 사용 가능 여부를 확인할 수 있습니다.

Plus

이건 무엇에 쓰는 물건인고? Ajax는 뭘까?

기존의 웹 페이지는 브라우저에서 입력 폼을 채우고 이를 웹 서버로 제출하면 새로운 웹 페이지를 작성하고 응답으로 되돌려줍니다. 이때 최초에 입력 폼이 있던 페이지와 사용자가 결과물로 되돌려 받은 페이지는 입력된 정보를 제외하면 동일한 입력 폼을 가지고 있습니다. 결과적으로 중복되는 HTML을 다시 한 번 전송받음으로써 대역폭을 낭비하게 되며, 사용자와 상호작용하는 서비스를 만들기 어렵습니다.

반면에 Ajax는 필요한 데이터만을 웹 서버에 요청해서 받은 후 클라이언트에서 데이터를 처리할 수 있습니다. 웹 서버의 응답을 처리하기 위해 클라이언트 쪽에서는 자바스크립트를 쓰는데 웹 서버에서 전적으로 처리되던 데이터 처리의 일부분이 클라이언트 쪽에서 처리되므로, 브라우저와 서버 사이에 교환되는 데이터양과 웹 서버의 데이터 처리량도 줄어들기 때문에 애플리케이션의 응답성이 좋아지며 전체 웹 서버 처리량도 줄어듭니다.

Ajax를 사용하면 고객에게 브라우저의 팝업 차단으로 인해 중요한 메시지를 전달 못 하는 일이 없고, 현재의 페이지에서 대화형 메시지로 보여줌으로써, 사용자로 하여금 추가적인 액션을 요청하지 않습니다. 또한, 팝업 페이지가 생략되어 작업량이 감소합니다.

비밀번호 입력 영역도 아이디 영역과 같습니다. Ajax를 사용하면 비밀번호 오류에 따른 경고창Alert이 대화형 메시지로 출력됨으로 비밀번호 입력이 오류일 때 사용자가 오류 메시지의 경고창을 닫거나 마우스로 해당 창을 닫고 재입력 해야 하는 번거로움을 줄일 수 있게 됩니다.

다른 관점에서 보자면, 국내 웹사이트는 대부분 가입자의 주소정보가 필요 없습니다. 하지만 대부분 거의 필수사항으로 주소를 입력받는데, 명목상의 이유는 이벤트 당첨 시 경품 발송과 사용자 대상 분석입니다. 하지만 사실 이 두 가지 모두 현실과는 다소 동떨어진 이유입니다. 이 제부터 무엇이 현실과 동떨어졌는지 설명하겠습니다.

첫 번째 이유 : 이벤트 경품 발송 때문이라고?

회원가입으로 돌아가 봅시다. 이벤트 경품 발송을 목적으로 회원가입 시 주소를 받는다면 데이터를 입력받는 순간 그 주소는 이미 지난 정보입니다. 물론 가입하고 바로 다음 날 이사를 하는 일은 드물 겁니다. 하지만, 쇼핑몰 같은 특정 서비스를 제외하면 회원가입 후 주소를 업데이트 할 사용자는 몇 없을 겁니다. 이 주소로 경품을 발송할 수 있을까요? 어떤 사용자는 배송 받겠지만 어떤 사용자는 주소가 바뀌어 반송되겠지요. 가치가 떨어진 정보로 인해 오히려 경품 발송 프로세스의 장애 요소를 덧붙이는 꼴이 됩니다.

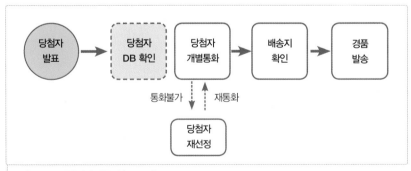

* 그림 7-12 일반적인 경품 발송 프로세스

[그림 7-12]의 프로세스를 보면 이벤트 당첨자 선정 후 당첨자 회원 DB를 모아 운영자가 전화나 이메일 등으로 주소와 연락처를 확인하는 과정을 거쳐 경품을 발송합니다. 이 과정은

운영자의 업무가 늘어나며 직접 전화로 확인했어도 상품이 반송될 여지가 있습니다. 따라서 상품 반송 후 추가적인 업무와 더불어 고객 불만 요소로 확장될 수 있습니다.

이렇게 우리가 별것 아니라고 생각하고 관습적[6]으로 받았던 주소로 인해 회원가입을 목적으로 접근하는 사용자들에게 진입장벽을 높일 수 있는 정보를 받는 것은 가급적 지양해야 합니다. 굳이 이벤트 경품 발송을 위해 사용자의 주소를 받아야 한다면 다음과 같은 프로세스에 따라 고객에게 직접 주소와 연락처 정보를 받는 것이 사용자의 만족감과 업무의 효율이란 두 마리 토끼를 모두 잡을 수 있는 방법입니다.

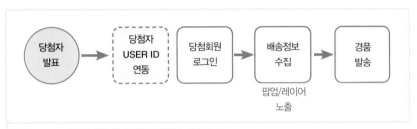

• **그림 7-13** 프로세스 간소화에 따른 경품 발송 프로세스

[그림 7-13]의 프로세스는 사용자 스스로 배송정보를 입력하는 프로세스로 당첨된 사용자의 ID를 연동하여 사용자가 사이트 로그인 시 일정 기간 자동으로 팝업이나 레이어 팝업을 노출합니다. 노출된 페이지에서 이벤트 당첨 사실 고지와 함께 배송받을 주소와 연락처 정보를 받은 후 경품을 배송하는 형태로 프로세스를 변경한다면 주소 오기에 따른 반송처리가 상대적으로 줄어들 수 있으며, 또한 당첨자 개개인에게 일일이 전화를 거는 부가 업무도 줄어드는 효과를 얻을 수 있습니다.

두 번째 이유 : 사용자 대상 분석을 한다고?

회원가입 시 입력하는 주소, 연락처, 이메일 등의 다양한 정보를 분석하면 마케팅에 활용할 수 있습니다. 예를 들어 회원의 지역별 거주지 분포도 같은 단순한 정보부터 지역적 분포도에 성별과 연령대 정보를 결합한 분포도, 성별, 연령대별, 통신사별 분포도와 같은 입체적인 정보를 도출할 수 있습니다.

저자주

6 ┄ 상당수의 웹 기획자는 '기존의 경험'에 따라 정보의 활용범위를 고민하지 않은 채 주소를 입력받는 비율이 전체 응답자 중 75%에 달한다. 5년 차 이내의 웹 기획자 150명 대상 자체 설문조사 결과(2013.11)

하지만 실제 이러한 데이터 분석을 하는 곳이 과연 얼마나 있을까요? 데이터를 분석한 결과가 웹사이트 운영에 중요한 지표가 된다는 사실은 맞습니다. 이걸 부정하는 건 아닙니다. 하지만 분석을 하지도 않으면서 데이터를 받는 것은 의미나 효과도 없을 뿐만 아니라 언젠가는 활용하겠다는 생각으로 쌓아놓은 데이터는 빈번한 해킹사고가 발생하는 요즘에 오히려 독으로 작용할 수 있습니다.

따라서 서비스 운영에 실제 활용하지 않는다면 불필요한 데이터는 과감히 받지 않는 결단이 필요하며 이러한 작은 변화를 시작으로 과거 웹 1.0 시절의 개념이라 할 수 있는 '정보수집'에 대한 강박관념을 버리고 사용자의 의지나 자율에 따른 정보의 취득으로 전환할 수 있는 기반을 다져야 합니다.[7]

> **지나가는 생각**
>
> **잠깐, 쇼핑몰은 주소가 필요하잖아?**
>
> 그렇죠. 쇼핑몰은 상품의 정확한 배송을 위해 주소와 연락처가 꼭 필요합니다. 또한, 쇼핑몰에 가입하는 사용자들 역시도 배송을 받아야 하니 비교적 정확히 정보를 입력하는 편입니다. 하지만, 쇼핑몰 가입 시에 꼭 주소나 연락처를 입력해야 할까요? 회원가입 시가 아니더라도 쇼핑몰에는 주소를 입력받을 수 있는 곳이 하나 더 있습니다. 바로 '상품 주문단계'가 그것인데, 아마존(http://www.amazon.com/)이 이 단계에서 사용자의 주소 정보를 입력받습니다. 물건을 배송받기를 원하는 사용자는 정확한 정보를 입력하고, 입력받은 정보를 사용자의 DB에 자동으로 저장하는 프로세스를 구성한다면 굳이 가입 폼에서 주소나 연락처 등록으로 인한 진입장벽은 조금은 낮아지지 않을까요?

2-2-2 플로차트의 종류와 구성 방법은?

지금까지 웹에서 사용되는 플로차트에 대한 개념을 간단히 정리해봤는데, 그럼 현업에서 사용되는 플로차트의 종류와 함께 구성 방법도 한번 살펴보겠습니다. 웹 기획자가 다루게 될 플로차트는 크게 개략적인 플로차트Outline Flowchart와 상세한 플로차트Particulars Flowchart로 구분됩니다. 개략적인 플로차트는 데이터의 흐름을 중심으로 작성하는데 다음은 회원가입 서비스를 개략적인 플로차트로 정리한 그림입니다.

저자주

7 ··· 기획자로서는 당연히 데이터를 받아 분석해 더 나은 서비스를 제공하는 게 맞다. 하지만 현실은...

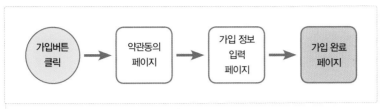

● **그림 7-14** 회원가입의 개략적인 플로차트 예시

　　[그림 7-14] 예시와 같이 개략적인 플로차트는 논리적인 경우의 수는 따지지 않으며 보통 IA의 내비게이션 설계 단계와 맞물려 정리합니다. 이를 통해 작업해야 할 전체 페이지의 양을 가늠할 수도 있고 여기서 정리된 플로차트를 세분화하여 상세한 플로차트를 구성합니다. 반면 상세한 플로차트는 [그림 7-15] 예시와 같이 처리 단위를 하나하나 상세하게 작성하는데 사용자의 액션에 따른 이동 과정을 순서대로 정리해야 합니다. 이를 통해 정리된 내용은 개발 과정에 그대로 들어갈 수 있도록 상세하게 정리한 플로차트며 서비스 개발 시 혹은 서비스 디버깅 과정에서 최종 검토 자료로 활용합니다.

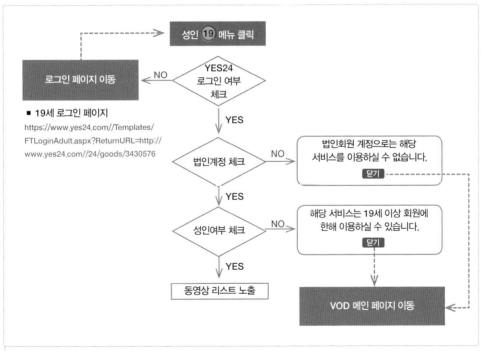

● **그림 7-15** 미성년자의 성인 서비스 클릭에 따른 프로세스 예시

지금까지 몇몇 예시를 통해 플로차트를 정리해봤습니다. 웹사이트 구축을 위해 꼭 갖춰져야 할 내용으로 국제 표준화 기구(ISO)의 정의에 따라 사용되는 다섯 가지의 규칙과 기본 기호, 프로그래밍 기호, 시스템 기호 등 30개의 기호가 존재합니다.[8] ISO 규정에 따라 플로차트를 구성해야겠지만, 이 규정을 적용하기 어렵다면 한 가지 기본 정의만으로도 플로차트를 쉽게 구성할 수 있습니다. 바로 YES냐, NO냐에 따른 논리적인 구현이 그것입니다. 플로차트, 특히 기획자가 다루는 상세한 플로차트는 사용자의 액션, 즉 마우스 클릭이나 터치에 따라 그다음 단계에서 어떤 결과를 보여줘야 하는가를 정의하는 작업입니다. 이는 순서도 자체의 전문적 지식보다는 논리적인 표현이 더 중요하다는 것을 의미합니다. 즉 "어떤 상황에 닥쳤을 때 어떻게 해결할 것인가?"만 순서도에 적절히 표기해준다면 웹 기획 경험이 부족한 초급 기획자라도 어렵지 않게 플로차트를 구성할 수 있다는 점, 꼭 기억하길 바랍니다.

2-3 효율적 정보의 수집과 활용을 위해 알아야 할 데이터베이스

데이터베이스Database를 줄여 DB라 합니다. 데이터베이스는 말 그대로 데이터의 집합체라고 할 수 있습니다. 데이터베이스의 정의를 잘 모를 뿐 이미 여러분은 데이터베이스를 이루는 다양한 데이터를 매일같이 접하고 있습니다. 데이터베이스는 게시판에 올라간 글이나 각 회원의 정보, 혹은 상품의 정보나 구매정보, 은행 입출금 정보 등, 사용자가 입력하거나 혹은 액션에 따라 수집되는 모든 정보를 구조화함으로써 검색과 갱신의 효율화를 꾀한 것입니다. 또 몇 개의 자료 파일을 조직적으로 통합하여 자료 항목의 중복을 없애고 자료를 구조화하여 기억시켜놓은 자료의 모음 정도로 정의할 수 있겠습니다. 이를 도식화하면 [그림 7-16]과 같습니다.

저자주

8 ⋯ 부록의 웹 기획 관련 용어에서 자세히 설명한다.

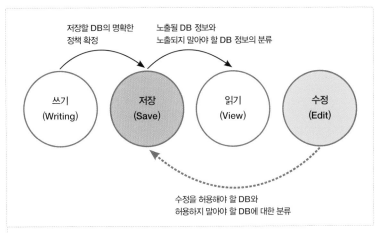

• 그림 7-16 데이터베이스 수집과 활용 단계

　　데이터를 수집하고 활용되는 과정을 도식화하면 쓰기, 저장, 읽기, 수정의 4단계 구조로 정리되며 각 단계별로 고민해야 할 기획자의 역할이 정의되어 있습니다.

　　먼저 수집(쓰기), 저장 단계에서는 '무엇을 저장할 것'이고, '어떻게 저장할 것'인가와 같은 수집 범위를 정의해야 합니다. 저장된 데이터를 활용하는 단계에서는 '노출의 범위'와 '노출의 형태'를 고려해야 합니다. 데이터를 수정한다면 '수정의 허용 여부'나 '수정되었을 때 사용자에게 수정 여부를 어떻게 전달할 것'인가도 고민해야 합니다. 이렇게 데이터베이스의 개념을 살펴보고 있자면 이해하기도 어려운 개발 용어가 난무해 'DB 프로그래밍이나 DB 서버 구축을 배워야 하나?' 고민하는 분도 있을 테고, '기획자가 DB까지 알아야 해?'라고 의문을 제기할 분도 있을 겁니다. 물론 기획자가 DB 프로그래밍을 할 필요는 없습니다. 하지만 적어도 DB 설계 단계에서 기획자의 역할이 매우 중요하며, 이 설계의 완성도가 부실하면 서비스 전체 질이 떨어질 수 있다는 점은 명심하길 바랍니다. 그러니 프로그래밍 단계까지는 아니더라도 DB에 대한 이해는 필요합니다.

2-3-1 기획 관점에서 데이터베이스를 바라보는 방법

그럼 기획자가 데이터베이스 설계에서 무엇을 중점으로 봐야 할까요? 바로 기획적인 관점에서 데이터베이스의 명확한 운영 정책을 수립하는 것입니다. [그림 7-17]을 보면 그 역할이 크게 두 가지로 정의되어 있는데, 첫 번째로 데이터의 수집 범위를 명확하게 하는 것입니다. 웹사이트를 기획하는 과정에서 다양한 데이터의 수집 폼을 기획할 겁니다. 앞서 플로차트 항목에서도 언급했지만, 서비스 운영에 꼭 필요한 정보와 나중에 받아도 되는 정보, 혹은 받지 않아도 되는 정보를 설계 과정에서 명확하게 구분 지어서 무분별한 데이터의 수집으로 인해 데이터베이스가 비대해지는 것을 방지하고, 데이터베이스의 설계 단계에서부터 사용자의 이용편의성을 고려할 수 있어야 합니다.

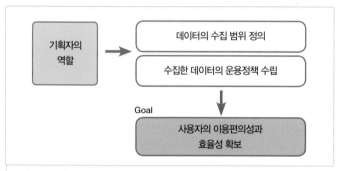

● **그림 7-17** 데이터베이스를 다루는 기획자의 역할

두 번째로는 이렇게 수집한 데이터나 여기에서 파생된 데이터를 어떤 식으로 운영할 것인가에 대한 정책 수립입니다. 아무리 데이터의 수집 범위가 명확하게 정의되어 있어도 그 사용정의가 불명확할 경우, 어렵게 수집한 정보의 가치가 떨어지는 것은 둘째치고, 서비스 운영에 큰 혼란이 야기될 수 있는데, [그림 7-18]의 사용자 간 중고상품을 거래하는 사이트의 프로세스를 예로 들어 볼 수 있습니다.

• 그림 7-18 대표적인 중고거래 커뮤니티, 네이버 중고나라

보통 판매자가 중고상품 판매 사이트를 통해 상품을 판매할 때 최초에 등록한 판매가격이 적정하지 못하여 판매가 이루어지지 않을 경우 판매자는 상품가격을 낮출 겁니다. 하지만 단순히 가격정보를 수정하면 구매자가 가격이 떨어졌다는 것을 알아채기 어렵습니다. 따라서 판매자는 기존의 글을 유지하기보다는 새로운 판매 글을 작성해서 가격이 낮아졌다는 점을 알리고, 기존 글을 삭제하는 방법을 택합니다. 이를 간단히 요약하면 다음과 같습니다.

1 판매자가 중고상품을 등록합니다.
2 판매가격이 높아 상품이 판매되지 않습니다.

③ 판매자는 상품가격을 낮추기 위해 가격을 수정합니다.

④ 기존에 등록했던 판매 글은 이미 몇 페이지 뒤로 밀렸습니다.

⑤ 기존 글에서 가격을 낮춰 수정해봐야 구매자들은 그 글을 보지 못합니다.

⑥ 따라서 판매자는 구매자에게 알리고자 기존의 글을 지우고 새 글을 올립니다.

일반적인 중고판매 사이트에서는 상품이 판매될 때까지 이 프로세스를 반복하는데 이런 프로세스 기반의 DB 설계는 판매자의 부가적인 수고가 따르게 됩니다. 또한 구매자 역시도 기억 의존적인 가격할인 여부를 판단하고, 검색을 통해 찾아야 하는 번거로움이 생깁니다. 따라서 이 방법은 판매자와 구매자 모두를 불편하게 만듭니다. 그렇다면 다음 프로세스라면 어떨까요?

2-3-2 이상적인 데이터베이스의 설계 포인트?

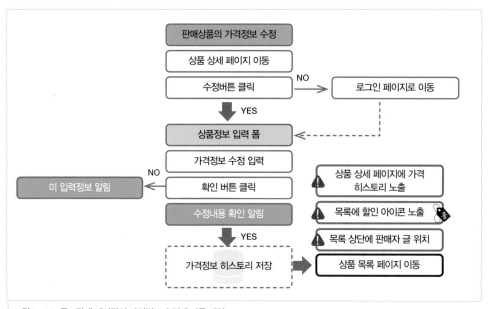

• 그림 7-19 중고판매 게시판의 가격정보 수정에 따른 대안

[그림 7-19] 플로차트는 가격정보 수정에 따른 상품 게시글 정보의 변화를 표현하고 있습니다. 판매자가 상품의 가격정보를 수정하면 게시판 목록 상단으로 판매자의 글을 자동으로 옮기고 글 제목에 가격을 할인한다는 아이콘을 노출합니다. 이렇게 하면 판매자가 번거롭게 새로운 판매정보 글을 등록하지 않더라도 구매자는 업데이트된 판매가를 접할 수 있습니다.

또 상품 상세 페이지 상에 일자별 가격 변동 히스토리를 추가해서 기존 가격 대비 몇 퍼센트의 할인이 이루어졌는가를 한눈에 확인할 수 있어, 판매자와 구매자를 모두 만족시킬 수 있는 사용자 중심의 서비스를 구축할 수 있습니다.[9]

이처럼 기획 관점으로 데이터베이스의 운영 정책을 정의하는 데에 있어 가장 중요한 포인트는 서비스를 이용하는 **사용자에게 얼마만큼의 편의성과 효율성을 제공해 줄 것인가?**이며, 사용자의 편의성을 배제한 개발의 효율성을 우선하는 행위는 **누구를 위한 서비스인가?**라는 대전제가 뒤바뀌게 되는 결과를 낳을 수 있으므로, **사용자**를 우선순위에 두고 기획하는 것이 바람직하다는 점, 잊지 마시길 바랍니다.

2-3-3 전문지식의 습득 방법

이제 전문지식을 습득하는 구체적인 방법을 설명하겠습니다. 사실 정도라기보다는 유일한 방법이 하나 있습니다. 각각 실행 방식이야 조금씩 다르겠지만 기본적으로 **직접 해보는 것**과 늘 **고민하는 자세**를 갖는 것입니다. 다소 추상적일 수 있지만 이론만으로는 한계가 따르며, 직접 해보면서 내용을 이해하는 방법 이외에는 그 어떠한 방법으로도 이들 전문지식을 익힐 수 없습니다.

예를 들어 IA의 다섯 가지 핵심 구심점은 구조와 레이블링, 내비게이션, 콘텐츠 설계, 검색으로 구성되어 있고 각각의 내용을 글로 읽고 외우는 정도는 누구나 할 수 있습니다. 하지만 외우는 것만으로는 절대 실무에 활용할 수 없습니다. 만들어진 특정 사이트를 중심으로 IA 각각의 정의를 생각하면서 바둑에서 복기하듯이 직접 풀어보고 문제점을 도출하고 보완하는 과정을 반복하다 보면, 웹사이트 기획의 방법론을 몸소 체득할 수 있습니다.

플로차트나 데이터베이스 설계 역시 마찬가지입니다. '이렇게 하면 좋을 텐데…'와 같은 고민과 개선의 의지를 바탕으로 직접 손으로 그려보고, 왜 그래야 하는가에 대한 이유를 하나씩 정리해보면 생각과 흐름의 인과관계를 완성시켜 나갈 수 있습니다. 기획이란 분야는 생각을 구체화하는 영역입니다. 때문에 웹/모바일 기획자로 시작하는 단계에서 이들 지식의 습득 방법인 **실천**을 하지 않는다면, 5년 차 이후에는 그 누구도 바로 잡아 줄 수 없습니다.

저자주
9 ⋯ 해당 프로세스는 가격정보 변화를 중심으로 요약설명 되어 있어, 세부적인 프로세스는 많이 생략되어 있다.

3_ 웹 기획 능력자로 인정받는 스킬 편

앞서 설명했던 기반 능력과 전문지식이 기획적 마인드와 기획력 향상에 직간접적인 영향을 미치는 요소라면, 스킬은 무형의 기획을 웹사이트나 애플리케이션과 같은 유형의 결과물로 완성하기 위한 도구입니다. 흔히 도구 탓하지 말라는 이야기를 하는데 작업에 맞는 도구의 사용 혹은 도구의 숙련도에 따라 결과물을 완성하기까지의 기간이나 결과물의 질적 차이는 분명 있습니다.

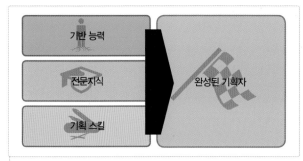

* 그림 7-20 완성된 기획자가 갖춰야 할 능력과 지식

결국, 기획자가 아무리 기반 능력이 튼실하고 전문지식을 갖췄어도 스킬이 부족하면 결과물을 완성하기 어렵다 생각해서 실무적으로도 스킬이 우수한 기획자들이 인정받곤 합니다. 그럼 스킬만 잘 갖추고 있으면 기획자로 성공할 수 있을까요? 결론부터 이야기하면 그렇지 않습니다. 단기적으로는 스킬의 보유나 숙련도 여부가 기획적 재능으로 해석될 수 있습니다만, 연차를 쌓은 기획자일수록 기반 능력과 전문지식의 견고함에 따라 그 이상의 성장 여부가 결정됩니다. 이때는 아무리 스킬이 뛰어나더라도 전문지식과 기반 능력이 없다면 결국 도태될 수밖에 없습니다.

사실 이 절을 집필하며 스킬의 중요성을 왜곡해서 전달할까봐 조심스러웠습니다. 어느 쪽에 우선순위를 두느냐에 따라 기획자로서의 진로나 성장 가능성에서 큰 차이가 날 수 있기 때문입니다. 당장 손을 뻗으면 잡을 수 있을 것 같고 비교적 단기간에도 눈에 띄게 성장할 수 있는 기획적 스킬의 연마는 장기적으로 봤을 때 오히려 독이 될 수 있음을 다시 한 번 강조해서 말씀드리며 기획자의 스킬을 짚어보겠습니다.[10]

저자주

10 ⋯ 스킬이 비교적 단기간에 성장할 수 있다는 것은 기반 능력이나 전문지식에 비해 상대적인 관점이며, 작업에 맞는 도구를 찾고 능숙하게 쓰는 일 또한 오랜 시간 노력이 필요하다.

3-1 원활한 업무를 이끄는 힘, 커뮤니케이션

IT 분야에는 기획자, 디자이너, 개발자 이외에도 마케터, MD, 운영자 등 다양한 포지션이 있습니다. 분야는 같지만 업무수행 관점이나 역할이 각각 다르다 보니 커뮤니케이션에 자주 문제가 발생합니다. 이번 3-1에서는 원활한 업무를 진행하는 데 필수적인 커뮤니케이션 방법론을 정리해보겠습니다. 그에 앞서 디자이너와 개발자 그리고 기획자 간의 소통 채널에서 자주 발생하는 문제점을 정리하기 이전에 개발자와 디자이너, 기획자의 포지션별 특성을 살펴볼까요?

• 그림 7-21 개발자, 디자이너, 기획자의 소통 스타일

언제나 그렇지만 전부를 정의할 수는 없습니다. 위트를 섞어 지난 기간 동안 우리가 겪은 개발자와 디자이너와 기획자를 이렇게 비유해봤습니다.

먼저 개발자는 창의 중심의 업무보다는 문제 해결 중심의 기술적 접근 패턴을 가지고 있습니다. 이는 여러분이 스토리보드를 토대로 개발자와 커뮤니케이션 할 때, 분명히 스토리보드 디스크립션에 모두 정리했음에도 이런저런 질문을 하는 것에서 그 특성을 설명할 수 있습니다. 반면 디자이너는 감성적 성향으로 정의 수 있는데 주변의 트렌드 변화에 민감하고 지속적인 소통이나 이야깃거리에 민감하게 반응하는 소통 스타일을 가지고 있습니다. 마지막으로 기획자는 창의적 성향을 가지고 있습니다. 일을 만들어내는 포지션인 기획자의 소통 스타일은 항상 무엇인가를 만들어내어 효과적으로 전달하려는 목적을 가지고 소통하기에 조심스럽게 접근하는 성향을 가지고 있습니다.

성향이 각기 다른 기획자가 개발자, 디자이너와 커뮤니케이션을 할 때 어려움을 겪는 것은 어찌 보면 당연한 일입니다. 이로 인해 기획자의 기획의도 전달이 원활하지 않거나 의도하지 않은 방향으로 진행되는 경우가 빈번한 편입니다. 일부 기획자는 이런 상황에서 벗어나 스케줄을 맞추고 업무를 원활하게 진행하고자 개발 언어를 배워 작업시간이나 개발 가능 여부를 판단합니다. 또 디자인을 배우기도 합니다. 하지만 이는 커뮤니케이션, 그 자체보다는 상대와의 커뮤니케이션에서 우위를 점하는, 일종의 싸움에서 승리하고자 하는 욕구일 뿐이며 싸움의 결과 역시도 패배할 가능성이 큰 불확실한 투자입니다.

흔히 기획자의 가장 큰 힘은 문서와 근거라고 이야기합니다. 한마디로 '왜 해야 하는가?'를 뜻하는데 각 IT 종사자들과의 소통에서 기획자는 근거가 있는 가치, 콘셉트, 전략적인 부분으로 접근해야 하며, 그것을 효율적으로 전달하고 정리할 수 있는 문서를 가지고 소통해야 합니다. 하지만 의외로 이런 근거 중심의 기획을 진행하는 기획자는 많지 않습니다. 예로 기획자가 필요를 느껴 어떤 기능을 적용하고자 할 때 "아니, 번거롭게 그걸 왜 하죠?"라고 물어보는 개발자가 있습니다. 이때 많은 기획자가 왜 해야 하는지를 명확하게 답하지 못합니다. 또는 그냥 듣기에도 궁색한 "네이버도 그거 하고 있어요"와 같은 대답을 합니다. 개발자를 설득할 수 있을까요?

이러한 부실한 대답에 개발자는 실행할 필요가 없는 작업으로 기획자의 요청을 분류합니다. 만약 이때 "5개 경쟁사를 분석했는데 전부 공통적으로 채용하고 있는 기능이며, 그 기능의 구현 여부가 사용자의 편의성과 직결된다"라고 기획자가 대답했다면 어땠을까요? 사실 이 정도는 돼야 실행할 근거라 할 수 있습니다. 물론 이 역시도 근거로 삼기엔 맹점이 있습니다만, 커뮤니케이션 과정에서 최소한 그 기능을 왜 구현해야 하는지는 생각하며 기획을 해야 한다는 겁니다.

지나가는 생각

구글의 디자이너, 왜 퇴사했을까?

여기서 잠시 몇 해 전, 미디어[11]를 통해 접한 구글 이야기를 해볼까 합니다. 모두가 들어가고 싶어 하는 선망의 직장인 구글. 그런데 유독 디자이너 파트만큼은 동종업계 대비 퇴사비율이 높다고 합니다. 그 이유는 바로 근거에 있습니다. 구글 디자이너가 입력 필드의 가로 사이즈를 200px로 작업했는데 기획자 역할을 수행하는 수학자가 "왜 200px인지에 대한 수학적인 근거를 제시하라"는 요청을 했습니다. 감성적인 성향의 디자이너들은 당연하게도 적절한 답을 내놓지 못할뿐더러 그로 인한 스트레스로 퇴사비율이 높다고 하는데, 케이스는 다르지만 그만큼 근거의 힘이 중요하다는 것을 이야기하고 있습니다.[12]

저자주

11 ⋯ 구글의 데이터 강조 문화, 핵심 디자이너의 퇴사로 이어져(IT WORLD - 2009.03.24) http://www.itworld.co.kr/news/54601
12 ⋯ 해외 IT 업종에서는 기획자라는 포지션은 없다.

* 그림 7-22 네이버가 하니까 해야 한다는 건 글쎄...?

개발자나 디자이너에게 "저 바쁜데 죄송하지만..."과 같이 부탁조로 이야기하는 기획자들을 많이 봤습니다. 14년 전 웹 기획을 배울 곳이 없었던 당시, 저 역시도 개발자에게 기획서를 설명하기에 앞서 음료를 뇌물 삼아 부탁조로 개발을 요청했던 기억이 있습니다. 사실 프로젝트를 수행하면서 완성도를 높이고 정해진 스케줄 내에 작업을 끝마치기 위해서는 하나의 목표의식을 기반으로 실무자 모두가 힘을 합쳐야 합니다. 한때 많은 이슈였던 애자일 방법론에서도 포지션을 가리지 않고 적극적인 대응을 하는 것이 프로젝트의 성패와 직결된다는 이야기를 합니다.

그만큼 프로젝트를 진행하면서 커뮤니케이션은 다리의 역할을 수행한다고 볼 수 있는데, 개발자와 소통하기 위해 개발 언어를 배우고 디자이너와 소통하기 위해 디자인을 배우는 것이 아닌 기획자만의 커뮤니케이션 전략은 어떤 것이 있는지 살펴보겠습니다.

3-1-1 커뮤니케이션 전략 ① : 칭찬을 통해 소통하라

서로 뜻이 통하고 막히지 않는 커뮤니케이션을 의미하는 소통. 지금 이 시간에도 소통의 부재로 인해 업무 진행이 원활치 못한 기획자가 많을 겁니다. 이들을 위해 지금까지의 경험을 바탕으로 네 가지의 커뮤니케이션 전략을 제안할까 합니다.

먼저 긍정적인 반응을 통한 소통방법입니다. 샌드위치 소통으로 정의하는 이 전략은 긍정적인 반응과 의도하고자 하는 목적에 다시 방향을 제시하는 구조의 커뮤니케이션입니다.

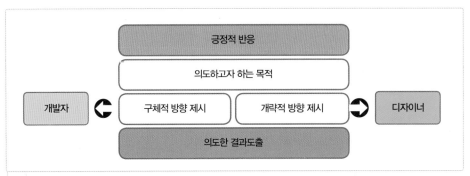

* 그림 7-23 긍정과 목적, 방향 제시 세 가지가 제시되어야 합니다.

예를 들어 "이 디자인 정말 괜찮은데요? 그런데 여기에 색상을 조금 바꾸면 더 낫지 않을까요?"와 같이 디자인이 정말 괜찮다는 긍정적 반응과 색상을 조금만 바꾸면 이라는 목적, 그리고 더 낫지 않을까 하는 방향 제시를 함으로써 기획자가 원하는 의도를 전달함과 동시에 상대의 자존감을 높여서 원활한 작업수행을 이끌 수 있습니다.[13] 다만, 협업자의 포지션에 따라 방향 제시 형태가 달라질 수 있습니다. 개발자의 경우 [그림 7-23]과 같이 기술적 접근에 익숙한 만큼 구체적인 방향 제시, 예를 들어 기획자의 의도와 맞지 않는 프로세스를 손보고자 할 때 "정말 잘 만드셨는데요? 그런데 이 프로세스 순서가 좀 이상한 것 같으니 살펴봐주세요"보다는 "순서가 좀 이상한 것 같은데, 이렇게 바꾸면 어떨까요?"와 같이 구체적인 방향을 제시할 필요가 있습니다. 반면 디자이너의 경우 감성적 창의성을 해치지 않는 선에서 개략적인 방향 제시를 통해 디자인 역량을 높일 필요가 있습니다.

커뮤니케이션을 잘하는 기획자는 상대를 이기려는 기획자가 아닙니다. 파트너십을 가지고 소통하는 기획자가 커뮤니케이션을 잘하는 기획자로 발전할 수 있습니다. 직장 내에서 기획자는 개발자와 디자이너를 괴롭히는 사람이 아니라 일이 잘되기 위해서 함께 존재하는 사람이라는 인식공유가 되어야 합니다.

저자주

13 일방적인 커뮤니케이션, 예를 들어 "에이… 이거 별로인데요? 색이 잘 안 어울리는 거 같아요. 다시 작업해주세요."와 같은 비판구조는 가급적 피해야 한다. 물론, 커뮤니케이션 상대가 본인보다 하급자이거나 존경받는 경우 비판적 구조의 커뮤니케이션이 전략적 가치가 부여되지만, 협업 동료의 사기 측면에서 빈번한 사용은 자제해야 한다.

3-1-2 커뮤니케이션 전략 ② : 같은 생각으로 소통하라

기획자의 입장에서 개발자와 디자이너와 같이 일을 하다 보면 생각대로 따라주긴커녕 각자의 생각과 입장만을 주장하는 경우가 많습니다. 이 같은 상황을 돌파하기 위해서 기획자 역시도 무조건 자신의 의견이나 기획 방향을 주장하기보다는 우호적인 방향으로 이끄는 것이 필요합니다. 바로 상대의 입장에서 생각하고 상대의 의견에 동조하며 대화를 풀어나가는 방법입니다.

이 전략은 한마디로 **공감**으로 압축할 수 있는데, 상대와의 대화 시 공감 의사를 먼저 보이고 자기 생각과 다른 부분을 어필하는 방법입니다. 예를 들어 "저도 말씀에 충분히 공감하고요, 다만 이런 부분에 대해서는 이렇게 해야 하지 않나 생각됩니다"와 같이 상대의 의견에 동조하며 자신의 의견을 어필하게 되면 상대는 자신의 의견을 존중받는다는 느낌을 갖게 됩니다.

여기서 제 경험을 이야기해보죠. 이전 직장에서 백오피스 개선기획안을 작성한 적이 있었고, 이를 반영하기 위해 개발자에게 왜 개선이 필요한지를 설명했던 경험이 있습니다. 이 과정에서 개발자는 개선 범위나 개선하고자 하는 의도는 충분히 좋지만, 현재의 스케줄상 소화하기 어렵다는 의견을 피력했습니다. 이 과정에서 저는 "아... 기획안 자체에 대해서는 긍정적이구나"하는 존중의 느낌을 받았고 개발 범위를 조정하여 재차 논의 끝에 개발을 진행한 경험이 있습니다. 이 같은 경험에 미루어 비춰볼 때 무조건적인 의사관철을 주장하는 경우는 상대로 하여금 반발심을 불러일으키게 되나, 공감을 통한 대화는 반발심을 최소화하며 하나의 이슈에 각기 다른 생각의 차이를 줄여나갈 수 있다는 점에서 **타협**에 적합한 커뮤니케이션 전략입니다.

다만 이 전략을 활용하기 위해서는 상대가 왜 그런 주장을 하는지에 대해 생각해봐야 합니다. 또 자신의 주장과 얼마만큼의 차이가 있고, 얼마만큼 양보할 여지가 있는지의 고민이 이루어져야만 공감 전략의 효과를 볼 수 있습니다.

3-1-3 커뮤니케이션 전략 ③ : 끊임없는 질문으로 소통하라

커뮤니케이션 미스가 발생하는 한 가지 원인으로 상대가 주장하는 바를 잘 이해하지 못하는 것을 들 수 있습니다. 모든 커뮤니케이션은 이해를 전제로 하는데, 이해가 안 되는 상황에서 무조건 자기 주장만을 하면 당연히 문제가 발생할 수밖에 없습니다. 이 같은 문제를 해결하기 위해선 상대의 주장에서 이해가 되지 않는 부분에 대해 본인이 이해될 때까지 질문을 던짐으로써 상대의 주장에 대한 이해를 높여야 합니다. 이 과정에서 한두 번의 질문은 성실히 답변하지만,

질문이 많아지면 협업자가 커뮤니케이션에 지칠 수 있기에 이해가 완벽하지 않지만 적당한 선에서 질문을 마무리 짓는 경우도 있습니다.

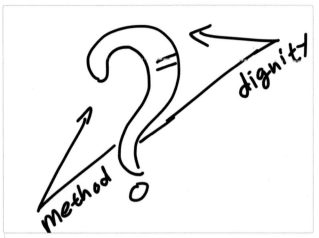

* 그림 7-24 질문에도 방법과 품격이 존재합니다.

그런데 이렇게 하면 단기적인 충돌을 피할 수 있겠지만, 제대로 이해하지 못한 상태는 장기적으로 볼 때 더 큰 문제를 일으킬 수 있습니다. 또 질문이 많다는 게 무조건 부정적인 것만은 아닙니다. 질문을 많이 해서 커뮤니케이션 채널이 형성되면 좋은 서비스를 만들고자 하는 기획의 열정으로 비출 수도 있고, 상대의 분야를 이해하고자 하는 노력으로 비출 수 있다는 점에서 긍정적인 요소 또한 있습니다. 단지 상대의 불편한 기색 몇 번에 주눅 들어 자신의 이해력을 높이지 않는다면 기획자로서 끊임없이 질문하고 의문점을 가져야 한다는 직업적 자세마저 잃고 맙니다.

소싯적 저 역시도 이 같은 전략을 사용했습니다. 워낙 아는 게 없었고 관련 분야 정보도 극히 부족했던 당시엔 질문이 아니고서는 이해도를 높일 수 없었습니다. 처음에는 상대의 짜증으로 인해 주눅 들던 시기도 있었지만, 질문을 통해 점차 이해도가 높아짐에 따라 단순히 귀찮은 존재에서 "제법인데?"와 같은 반응을 얻었던 기억이 있습니다. 단, 질문을 통해 소통하려면 질문에도 품격을 갖춰야 합니다.

즉, 스스로 알아보려는 노력 없이 단지 지금 당장의 문제를 해결하기 위해 "이거 어떻게 해야 하나요?" 같은 질문이 반복되면 질문을 받는 당사자는 정말 짜증을 냅니다. 예를 들어 "플로차트를 구성하는 과정에서 XXXX와 XXXXX를 생각했는데, 어떤 것이 더 나을지 모르겠습니다. 대리님 생각은 어떠세요?"와 같이 문제에 대해 스스로 고민하고 상대의 의견을 구하는 형태의 질문이라면 누구라도 흔쾌히 답을 줄 것입니다. 궁금한 점이 있다면 스스로 해결하려는 노력이 기획적 가치를 높이는 방법이며 그런 노력을 바탕으로 질문했을 때 비로써 소통이 완성됩니다.

3-1-4 커뮤니케이션에는 정답이 없다지만...

지금까지 어떻게 기획자와 개발자가 소통했는가를 경험을 근거로 설명했습니다. 모든 상황에서 통용되지는 않을 겁니다. 하지만 이 전략을 변형해서 자기만의 대화법을 만들면 아마 어려움이 없으리라 생각합니다. 또한 모든 커뮤니케이션 방법론 서적에서 공통으로 언급하는 것과 같이 대화에 감정이 우선되면 안 된다는 점은 꼭 기억해야 합니다. 대화에서 감정에 치우치면 결국은 그 싸움에서 질 수밖에 없다는 것을 우리는 이미 경험을 통해 잘 알고 있습니다. 커뮤니케이션은 곧 타협이며, 말이 잘 통한다는 이야기를 듣는 사람은 타협을 잘하는 사람입니다. 지금까지 언급한 전략들은 머리로 이해하는 것에서 그치는 게 아닌 많은 사람과의 커뮤니케이션을 통해 다듬어 가야 합니다. 또 자신의 이야기를 우선하기보다 타인의 이야기를 먼저 듣는 습관을 가지게 되면 자연스레 상대가 이야기하는 요점이 무엇인지를 파악하는 데 도움이 된다는 점, 그리고 커뮤니케이션에서 감추거나 숨기기보다는 진실을 보여 주고 진실로 대하는 것이 커뮤니케이션의 기본이라는 것을 잊지 마시기 바랍니다.

3-2 카피라이팅

웹 에이전시나 광고 대행사에는 간혹 전문 카피라이터가 있습니다만, 대부분의 웹 관련 회사에서 카피라이팅 업무는 웹 기획자가 기획 과정에서 부수적으로 수행하는 경우가 많습니다. 웹 기획 하나만 하기에도 버거운 마당에 카피라이팅까지 해야 하는 난감한 상황이지만 이 상황이 바뀔 가능성은 1%도 되지 않습니다. 그렇기에 전문 카피라이터 수준의 지식은 아니겠지만 카피라이팅을 위한 기본 지식을 습득할 필요가 있습니다.

덧붙여 아래에서 설명한 고객의 반응을 이끌어내는 카피를 작성하기 위한 능력이나 그에 따른 훈련방법은 기획자의 창의성 향상에도 긍정적인 영향을 끼칩니다. 때문에 카피라이팅 업무와 무관한 기획자라 할지라도 공부해보길 권장합니다.

3-2-1 좋은 카피를 쓰기 위한 워밍업

카피라이팅이란 한마디로 제품과 소비자를 이어주는 마케팅의 요소이며, 카피라이팅을 작성할 때는 두 가지의 조건이 충족되어야 합니다. 첫 번째는 제품에 대한 충분한 이해와 본질적인 가치를 찾아내어 표현하는 것, 두 번째는 단순 현란하게 포장하는 기교가 아니라 그 글 속에 담긴 의미가 고객에게 어떤 변화 또는 이미를 부여할지를 찾아내는 것입니다. 이를 풀어보면 단순히 글을 쓰는 것에 그치는 게 아니라 고객과의 공감대를 형성하여 소비자의 반응을 이끌어내는 것으로 설명됩니다.

이처럼 고객의 반응을 이끌어내는 카피를 작성하기 위해서는 네 가지의 필수 능력을 갖추고 있어야 합니다.

1 관찰력
2 트렌드 캐치 능력
3 발상 능력
4 표현력

먼저 관찰력입니다. 여기서 관찰력은 크게 제품이나 서비스에 대한 관찰과 그것을 사용하는 고객에 대한 관찰로 구분됩니다. 제품이나 서비스를 고객에게 어필하기 위해서는 직접 이용해보고 그 경험을 바탕으로 특징(키워드)을 찾아내면 카피의 기본 골격을 갖출 수 있습니다. 여기에 비슷한 서비스에 대해 고객이 느끼는 흥미나 관심, 사용패턴 등의 요소를 찾고 앞선 제품의 특징과 결합하면 훌륭한 셀링포인트가 만들어집니다.

• 그림 7-25 셀링포인트는 관찰력에서 시작됩니다.

두 번째로 트렌드 캐치 능력입니다. 생산과 소비의 라이프사이클이 빠른 온라인 환경에서 요구하는 트렌드 캐치 능력은 일반적인 광고 카피와 달리 카피라이팅을 하는 현시점에서의 이슈 캐치 능력을 의미합니다. 이처럼 트렌드 캐치가 잘 반영된 카피는 특히 온라인 마케팅이나 이벤트 프로모션 등에서 흔히 접할 수 있습니다. 주로 드라마나 예능 프로의 유행어가 사용되는 것이 일반적인데, 온라인의 특성상 그 수명은 매우 짧은 편입니다. 때문에 온라인 환경에서 부가적으로 카피라이팅을 다루는 웹 기획자의 경우 현시점에서의 트렌드를 중심으로 카피를 구성하는 것이 바람직합니다.

세 번째, 발상 능력은 사고의 전환을 의미합니다. 흔히 발상 능력이나 상상력이 뛰어난 사람을 일컬어 타고났다고 이야기하지만 발상 능력은 어디까지나 개인의 노력을 기반으로 한 반복적인 훈련을 통해서만 습득할 수 있습니다. 발상 능력은 기존에 가지고 있던 고정관념을 깨는 훈련을 통해 습득할 수 있습니다. 다만 웹 카피라이팅에 한정 짓는다면 트렌드 캐치 능력으로도 커버가 가능하기에 군이 발상전환 훈련을 할 필요는 없습니다.

하지만 기획력 향상으로 범위를 넓힐 경우 발상 능력의 유무는 기획 역량에 큰 영향을 끼치므로 유용한 훈련방법 몇 가지를 소개하겠습니다.

1 공감으로 이끄는 아이디어 훈련방법

이 훈련방법은 일반적인 상황에 특수한 상황을 더하여 공감을 이끌어내는 훈련방법입니다. 예를 들어 "세상에서 가장 맛있는 것은 무엇인가?"라는 질문에 생각나는 대로 답하라고 했을 때 보통은 딸기, 마카롱, 초코파이, 대창과 같이 일반적인 음식을 이야기합니다. 하지만 이는 공감과 거리가 있는 답이며 특수한 상황, 즉 **언제+어떻게+무엇을** 이란 상황이 결합했을 때 공감을 이끌어 낼 수 있습니다. 단순히 초코파이가 아닌 '훈련소에서 게 눈 감추듯 먹었던 초코파이'와 같이 구체적인 발상을 함으로써 공감을 이끌어낼 수 있습니다.

2 평범한 상황을 특별하게 바꾸는 훈련방법

요즘의 웹사이트를 살펴보면 트렌드라는 이름 아래 비슷한 디자인과 기능을 갖춘 경우를 어렵지 않게 찾아볼 수 있습니다. 이런 상황에서 남들보다 더 많은 트래픽과 회원 수를 확보하기란 쉽지 않습니다. 이 경우 복잡하게 생각하기보다 맨 밑바닥으로 내려가 다시 올라오되 체계적이거나 어떤 방법론이 아닌 가볍게 생각하는 방법이 적합합니다. 보통 취업을 목적으로 자기소개서 작성 시, 딱히 자신을 소개할 거리가 없어 몇 날 며칠을 고민했던 경험이 있을 겁니다.

이 상황에서 자신을 설명할 수 있는 특징을 하나씩 나열해봅시다. 성격이나 이성관, 가족관계, 나이, 직업, 취미, 특기 등 무엇이든 상관없습니다. 그다음 주요 특징들을 뒤바꿔서 하나의 문장을 만들어본다면 좀 더 특별한 자신을 만들 수 있습니다.

네 번째, 표현력을 통해 앞서 설명한 관찰력과 트렌드 캐치 능력, 발상 능력을 종합해 결과물(카피)로 도출해야 합니다. 유명한 광고 카피라이터인 핼 스테빈스Hal Stebbins는 "카피란 1%의 잉크와 99%의 생각"이란 말을 했는데, 표현력 역시도 얼마만큼 생각하고 노력했느냐에 따라 그 결과에 큰 차이를 보입니다. 여기서의 표현은 카피를 써보는 것을 의미하며, 많이 써보는 것이 표현력 향상에 도움이 됩니다.

물론 무작정 많이 쓰는 것보다는 그림을 글로 묘사하는 방법이나, 하나의 단어를 대체할 수 있는 다른 단어로 써본다거나, 은유적인 표현으로 사물을 표현하는 등의 훈련방법을 통해 글쓰기를 반복하면 자연스레 표현력이 향상된 자신을 발견하게 될 겁니다.[14]

지금까지 카피라이팅을 익히는 데 필요한 네 가지 능력을 정의해봤습니다. 사실 이런 능력은 굳이 카피라이터가 아니더라도 기획자라면 당연히 갖추고 있어야 할 능력이므로 너무 어렵게만 생각할 필요는 없으며, 지속적인 훈련이 뒷받침 되어야만 많은 이들의 관심을 집중시키는 카피를 작성할 수 있음을 잊으시면 안 됩니다.

3-2-2 웹 카피의 종류와 적용 사례

웹 기획자에게 카피는 고객에 대한 경험과 기술을 가져오는 잣대가 될 수 있으며, 나아가서는 그 사람의 기획력 자질로 평가되는 중요한 요소입니다. 여기에 전략적인 사고와 풍부한 상상력을 겸비한 기획자에게 카피란 자신을 부각시킬 수 있는 독특한 차별화 요소이기도 합니다. 흔히 카피는 "고객에게 무엇을 얘기할 것인가?"란 질문에서 시작되어 "그것을 어떻게 표현할 것인가?"로 끝난다고 해도 과언이 아닙니다. 앞에서 카피라이팅을 위한 훈련방법과 익혀야 할 필수조건을 얘기했습니다. 이번에는 온라인 환경에서 상황에 따른 카피의 종류와 실 적용 사례를 살펴보겠습니다.

온라인 환경에서 사용되는 카피는 그 쓰임새에 따라 위치와 크기로 의미를 부여하며 카피는 아래와 같이 여섯 가지의 형태로 구분하여 쓰입니다.

저자주
:

14 ··· 언급한 글쓰기 훈련방법론 이외에도 다양한 방법이 존재하며, 카피라이팅과 관련된 서적을 통해 보다 자세히 확인할 수 있다.

• 그림 7-26 헤드라인과 서브헤드 예시

　　헤드라인Head line은 고객에게 전달하는 가장 중요한 카피 영역으로 전체 페이지에서 중심축에 해당합니다. 헤드라인 카피를 통해 고객에게 3초 안에 의도하는 정보와 가치를 전달해야만 그에 해당하는 내용(바디카피)을 읽도록 유도할 수 있습니다.

　　서브헤드Sub head는 헤드라인 카피의 의미를 부여하는 부연설명으로 대부분 헤드라인 카피를 감성적으로 쓰거나 의미전달이 부족하다고 느껴질 때 고객의 가치 판단에 도움을 주는 펙트 중심의 구체적인 부연 설명의 공간으로 쓰입니다. 서브헤드는 주로 헤드라인의 아래쪽에 배치하여 항상 헤드라인을 보조하는 역할을 수행합니다.

• 그림 7-27 헤드라인과 오버라인 예시

　　오버라인Over line은 서브헤드와 비슷한 역할을 하는 헤드라인의 보조 수단으로 헤드라인의 의미를 주기 위해 헤드라인 상단에 배치하여 헤드라인의 가치를 끌어올리는 역할을 수행합니다. 주로 텍스트 중심의 배너 광고에서 많이 사용되는 형태의 카피입니다.

　　바디카피Body copy는 스토리를 지니고 있습니다. 헤드라인에서 얻어지는 가치에 부합되는 설명 또는 상세 정보의 안내를 맡으며, 소비자의 판단을 일으키는 구심점 역할을 수행합니다.

바디카피는 항상 헤드라인과 같은 의미와 가치를 지니고 있어야 하며, 정보 및 설득적 요소가 강하게 작용하는 공간입니다.

• 그림 7-28 헤드라인과 바디카피 예시

바디라인은 통상적으로 헤드라인 아래쪽에 배치되나, 글 흐름에 맞춰 간혹 바디카피 중간에 타이포로 배치되는 경우도 있습니다.[15]

슬로건Slogan은 기업의 정신과 사명을 실어 제품의 가치와 의미를 대변하는 공간으로 쓰이며, 지속적인 메시지 전달을 통해 고객에게 제품에 대한 평가 의미를 슬로건에 빗대어 종속시키는 기능을 합니다.

저자주

15··· 상세한 설명으로 인해 바디카피가 길어지는 경우, 고객의 약 4%는 바디카피의 70%를 읽는 데 어려움을 느낀다.
　　출처: 『D&AD: The Copy Book』(Taschen, 2011)

* 그림 7-29 바디카피 캡션 예시

캡션Caption은 제품의 이미지에 대한 부연 설명이나 제품과 제품 사이에 상품명에 따른 구분을 지으려는 목적을 가지고 정의하는 레이블 기능이라고 할 수 있습니다.

3-2-3 고객의 관심을 이끄는 카피의 조건은?

카피는 고객에게 유용한 정보를 제공해 주거나 설득력 있는 표현을 통해 고객의 눈길을 사로잡아야 합니다. 1960년대 광고대행사의 사장이던 로저 리브스의 저서, 『광고의 실체』(김영사, 1988)에 USPUnique Selling Proposition라는 개념이 등장합니다. 의미를 직역하면 **고유의 판매 제안**으로 설명되는데 어떤 의미로는 'chapter 01_ 기획자? 웹 기획자!?25p'에서 언급한 당위성과도 비슷한 의미를 가졌습니다. 모든 기획에서 당위성이 기본이 되듯 광고에서 USP 역시 광고의 기본이 되는 정의입니다. USP 개념에서는 고객의 관심을 이끌기 위한 세 가지 방법을 제시합니다.

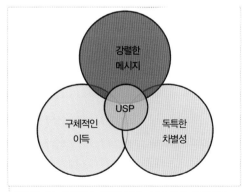

* 그림 7-30 소비자의 선택을 이끄는 USP의 세 가지 개념

① **고객에게 줄 수 있는 구체적인 이득**Benefit**을 약속해야 합니다.**

고객이 해당 제품을 사용할 때 느낄 수 있는 편리함 또는 우수성을 지녀야 하는 당연함과 동시에 고객이 해당 제품을 사용했을 때 얻을 수 있는 구체적인 이득을 어필하여 제품의 가치가 고객의 구매를 유도해야 합니다. 예를 들어 "이 스마트폰을 사용하면 당신의 삶이 윤택해질 것입니다"라는 카피는 추상적이어서 고객의 구매 의사를 충분히 이끌 수 없습니다. 하지만 "이 스마트폰을 사용하면 당신의 업무능력이 2배로 향상됩니다"와 같은 구체적 이득은 앞선 추상적 설명에 비해 인지성을 높일 수 있습니다.

② **고객에게 독특한 차별성**Unique**을 제시해야 합니다.**

경쟁사 대비 해당 제품에서만 얻을 수 있는 독특한 차별성을 부각해야 하며, 그로 인해 타제품에서 얻을 수 있는 이익에 반해 비교할 수 있는 잣대를 심어줘야 합니다. 이런 사례는 애플과 삼성의 스마트폰 광고에서 살펴볼 수 있습니다.

애플은 기술적인 우위가 아닌 삶의 가치와 삶의 질 향상을 모티브로 드라마틱한 광고를 제작하는 데 반해, 삼성은 기술적 특징과 우위를 중심으로 스타일리시한 광고를 제작하고 있습니다. 만일 삼성이 애플과 같이 삶의 가치를 중심으로 한 광고를 제작한다면 삼성의 광고를 통해 오히려 경쟁사인 애플을 떠올리게 함으로써 경쟁사 좋은 일만 시키는 상황이 될 수 있는 것이죠. 한마디로 독특한 차별성은 경쟁사보다 먼저 선점하는 것이 중요합니다. 요즘과 같이 비슷한 특징으로 인해 객관적인 차별성을 지니기 어려운 상황에서의 선점은 광고나 마케팅의 중요한 전략이라 할 수 있습니다.

③ **고객에게 강렬한**Impact **약속을 해야 합니다.**

소비자들에게 제품의 특별함을 통한 강렬하고 압도적인 이미지를 전달해야 합니다. 이는 고객의 시선을 끄는 매력적인 메시지이며 거부할 수 없는 논리적인 메시지로 모두가 알고 있는 사실 또는 수치 등 근거를 통한 클릭을 유도해야 합니다.

최근 소니에서 판매되는 헤드폰, MP3 등의 음향기기를 살펴보면 공통된 키워드를 하나 발견할 수 있습니다. 바로 HRAHigh-Resolution Audio인데 CD의 음질을 뛰어넘는 고해상도로 음악을 들을 수 있다는 점을 어필하여 음악을 좋아하는 고객의 관심을 이끄는 데 성공했으며, 일보 후퇴했던 소니가 다시 성장하는 데 일조할 만큼 강렬한 메시지의 파급효과는 매우 크다고 할 수 있습니다.

이렇게 USP를 요약해 봤는데, USP를 갖추려면 위에서 제시한 세 가지 조건을 모두 충족해야 합니다. 어느 한 가지만 충족해서는 고객에게 어필할 수 없으며 설령 고객에게 어필이 되더라도 그 기간은 그리 길게 이어지지 못한다는 것을 잊지 마시기 바랍니다.

3-2-4 웹 카피는 고객과의 소통 채널이다

웹에서의 카피라이팅은 단순한 글쓰기가 아니라 고객과의 소통 채널이자 마음을 읽고 그것을 표현할 수 있어야 합니다. 지속적인 변화에 대한 관심과 비즈니스 감각을 통해 탄생한 카피는 고객의 관심과 설득을 유도하여 매출 또는 공감을 일으킬 수 있는 아주 중요한 요소로 자리 잡고 있습니다. 기획자는 문장력을 바탕으로 웹이란 수단을 통해 고객과의 직접적인 소통을 하고 상품에 가치를 부여합니다.

고객은 제품의 가격이 비싸더라도 그만큼의 가치를 부여한다면 지갑을 열고 구매를 합니다. 브랜드의 가치에 비싼 비용을 지불하고 명품가방을 사는 것과 같습니다. 마찬가지로 카피 또한 제품의 값어치를 극단적으로 표현하는 중요한 판단의 기준으로 자리 잡고 있습니다. 카피는 문장 하나에 한 가지 사실을 임팩트 있게 전달하는 것부터 시작됩니다. 그것을 뒷받침해주는 바디카피까지 포함했을 때 사람이 얘기하는 말의 강약과 감정을 카피는 글로써 표현합니다.

더불어 모호한 이야기로 소비자를 현혹하는 것은 웹에서는 특히나 금물입니다. 쉽고 명확한 표현으로 고객의 선택에 대한 올바른 결과를 보여줘야만 비로소 고객은 사이트를 신뢰하고 지속적인 가망고객이 되는 것입니다.

요즘 카피는 세분화되는 것을 좋아합니다. 즉 표적시장에 대한 구체적인 가이드를 제시함으로써 고객에게 사랑받는 제품으로 탄생되는 것입니다. '왜 이 카피를 써야 하지?'라는 질문과 '이 카피를 통해 얻어지는 목표는 뭐지?'라는 질문을 동시에 만족하는 카피가 진정한 카피의 승리자가 될 것입니다. 카피에는 이유가 있고, 그로 인해 얻어질 수 있는 목표점을 생각한다면, 카피는 좀더 쉽게 접할 수 있고 쓸 수 있는 기획자의 기술로 자리 잡게 될 것입니다.

3-3 아이디어의 도출과 정리

보통 아이디어가 뛰어난 사람을 일컬어 '창조적인' 또는 '창의적인' 사람으로 보는 경우가 많습니다만, 사실 아이디어를 잘 내는 사람은 가지고 있는 지식을 응용하여 새로운 것을 만들어 내는데 능한, 깊이 있는 사고력을 가진 사람이라 할 수 있습니다.

먼저 아이디어의 어원을 한 번 살펴봅시다. 그리스어 이데아(i.de.a)에서 파생된 단어로 '보이는 것' 즉 모양, 모습, 물건의 형식이나 종류라는 의미가 있으며 사전적 의미로는 어떤 일에 대한 생각으로 풀이됩니다. 아이디어라는 단어가 체계적인 모습을 갖추고 사회 전반에 영향을 끼치기 시작한 것은 불과 몇십 년 되지 않았습니다. 그 전까지 아이디어란 그저 사회에 적응하지 못하는 천덕꾸러기들의 쓸데없는 공상 정도로만 치부되어 왔습니다.

하지만 아이디어의 중요성과 가치가 빛을 보게 된 최근에 이르러서는 기업마다 아이디어가 뛰어난 인재를 얻기 위한 경쟁을 벌이고 있습니다. 그러나 여전히 아이디어에 대한 일반적인 인식은 레오나르도 다빈치나 스티브 잡스와 같은 극소수의 천재성을 띤 사람에게만 주어지는 아주 특별한 결과물이라는 고정관념은 크게 달라지지 않은 듯합니다.

"나는 왜 이렇게 아이디어가 없는 걸까?" 혹은 "왜 저 사람은 저런 기발한 생각을 할 수 있을까?" 더 나아가 "난 창의적이지 못한 사람인가보다"와 같은 생각을 여러분도 한 번쯤 해본 적이 있을 겁니다. 그런데 이는 여러분이 아이디어와는 무관한 사람이라서가 아니라 아이디어에 대한 개념적 이해가 부족하거나 접근방법을 모르기 때문일 가능성이 높습니다. 지금부터 아이디어에 대한 잘못된 오해를 바로잡고 좋은 아이디어를 얻기 위한 준비 과정과 아이디어를 구체화시키는 과정 등을 살펴보겠습니다.

3-3-1 아이디어에 대한 오해, "괜찮은 아이디어 없어?"

"괜찮은 아이디어 좀 없어?" 흔히 이렇게 말합니다. 아이디어라는 것이 툭 치면 탁하고 나오는 것은 아닐 텐데 왜 이런 상황이 발생할까요? 이 상황을 설명하기 위해서는 먼저 아이디어의 개념을 이해할 필요가 있습니다.

1 아이디어는 공유해야 합니다.

아이디어를 주제로 현업 기획자들과 이야기를 하다 보면 아이디어 = 완성된 생각으로 보는 시각이 의외로 많은 편입니다. 하지만 주위에서 접하게 되는 상당수의 아이디어는 완성됐다고 보기엔 부족하거나 구체화되지 못한 리소스의 형태로 남아있는 경우를 자주 볼 수 있습니다. 이는 아이디어에 대한 폐쇄적 인식에서 원인을 찾을 수 있는데 '내 아이디어는 대박 아이템이기 때문에 누구와도 공유할 수 없어'와 같은 생각이 그것입니다. 아무리 뛰어난 사람이 생각해 낸 아이디어라 할지라도 분명 빈틈이 있기 마련입니다. 부족한 점을 충분히 보완하지 못한 상태에서 만들어 낸 결과물은 실패 가능성이 높을 수밖에 없습니다. 시행착오라는 이름으로 몇 번의 실패과정을 거치며 문제점을 깨닫기보다는 시행 이전에 아이디어를 많은 사람과 공유하여 장점을 극대화하고 단점을 최소화하는 방향으로 접근해야 합니다.

보통 우리가 아이디어를 떠올릴 때 전 세계에서 그와 비슷한 아이디어를 생각하는 사람이 대략 150~200명 정도가 된다고 합니다. 이 말은 절대적인 아이디어는 존재하지 않는다는 것을 의미하며 또 동일한 아이디어라 할지라도 그것이 실현되는 비중이 높지 못함을 간접적으로 이야기하고 있습니다. 아이디어가 도용당할 것을 우려하거나 아이디어에 대한 높은 자만심을 가져 타인과 공유하지 않는다는 것은 그 아이디어의 성공 가능성을 스스로 낮추는 결과로 이어지게 됩니다.

사람들과의 지속적인 커뮤니케이션을 통해서 아이디어에 대한 검증 거치고, 사람들에게 아이디어의 실현 가능성과 창조성을 설득하는 것이야말로 무형의 아이디어를 유형의 결과물로 만들어낼 수 있는 하나의 좋은 방법입니다.

② 아이디어는 떠오르는 것이 아니라 만들어지는 것입니다.

"아이디어, 평소에 어떻게 얻으세요?"라는 질문을 던지면 출퇴근 시나 잠자리에 들기 전에 혹은 화장실 등에서 아이디어가 떠오른다는 답을 듣곤 합니다. 앞서 이야기했듯이 아이디어는 불쑥 떠오르는 것이 아니라 퍼즐처럼 조각이 모여 하나의 그림으로 만들어집니다. 이는 갑자기 떠오르는 상황의 강렬함이 주는 오류일 뿐입니다. 이미 머릿속에서 관련 분야에 대한 고민과 생각이 이루어졌기에 가능한 것이죠.

만류인력의 법칙을 발견한 영국의 과학자 아이작 뉴턴에 관한 유명한 일화를 보면 어느 날 나무 밑에 앉아 휴식을 취하던 뉴턴이 사과가 떨어지는 것을 보고 만류인력의 법칙을 발견했다고 했는데, 이런 케이스로 인해 마치 '뛰어난 아이디어'는 어디선가 갑자기 튀어나온다는 믿음이 생긴 듯합니다. 하지만 '창의적인 생각'은 충분한 생각과 고민을 통해 만들어지며 만화처럼 머리에 백열등이 켜지며 갑자기 아이디어가 떠오르는 것이 아니라는 것을 기억하시기 바랍니다.

● 그림 7-31 아이디어는 생각을 거쳐 만들어집니다.

앞에서 살펴본 아이디어에 대한 두 가지 오해는 좋은 아이디어 생산을 방해하는 요소입니다. 또한, 누구나 만들어낼 수 있는 아이디어가 소수의 사람들에게만 주어진 특권이라 생각하고 아이디어의 무한한 잠재 가능성을 가진 여러분 스스로 '나는 아이디어가 없는 사람'으로 만드는 원인이기도 합니다.

회사에서 아이디어 회의를 진행할 때마다 볼 수 있는 공통적인 특징은 왠지 '소극적'이고 어딘가 모르게 주눅 들어 있다는 겁니다. 이런 일상적인 분위기는 아이디어에 대한 잘못된 오해와 막연한 두려움에서 비롯되며 다음 챕터에서는 무겁게만 생각했던 아이디어를 더욱 쉽고 생산적으로 얻어내는 방법을 설명하겠습니다.

3-3-2 소프트싱킹과 하드싱킹

상대적으로 자유로운 업무 분위기의 IT 회사에서도 아이디어 회의는 어딘가 모르게 수직적이고 경직된 환경에서 진행되곤 합니다. 보통 아무런 준비 과정도 없이 상급자 주도로 아이디어 회의(흔히 브레인스토밍이라고 이야기하죠)하자고 모여서 한두 시간씩 끌다가 아무런 수확 없이 끝납니다. 개중에 간혹 얻어걸리는 한 두 개의 합리적인 방안도 누군가의 딴지로 인해 전쟁(?)이 발발하고 서로의 말꼬리잡기 싸움이 시작되어 감정만 상한 채 회의가 끝나게 됩니다.

이러한 회의가 반복되는 이유는 아이디어에 대한 접근방법에 문제가 있기 때문인데 앞서 아이디어는 완성된 생각이 아니라고 이야기했습니다. 이는 다른 의미로 아이디어를 이야기할 때 육하원칙에 따라 명확하게 이야기할 필요가 없다고도 해석할 수 있습니다. 가벼운 생각으로 접근하되 점차 구체화 시키는 형태로 진행해야 보다 생산적인 회의를 진행할 수 있습니다.

그럼 이 시점에서 가벼운 생각과 구체화를 이해하기 위한 두 가지의 생각 형태, 소프트싱킹과 하드싱킹을 이야기해보겠습니다. '부드러운 생각과 무거운 생각?' 물론 내포된 의미는 따로 있습니다. 좋은 아이디어를 내고 이를 현실화하기 위해서는 어떤 분석적이고 논리적인 시각도 필요하지만, 다소 엉뚱하고 난센스 퀴즈의 정답 같지만, 부드럽고 직관적이며 눈에 보이는 그대로를 판단하는 사고방식이 적절히 조화를 이뤄야 하는데, 이것을 소프트싱킹과 하드싱킹이라 합니다.

예를 들어 아이디어를 주제로 한 강의에서 '냉장고와 고양이의 공통점'을 이야기하라는 질문을 하면 약 80% 정도는 하드싱킹으로, 나머지 20%는 소프트싱킹으로 접근합니다.

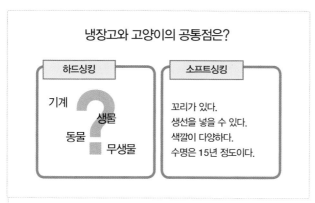

* 그림 7-32 하드싱킹과 소프트싱킹의 차이?

[그림 7-32]와 같이 하드싱킹과 같은 분석적 사고방식으로 접근하는 경우 공통점을 찾는데 어려움을 겪는 반면, 소프트싱킹과 같이 보이는 그대로를 판단하게 되면 답이 다소 엉뚱할 수 있지만 부인할 수 없는 분명한 공통점을 찾을 수 있습니다. 소프트싱킹에서부터 시작되는 아이디어는 생각하지 못했던 의외의 통찰력이 얻어질 수 있으며, 논리적인 사고가 아니기에 누구라도 쉽게 접근할 수 있습니다. 또 아이디어 회의에서 흔히 벌어지는 말꼬리 전쟁이 원천적으로 차단되어 소모적인 싸움을 줄일 수 있다는 장점도 있습니다. 다만 소프트싱킹만으로 회의가 진행되면 뜬구름 잡는 이야기만 계속되기에 소프트싱킹으로 모인 아이디어를 구체화하는 단계에서 하드싱킹으로 사고를 전환하여 타당성 검토나 분석적인 사고로 접근해야 합니다. 참고로 하드싱킹만으로 회의가 진행되면 새로운 흐름을 읽지 못하고 상당히 방어적인 결과물이 만들어집니다.

* 그림 7-33 소프트싱킹과 하드싱킹의 접근 시점

하드싱킹에 국한된 생각의 부정적 사례로 삼성전자의 안드로이드 OS 거절 사례를 들 수 있습니다. 지금은 구글에 인수되어 전체 스마트폰 OS 시장의 70% 이상을 점유하고 있는 안드로이드 OS의 개발자인 앤디 루빈이 삼성전자를 방문했을 때 삼성에 OS를 팔고자 했습니다. 하지만 삼성전자에서는 안드로이드 OS가 소수의 인원으로 개발됐다는 사실을 알고는 "우리는 그 같은 엔지니어가 5,000명이 있다"며 구매를 거절한 일화에서 보듯 분석적이고 논리적인 사고로 한정된 접근이 얼마나 큰 결과의 차이가 생겼는지를 엿볼 수 있습니다.

3-3-3 아이디어 도출 방법

아이디어는 생각의 몰입에서 많이 생겨납니다. 즉 하나의 주제를 가지고 골똘히 생각하다 보면 단어, 그림, 형상 등의 모습으로 나타납니다. 이때 메모장 또는 녹음기를 통해 생각나는 아이디어를 그때그때 기록하는 것이 좋습니다. 사람의 생각은 급하게 떨어지는 망각곡선에 의해 찰나의 시간이 지나가면 잊는 경우가 다반사이기에 좋은 아이디어가 생각보다 빨리 잊혀지는 것을 경험했을 것입니다.

　프로젝트를 진행하다 보면 함께 워크숍을 통해 아이디어를 모을 때가 많습니다. 그때 자주 사용되는 방법이 브레인스토밍입니다. 뒤에서 자세히 설명하겠지만, 워크숍을 통해 어떤 결과를 도출하기에는 무리수가 따릅니다. 즉 이런 워크숍의 목적은 아이디어 도출이지 결과가 아니라는 점 기억해둡시다.

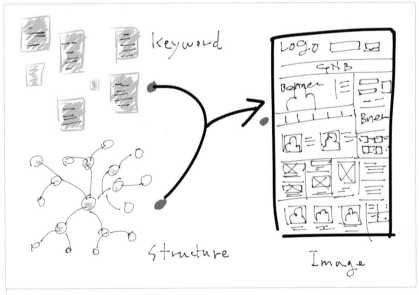

• 그림 7-34 포스트잇과 마인드맵을 활용한 아이디어 도출

아이디어 도출을 위해서는 우선 목적성에 대한 분명한 지표가 있어야 합니다. 즉 "왜 이것을 하지?"라는 분명한 이유가 나와야 하며, 이를 통해 아이디어의 타당성과 생각의 기준이 정해집니다. 올바른 아이디어 도출을 위해서는 분명한 목적 설정이 중요하며 웹사이트는 다음 세 가지의 조건을 통해 사이트의 콘셉트를 도출 할 수 있습니다.

1 고객

웹사이트에 방문하는 고객의 연령, 성별, 지역, 취향에 따라 고객에 대한 분석을 하며 이를 통해 사이트의 전반적인 색상이나 UX/UI를 결정지을 수 있습니다. 웹사이트는 고객을 상대로 목적에 맞는 가장 편리한 행위를 통해 결과를 도출하는 것이기에 사이트를 설계할 때 우선 고려해야 합니다. 고객을 파악하고 구체화시키는 도구로 UML 액티비티 다이어그램을 둘 수 있으며 'chapter 04_ 깔끔하게 마무리 짓는 웹사이트 구축[103p]'에서 자세히 다뤘습니다.

2 정보

웹사이트상에서 이뤄지는 모든 정보는 화면을 구성할 때 가장 중요한 잣대가 됩니다. 여기서 얘기하는 정보는 사이트에서 이뤄지는 판매형태의 상품이 아니라 고객에게 제공되는 표지판 또는 안내자의 정보입니다. 회사소개, 전화번호, 고객센터, 공지사항, 고객 이용 후기 등등의 서비스가 그것이며, 사이트의 성격에 따라 정보의 레벨은 변할 수 있습니다. 가령 페이스북이나 트위터 같은 정보성 커뮤니티는 해당 정보의 소통이 주된 서비스 매체가 되므로 정보의 레벨이 최상위로 올라갈 수도 있습니다.

3 콘텐츠

콘텐츠는 해당 사이트에서 이뤄지고 있는 모든 상품을 지칭하는 것으로 유형의 콘텐츠와 무형의 콘텐츠로 나뉩니다.

- 유형의 콘텐츠: 냉장고, 에어컨 등의 실제 유형의 상품으로 사진을 찍을 수 있는 것
- 무형의 콘텐츠: 해외여행권, 미팅 상품권 등 무형의 상품으로 콘셉트로 표현되는 것

유형의 콘텐츠는 제품에 대한 명확한 이미지가 나타나기에 상품 목록에 썸네일 이미지 노출이 장려되지만, 무형의 콘텐츠는 상품의 배경과 콘셉트를 명확히 표출해야 하기에 썸네일보다 상품성을 보여줄 수 있는 상세 안내 페이지로의 바로 연결이 필요합니다.

아이디어는 통찰력에서 도출되는 문제 인식을 통해 더욱 발전합니다. "어떻게 하면 더 빠른 스마트폰 앱을 만들까?"라는 질문보다 "미래에는 앱이 어떻게 발전할까?"란 사고 전환이 필요합니다. 문제 하나에 대한 해결방법을 찾는 게 아니라 문제의 본질을 보는 눈과 관점의 변화에서 더욱 창조적인 아이디어가 도출되는 것을 목격할 수 있습니다. 완벽을 추구하는 것이 아니라 새로움에 대한 욕구의 충족이 아이디어의 핵심이라는 것을 꼭 기억하셔야 합니다.

지금까지의 아이디어 도출을 위한 워밍업과 아이디어 완성을 위한 과정을 익히려면 직접 체험해보는 것이 중요합니다. 만일 여건이 된다면 민간 리서치 기업에서 진행하는 좌담회나 워크숍 등의 프로그램에 참여해보길 바랍니다. 이들 프로그램에서 진행하는 여러 아이디어 도출기법을 몸소 체험하고 아이디어를 완성하는 과정을 익히게 되면 아이디어라는 단어만 나와도 지끈거리던 머리가 어느새 문제 해결에 집중하는 모습을 느낄 수 있을 겁니다.

지나가는 생각

좌담회, 워크숍 체험하기

아이디어 도출기법을 제대로 활용하기 위해서는 직접 체험하는 과정을 거치는 것이 가장 효과적입니다. 이를 위해서는 주요 리서치회사에서 진행하는 좌담회, 워크숍을 참여하면 큰 도움이 되는데요. 경험도 쌓고 사례비도 벌 수 있는 일석이조의 기회. 그럼 어떤 리서치 회사가 있는지 살펴보겠습니다.

- 리서치앤리서치: 국내에서 가장 오래된 리서치 업체(http://panel.randr.co.kr/)
- 마크로밀엠브레인: 가장 활성화된 리서치 업체. 다양한 좌담회, 워크숍을 운영(http://www.panel.co.kr)
- 서베이링크: 전문패널이 되면 더 많은 좌담회 참여할 수 있음(https://www.surveylink.co.kr)

3-4 문서작성 능력과 기획 도구의 사용

IT 업계에서 개발자의 능력은 짧고 간결하면서도 군더더기 없는 코딩으로 판단하고, 디자이너의 능력은 시각적 만족감과 함께 UI/UX를 얼마나 잘 디자인했는가로 판단합니다. 그럼 기획자는 어떤 기준으로 능력을 판단할까요? 기획자는 연차에 따른 기준점이 각각 다르지만 공통적으로 문서작성 역량이 능력에 포함됩니다. 기획자에게 문서작성 능력이 중요한 이유는 뭘까요? 그 이유는 기획자가 작성하는 문서는 이슈의 중심에서 의사결정의 기본 자료가 되고 커뮤니케이션의 기초 자료가 되기 때문입니다.

기획자가 작성하는 문서를 살펴보면 크게 두 가지 형태로 구분됩니다. 첫 번째 형태는 보고서, 기획서, 제안서와 같은 보고를 목적으로 한 문서입니다. 보고용 문서는 의사결정을 위한 기본자료로 객관적인 사실을 전달하거나 특정 주제에 대한 방향성 및 해결책을 제시하여 의사결정권자의 판단을 이끌어냅니다. 의사결정을 이끌어낼 수 있는 보고서가 되기 위해서는 가치 있는 자료 수집이 선행되어야 합니다. 또 수집된 자료 간에 인과관계가 명확해야 하고 그로 인한 의사결정의 근거가 논리적으로 설명 될 수 있어야 합니다.

두 번째 형태는 정책 문서, 플로차트, 스토리보드와 같은 커뮤니케이션 문서입니다. 커뮤니케이션 문서는 협업을 위한 문서로서 협업 대상자 모두가 쉽게 이해할 수 있도록 작성되어야 합니다. 개발자들과의 원활한 커뮤니케이션을 위해서는 개발 흐름이 논리적으로 정리되어 있어야 하며, 각종 상황에 대한 명확한 시나리오를 담고 있어야 합니다. 또한 디자이너와의 원활한 커뮤니케이션을 위해서 우리의 대상은 누구이며, 핵심 콘셉트가 무엇인지, 무엇이 부각되어야 하는지에 대해 문서를 통해 명확하게 전달할 수 있어야 합니다.

✽ 그림 7-35 스토리보드 예시 화면

　이 두 가지 스타일의 문서를 잘 작성하는 기획자의 경우 상급자 및 동료들에게 강한 신뢰감을 주는 데다 프로젝트의 성공에도 큰 영향을 미칩니다. 하지만 문서작성 능력이 부족한 기획자는 상사에게는 물론 동료들에게도 일하기 힘든 사람으로 낙인 찍힐 수도 있습니다. 그렇다면 좋은 문서의 기준은 무엇일까요? 좋은 문서는 예쁘게 디자인하고 잘 포장하는 것이 아니라 핵심 가치의 유무와 함께 그 가치가 얼마나 잘 전달되었는가로 판단합니다. 좋은 문서를 작성하기 위해서는 구조화를 통한 메시지 전달에 70% 이상의 투자를 하고 효과적으로 전달하는 기술에 30% 정도를 투자하는 게 가장 이상적인 문서의 배합이라고 볼 수 있습니다.

여러분이 작성하는 문서는 이해관계자를 충분히 설득하고 있나요? 아니면 상사가 시킨 일을 억지로 진행하며 매번 모두가 불만족스러워하는 문서를 양산하고 있나요? 이번 기회를 통해 여러분이 작성한 문서를 다시 한 번 점검해보시기 바랍니다.

3-4-1 기획을 위한 도구, 어떤 것이 있을까?

주변에 문서작업 하는 사람들을 살펴보면 전달하고자 하는 메시지가 불분명한 상황에서도 보여 주기에 열중하는 사람들이 많습니다. 도표 디자인을 위해 온종일 땀 흘리고 수많은 애니메이션을 넣고 혼자 뿌듯해합니다. 하지만 정작 그 문서를 보는 이해관계자들은 당황스럽습니다. 껍데기는 화려한데 그에 비해 내용이 없기 때문이죠.

∗ 그림 7–36 방사형으로 아이디어를 정리할 수 있는 마인드젯 프로그램

기획 도구는 전달하고자 하는 메시지를 효과적으로 전달하기 위한 보조 수단에 불과합니다. 실력 좋은 목수는 연장 탓을 하지 않듯이 실력 좋은 기획자도 기획 도구에 의존하지 않습니다. 다만 메시지를 더욱 명확하게 전달하고 완성도 높은 문서를 작성하기 위해 기획 도구를 적절히 사용할 뿐입니다. 겉모습이 아무리 화려해도 알맹이가 없다면 실망감이 크듯이 기획

도구는 보조 수단임을 명심하시기 바라며 마이크로소프트사의 오피스 외에 기획자가 활용할 수 있는 다양한 도구를 소개합니다.

표 7-1 기획적 사고 정리 도구

마인드맵 도구	특징	마인드맵은 머리 속 생각을 이미지화 할 수 있도록 도와주는 도구로 다양한 연상작용을 통해 문서의 뼈대를 세우는데 효과적이다. 시중에 나와있는 도구 중에는 마인드젯, 알마인드, 프리마인드 프로그램을 추천한다.		
	관련링크	마인드젯	http://www.mindjet.com	유료
		알마인드	http://www.altools.co.kr/Download/Almind.aspx	무료
		프리마인드	http://freemind.sourceforge.net/wiki/index.php	무료
다이어그램	특징	기호, 선, 점 등을 사용해 각종 사상의 상호 관계나 과정, 구조 등의 프로세스를 그림으로 그려 전달하는 데 효과적입니다. 다이어그램을 제작하는 도구는 파워포인트 외에도 무료로 사용 가능한 여러 도구가 출시되어 있으니 한 번씩 사용해 보시길 권장합니다.		
	관련링크	Visio	http://office.microsoft.com/ko-kr/FX103472299.aspx	유료
		Gliffy Diagrams	Chrome 브라우저 실행 후, 크롬 웹스토어 검색	무료
		Lucidchar	Chrome 브라우저 실행 후, 크롬 웹스토어 검색	무료

표 7-2 프로토타입의 화면 설계 도구

Axure	특징	최근 화면 설계 과정에서 많이 사용하는 도구. 화면의 자율성과 직관적인 출력물을 산출해 주고 있으며 Prototype을 완벽하게 만들어줌과 동시에 흐름을 이해하는 도구로 많은 기업들이 해당 소프트웨어를 사용하고 있다.	
	관련링크	http://www.axure.com/download	유료
Balsamiq Mockup	특징	Balsamiq Mockup도 스토리보드를 설계하는 유용한 도구 중 하나이다. 다만 디테일한 면에서는 자율성이 부족하기에 아직은 소비자에게 알려지지 않았으나 화면의 구성이나 도구 제공에 대해서는 많은 부분 앞서 있다. 하지만 단점으로는 속도 면에서 파워포인트에 답답한 점이 눈에 띈다.	
	관련링크	http://balsamiq.com	유료
PowerMockup	특징	파워포인트의 보조수단으로 현재 많이 사용되는 도구로 파워포인트 내에서 사용 가능한 템플릿 Tool로서 스토리보드 작업 시 시간을 줄여줄 수 있는 효율적인 도구로 자리잡고 있다.	
	관련링크	http://www.powermockup.com/download/powermockup-setup.exe	유료
mockingbird	특징	PowerMockup과 유사한 특징을 가졌으나 웹 기반으로 별도의 설치 없이 인터넷이 설치된 환경이라면 언제 어디서든 이용이 가능하다. (사파리, 크롬, 파이어폭스 브라우저만 지원)	
	관련링크	https://gomockingbird.com	무료

interview 4　순발력 있는 커뮤니케이션

정필호 (43세 / 18년 차)

(주)시도우 CMO(현)
계원예술대학교 디지털미디어디자인학과 겸임교수(현)
IT인 상생 모임 iTst 리더(현)
멘토링스터디그룹 디렉터(현)

Q1 기획을 잘하려면 어떻게 해야 하나요? 노하우를 공개해주세요.

A1 잘 긁어주면 됩니다.

부부가 서로에게 원하는 행동 중에 하나는 등을 긁어주는 사이라는 겁니다. 어떻게 보면 그냥 가까운 사이라고 생각할지 모르지만, 오랜 기간 릴레이션십Relationship이 쌓이면, 말하지 않고 등만 가져다 대도, 간지러운 곳을 정확히 긁어줍니다. 다른 사람에게 긁어달라고 하면 정말 간지러운 곳을 긁어줄 때까지 짜증이 나기 마련이죠. 기획도 마찬가지입니다. 요구하는 사람의 이야기에 귀를 기울이고, 마치 등에 좌표를 긋고 정확한 포인트를 긁듯이, 요구자의 입장에서 이해하고, 요구자가 가려워하는 곳을 정확히 긁어주는 것이 최고의 기획이라고 생각합니다. 어떤 기획자는 정말 가려운 곳을 찾기까지 끊임없이 헛다리를 짚어 요구자의 불만을 폭주시키기도 하고 어떤 기획자는 컨설팅이라며, 앞으로 간지러울 것이라며, 미리 긁자고 합니다.

여러분이 등이 가렵다면 위에 두 상황이 흡족할까요? 정확히 듣고, 이해하고, 대상을 정확하게 잡고 긁어주는 것. 그게 잘하는 기획자의 임무입니다. 이후 어떻게 긁을까. (손으로? 효자손으로? 등등) 메이커(디자인 방법론, 개발자 등등)는 이후 생각할 문제입니다.

간략히 노하우를 공개하자면, 기회의 기본인 회의만 잘하셔도 성공할 수 있습니다. 회의를 하면, 상대방은 바라보지도 않고, 끊임없이 받아 적기만 하는 분도 계시고 마치 자신이 보이스레코더 인양 듣기만 하는 분도 계십니다.

회의란 필요한 목적에 대한 대답을 도출하고 공유하는 자리입니다. 회의할 때 꼭 지켜야 하는 몇 가지를 말씀 드리겠습니다.

- 회의 전에 어떤 회의를 할지, 무엇을 목적으로 할지 미리 공유해야 합니다.
- 회의가 진행되면, 상대방을 바라보며 마치 사회자인 양 긍정의 제스처를 해줘야 합니다.
- 머릿속 메모리가 다할 때쯤 이야기한 내용을 다시 한 번 전체에게 이야기해주며 동의를 받으시고 동의된 내용을 정확하게 정의하여 메모합니다.
- 회의가 완료되면 이후에 진행해야 할 일들을 전달해야 합니다.

이를 통해, 회의 참여자들은 사전지식과 목적에 대해 고민한 상태에서 모이게 되며, 긍정적인 제스처에 하울링Howling[1] 효과를 얻어, 좀 더 많은 부분을 디테일 하게 이야기하며, 회의 주관자의 공유와 확인을 통해, 모인 사람들은 해당 내용을 다시 한 번 주지하게 됩니다. 이후는 다음에 준비해야 할 것들을 인지하게 되지요. 회의가 끝나고 돌아가는 길에 보람이 가득 찰 겁니다.

Q2 기획자에게 있어서 필요한 자질은 무엇인가요?

A2 순발력을 갖춘 커뮤니케이션이 아닐까요?

여러 가지가 있겠지만, 저는 말하는 능력과 순발력이라고 생각합니다. 말하는 능력이라는 게 말을 그냥 잘 하다는 내용이라기보다, 상대방의 이야기를 정확히 인지하고 이에 적합한 이야기를 논리적으로 계산해서 말해야 한다는 것이지요. 개인적으로 말을 잘하지 못하는 (잘 듣지 못하고, 논리적이지 않은) 사람은 기획자로서 어려움이 있습니다.

순발력은 재치라고도 하지만, 순발력의 근원은 수많은 지식에서 나옵니다. 평소 시장 트렌드나 관련 지식 등 잡다한 지식이 베이스가 되어야 생각지 못한 상황에 대한 순발력이 발휘됩니다. 프론트(Front)에서의 순발력은 방탄조끼와 같은 역할을 해줍니다. 참고로, 저는 책도 백과사전, 잡학사전 등 전공서적보다는 잡다한 책들을 더 좋아합니다!

저자주

1 하울링(Howling)은 어떤 장치의 출력이 입력 장치로 들어가서 증폭되어 다시 출력되는 일이 반복되는 현상으로 여기에서 하울링은 상대의 의견에 동조하는 분위기에 따라 시너지효과가 발생하는 것을 의미.

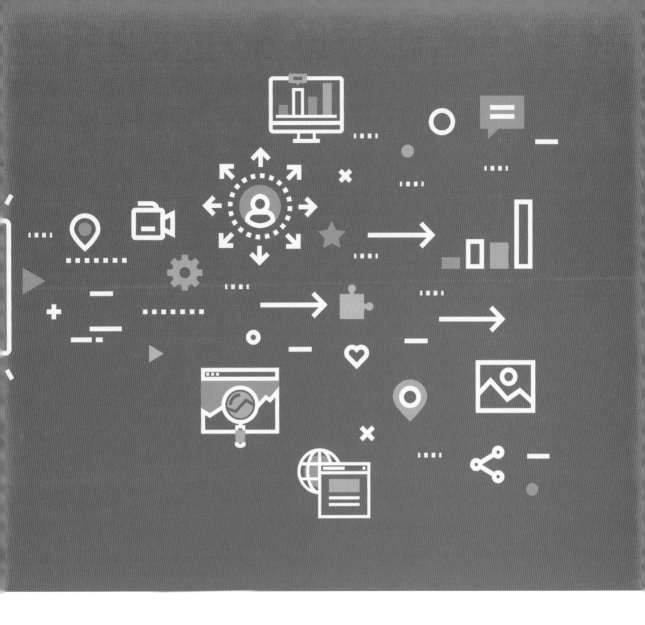

chapter 08

성장하길 원하는
기획자를 위한 세 가지 제안

1_ 생각하는 기획자

요즘 IT 시장의 흐름을 살펴보면 새로운 플랫폼에 대한 개발보다는 현재 구축된 웹사이트를 좀 더 트렌드에 맞춰 디자인을 개선하거나 유지 및 관리에 초점을 맞춰 관리자에게 필요한 부분만을 추가 개발하는 프로젝트가 많은 부분 차지하고 있습니다. 이미 대부분 기업은 웹사이트 및 앱 구축 붐이 일어나는 시기에 발 빠르게 구축해 놓은 상태며, 이제는 기존에 만들어진 사이트 및 앱을 좀 더 효율성 있게 개선하고 발전시키는 방향을 선호하고 있습니다. 그래서 대다수 기획자는 이미 사업이 진행되어 유지운영 또는 서비스 기획 중심으로 진행되고 매출과 복지가 안정적인 회사를 선택하여 취업하고자 합니다. 이렇다 보니 웹사이트 구축을 처음부터 끝까지 해본 경험있는 기획자가 점차 사라지고 특정 분야만 전문으로 다루는 기획자가 많이 배출되고 있습니다. 분야별로 전문 기획자가 생긴다는 것은 좋은 현상이기도 하지만 어떻게 보면 그런 환경 속에 기획자의 미래는 위험할 수도 있습니다. 즉 신규 기획을 해보지 못한 채 특정 분야에 매몰되어버리면 무엇인가 과제가 주어졌을 때 경험과 노하우를 가지고 있지 않으니 신규 프로젝트에서 배재될 수 있습니다. 자칫 원하지 않는 퇴직으로 이어지는데, 다양한 경험과 노하우를 요구하는 사회 기업 속에서 막상 갈 곳이 없어 초보 기획자로 재취업하는 일도 있습니다. 생각하는 기획자에게 중요한 수식어는 '가치 창조'입니다. 하지만 현실은 아침 일찍 일어나 9시 정각까지 출근하고 직장 상사의 눈치를 보며 뒤늦게 퇴근하고 피곤함에 못 이겨 하루를 마감하는 직장인의 모습이 대다수입니다.

　이제는 기획자가 어떤 직업이고 나는 왜 이 직업을 선택했는가?에 대해 뒤돌아볼 시간입니다. 돈을 벌기 위해서 기획자를 선택했던 이들은 지금까지 많이 배출된 기획자들 틈바구니에서 버텨 내지 못하고 다른 직종으로 이직하기도 합니다. 창조의 맛을 아는 즐기는 기획자와 그냥 현실에 맞춰 시계 바퀴처럼 직장을 다니는 기획자는 출발선부터 다릅니다. 창조의 맛을 아는 기획자는 아침부터 주변 사물이나 풍경, 건물, 버스, 신문, 광고 등에서부터 많은 부분을 생활에서 관찰하고 그것이 내가 지금 맡고 있는 프로젝트에 어떻게 접목할 수 있을지 또는 그것을 응용해 어떤 새로운 것을 만들어 낼지를 항상 고민합니다. 즉 생활 환경 자체가 기획의 소스이고 아이템으로 받아들이고 그것을 응용하여 뜻밖에 성과를 내기도 합니다. 이 경험이 밑거름이 되어 꼭 필요한 인재로 성장합니다. 대부분의 직장인은 오전 9시에서 오후 6시까지의 총 9시간이란 시간을 직장에서 보내고 있으며 하루 중 70% 정도를 직장에서 시간을 보내고 있습니다.

사실 기획자는 더 늦은 시간까지 야근하고 있는 실정입니다. 이런 와중에도 기획자는 현재 자신이 맡고 있는 직장에서의 기술과 다양한 새로운 경험을 융합하여 지속적으로 발전해 나가는 것이 중요합니다. 기획자에게 주어지는 기술은 한 가지가 아니라 여러 가지가 융합되어 시너지가 나오는 것이기에 경험이 쌓일수록 더욱 빛을 낼 것입니다. 지금 주어진 업무는 기획자면 누구나 해낼 수 있는 대체 가능한 업무지만, 융합된 기술을 쌓고 이를 자신의 업무에 현실화시켜 기획하여 만든 기술은 자기 자신을 창조적 기획자로 만드는 것입니다. 간혹 서비스 기획 또는 운영 기획자가 지금 이 글을 보면서 "나에게 그런 업무가 주어질까? 내가 하는 일은 운영인데..." 또는 "내가 어떻게 해!"라고 새로운 경험과 기술을 접목할 수 있는 시도를 중도에 포기해 버리시는 분들께 경험자로 조언해 드리면, 새로운 기술과 경험을 통해 창조적 가치를 창출하는 업무는 누구도 나에게 줄 수 없다는 것입니다. 창조적 가치란 기존에 가지고 있지 않은 무형의 아이디어나 생각이 현실화되어 시너지가 나는 것을 말하며 매출 또는 유지운영 등에 기여되는 가치를 말합니다. 즉 '창조'라는 단어는 지금 글을 보시는 기획자의 영역이며 그 누구도 대신할 수 없습니다. 성장하는 기획자는 주어진 업무에 대해서 프로젝트의 실현 가능성을 바라보는 것이 아니라 그다음에 다가올 실현 후의 방향과 실현의 문제점을 발견해 하나하나 제거하는 역할을 합니다. 바둑이나 장기에서 다음 수를 예상하는 것처럼 기획도 앞으로 펼쳐질 미래 자신의 프로젝트의 단계별 방향성과 계획을 예측해야 합니다. 얼마나 더 깊고 정확하게 예측하는가는 기획자의 경험과 깊은 통찰력에서 나옵니다. 지속적인 실패와 경험을 통해 만들어진 성과물은 점차 개선과 노력을 통해 발전하고 기획자의 성장 발판이 될 것입니다.

다시 강조하지만 기획자에게 가장 큰 재산은 바로 다양한 경험입니다. 경험은 결국 이력이 되어 경험 많은 기획자는 어느 곳에서든지 환영받는 인재로 대접받을 겁니다. 20세기 최고의 발명 아이템인 스마트폰도 어느 순간 갑자기 뛰어나온 것이 아니라 사물과 생각의 결합이라는 영감에서 시작해서 발전된 하나의 작품입니다. 즉 기획의 모든 가치 창조는 새로운 것이 아니라 주변을 관찰하고, 여러 가지의 조합을 의미 있게 해석한 다음 프로젝트에 접목한 결과물입니다.

◦ 그림 8-1 아이폰, 계산기

2_ 기획자와 개발자의 관계

2-1 생각을 문서로 정의하는 기획자

기획자는 프로젝트의 여러 문제 요소를 발견하고 해결법을 찾는 역할을 합니다. 모든 이가 표현하지 못하는 아이디어나 생각을 청취하여 기획자의 경험에 의해 주관적인 기획서로 정리하고 그 문서를 통해 다시 예측 가능한 이슈(개발비, 인력, 서버, 언어, 일정 등)를 발견합니다. 이를 통해 발견된 이슈를 재정의 후 확정된 개발사항을 스토리보드로 정의하여 디자이너 또는 개발자에게 가이드로 제공합니다. 여기서 기획자는 개발에 대한 모든 것을 잘 안다거나 완벽하지 않을 수 있다는 것을 항상 인지해 두어야 합니다. IT 시장의 전반적인 흐름을 보면 클라이언트client와의 면대면 접촉이 가장 많은 기획자가 개발이나 디자인에 대한 결정할 수 없는 사항도 클라이언트와 만나 상황에 따라서는 즉시 결정한 뒤 개발자와 디자이너와 따로 협의해야 할 때도 있습니다. 가장 좋은 케이스는 개발자나 디자이너와 함께 동석하여 의사결정을 해야 하지만 IT 시장의 실정상 대부분 기획자만 클라이언트의 소통 채널이 되는 경우가 많습니다. 여기서 개발 및 디자인에 대한 이해가 적은 기획자는 예측되지 않은 사항에 대해 실수를 합니다. 또 다른 케이스는 클라이언트의 요구는 무수히 많은 변수와 때로는 언급하지 않은 요구사항까지 잠재되어 있어 기획자 또한 완벽히 이해하기 어렵다는 것입니다. 처음에는 이렇게 불분명한 클라이언트의 생각을 기획자 자신의 경험과 수많은 질의응답을 거쳐 퍼즐을 조각하듯이 정확한 요구사항과 해결법을 찾아냅니다. 간혹 기획자가 놓친 정책과 빠진 기획 요소는 명백한 기획자의 실수이지만, 수많은 페이지를 기획 설계하는 기획자에게 100% 정확한 방향을 예측해내라는 것은 사실 불가능한 것입니다. 많이 겪는 일이지만 같이 프로젝트를 진행하는 디자이너 또는 개발자에게 스토리보드 상의 실수를 지적받는 경우가 생기더라도 낙담할 필요가 없습니다. 실제로는 그들도 기획자의 눈에 보이지 않는 실수를 하기 때문입니다. 다만 기획자의 영역이 클라이언트의 생각을 대변하는 것이고 그것을 기획자는 가장 선두에서 스토리보드로 만드는 역할을 하므로 실제 개발 및 디자인을 수행하는 담당자에게 전달되는 문서는 정말 중요하다고 할 수 있습니다. 사소한 실수가 엄청난 일정 지연 및 개발인력을 소진하는 결과가 발생할 수 있기 때문입니다. 그러므로 꼼꼼하게 제작된 문서를 점검하고 디자이너 및 개발자와 해당 문서에 대해 지속적으로 상의하는 것이 실수를 줄이는 방법입니다. 기획자는 문서로 시작해서 문서로 끝난다고 할 정도로 모든 사항을 문서로 기록하고 그 기록을 공유해야 하는 의무가 있습니다. 클라이언트 또는 개발자와 디자이너의 생각까지 모든 부분을 문서화하여 자료로 배포해야 하며 자신의 컴퓨터에 저장 후 별도의 네트워크 공유 폴더 또는 클라우드Cloud를 통해 같이 제작하는 작업 담당자와 지속적으로 소통해야 합니다. 간혹 구두로 개발 의뢰한 사항이 문제가 되었을 때 증빙할 수 있는 문서자료가 없다면 책임의 여지도 심각해질 수 있으며, 최종 산출물을 제출할 때에도 클라이언트와 합의된 사항의 개발 완성물도 있지만 진행했던 도중 개발 변경사항 및 진행된 사항을 정리한 회의록도 스토리보드와 함께 최종 문서로 함께 제출되어야 합니다. 기획자는 클라이언트만을 위해 일하는 것이 아니라 해당 프로젝트를 진행하는 모든 이와 소통 채널이 되어야 하며 다시 강조하지만 소통 채널은 절대적으로 말이 아닌 문서가 되어야 합니다. 그러므로 파트너에게 넘기기 전에 사전에 클라이언트 및 같이 작업하는 기획파트너와 충분히 검토 과정을 거친 후 개발자에게 넘겨야 할 것입니다.

2-2 고객의 소리에 정답이 있다!

프로젝트를 진행하다 보면 많은 기획자가 벤치마킹을 통해 서비스 방향을 결정합니다. 이미 운영중인 선두의 경쟁업체 사이트는 수많은 고객의 소리를 듣고 그것을 개선해왔기에 서비스가 유지되고 있는 것입니다. 그런 잘나가는 사이트를 그대로 벤치마킹하여 동일한 사이트로 프로젝트를 완성한다면, 여러분이 만든 사이트는 고객에게 주지시킬 수 있는 특징이나 강렬한 인상을 주지 못해 경쟁력이 없으므로 많은 비용이 들어가는 광고만으로 치열한 경쟁을 해야 합니다. 기획에서의 벤치마킹은 올바른 것을 응용하여 좀 더 나은 것으로 만들기 위한 가이드로 써야지 모든 것을 그대로 복사하듯 만드는 것이 정답은 아닙니다.

신규 서비스에서 중요한 것은 다름 아닌 고객의 소리입니다. 실제로 사이트를 경험하고 그것을 이용하는 고객에게 답이 있습니다. "쇼핑몰에서 또 다른 새로운 것 없다!"라고 이야기합니다. 하지만 경매, 역경매, 소셜커머스, 포인트몰 등 이미 다양한 쇼핑몰의 이용 패턴이 변화되고 있으며 고객의 필요성에 의해 새로운 창조모델이 탄생하고 성공하는 것을 우리는 볼 수 있습니다. 남들과의 다른 시각과 관찰 속에서 우리는 새로운 것을 발견하고 그것을 현실화시키는 것! 이런 매력을 느끼면서 기획에 임할 때 비로소 기획자란 직업에 재미를 느끼실 수 있을 것입니다. 여러분이 고객의 소리에 귀를 기울이고 그 속에서 문제점 또는 불편사항을 발견했다 하더라도 누구도 그 결과에 따른 대안이나 신규 프로젝트를 우리에게 제공하지 않습니다. 즉 발견한 사실에 대해 우리가 클라이언트에게 제안하고 설득해야 한다는 것입니다. 이처럼 기획이란 직무는 단순하게 웹 또는 모바일의 화면 UI를 그리던 경험 이전에 고객과 클라이언트를 설득하는 기술과 경험이 필요합니다.

그럼 어떻게 설득의 기술을 배우고 발전시킬 수 있을까요? 우선 마케팅, 커뮤니케이션, 제안서 작성, 심리학, 관련 트렌드, 데이터 등의 자료를 수집하고 관련 서적을 통해 지식의 양을 높여야 합니다. 지식의 양을 높이면 자연스럽게 수집된 정보들이 융합되어 새롭거나 올바른 아이디어가 도출되며, 그것을 고객의 입장에서 대변할 때 설득을 할 수 있는 비율이 높아집니다. 바꿔 정리하면 우리는 설득을 하기 위해 제안이나 기획을 하는 것이 아니라 고객의 소리를 알리고 대변하기 위해서 기획을 해야 한다는 것입니다.

3_ 기획자, 무엇을 준비해야 할까?

3-1 자신이 하는 일이 곧 미래다!

기획자는 어떤 미래를 꿈꿔야 할까요? IT 업계에서 기획자는 IT 전문지식이 없는 사람들이 비즈니스를 실현할 수 있게 돕는 참모 역할을 하고 있습니다. 그러기에 디자인 및 개발의 전문적인 영역뿐만 아니라 마케팅, 심리학 등 IT 비즈니스의 전반적인 영역을 업무에서 지속적으로 다루고 있습니다. 이렇게 축적되어온 기술을 통해 장기적인 관점에서 기획자의 향후 미래는 자신만의 아이디어로 IT 비즈니스를 만들어 사업화하는 것이 최종 목적이 되지 않을까 합니다. 간혹 주변에 은퇴 시기가 돌아온 기획자를 보면 자신의 전문영역인 기획을 벗어나 다른 분야로 눈을 돌리기도 합니다. 하지만 자신이 지금껏 익히고 발전시켜왔던 경험과 기술을 버리고 다른 사업 쪽으로 간다면 경험과 기술을 다시 쌓아야만 하는 어려움이 있을 것입니다. 현대 시대에는 스마트 디바이스의 발전에 따라 불특정 대중을 상대로 웹사이트를 제작하고 막대한 마케팅 비용을 통해서만 사업을 하던 시대를 벗어나 손쉽게 앱App을 개발하여 마켓에 등록할 수 있습니다. 소비자는 필요에 따라 플레이 스토어나 앱 스토어에서 직접 다운받아 이용할 수 있으므로 기획자의 번뜩이는 아이디어만으로도 전 세계를 상대로 사업을 시작할 수 있는 시대가 온 것입니다. 다만 사업을 하기 위해서는 디자인과 프로그램에 대한 학습도 장기적으로 꾸준하게 진행해야 합니다. 무엇보다 자신이 만드는 사업에 대한 전반적인 이해가 뒷받침되어야 꾸준하게 발전되기 때문입니다. 본인이 직접 디자인 및 개발을 하지 않더라도 무엇을 만들고 있는지, 문제가 무엇인지는 알고 사업을 진행하는 것이 좋습니다.

3-2 마음에 맞는 파트너를 찾아라!

오랫동안 기획자로 활동하다 보면 마음에 맞는 디자이너 또는 개발자와 함께 스타트업 사업에 뛰어들어 활발하게 활동하는 경우도 있습니다. 자본력이 약한 스타트업이지만 함께 모여 번뜩이는 아이디어를 개발하고 발전시켜 성장하는 것도 좋은 방법일 수 있습니다. 기획자의 아이디어와 마케팅 능력, 개발자와 디자이너의 구축 및 유지 능력이 함께 어우러져 공동 목표인 사업 아이템을 만든다면 서로 사업을 이해하는 폭이 넓어 성공확률이 높아집니다. 다만 기획자, 개발자, 디자이너로써의 각자의 기술적인 역할도 중요하지만 공동사업이기에 기획자는 개발 및 디자인에 대한 이해력을 갖추고 있어야 합니다. 소규모로 운영되는 스타트업일수록 프로젝트를 같이 진행하는 파트너와 헤어진다면 그 역할을 대체할 수 있는 다른 사람이 충원되더라도 이전에 진행되어 왔던 프로젝트에 대한 이해가 전무한 사람이 그 역할을 해내기에는 많은 시간과 비용이 들어가기 때문에 많은 위험이 있습니다. 또한, 프로젝트 진행 시 마무리가 되는 경우 프로젝트에 대한 개발 소스 및 DB 테이블 등등 백업을 받고 초기에 서로 계약서 작성을 통해 향후 있을지 모르는 이익배분이나 비즈니스의 권리 등의 문제를 대비하는 것이 좋습니다.

3-3 직장에서 미래를 준비하라!

미래에 스타트업을 꿈꾸는 기획자에게 가장 필요한 것은 인맥입니다. 그러기 위해서는 현재 본업에 대한 기술뿐만 아니라 개발자 및 디자이너와의 협업 기술이 필요하며, 현재 하고 있는 업무뿐만 아니라 미래 자신이 만들고 싶은 사업 아이템을 지속적으로 생각하고 그것을 아이디어 노트를 통해 기술하고 점점 고도화시켜 앞으로 다가올 미래를 준비하는 것이 좋습니다. 유대인은 13세(바미쯔바: 성인식)에 축의금으로 5,000만 원을 받고 미래의 자신의 직업에 대한 목표를 정하고 지속적으로 그 분야를 학습합니다. 그만큼 좀 더 빠른 시기에 접해 본 세상에 대한 깨달음과 지식이 밑거름이 되어 세계적인 부호를 가장 많이 배출한 민족이 되었습니다. 대부분의 직장인은 앞으로 다가올 퇴직 후 미래에 대한 준비를 하고 있지 않습니다. 현실의 고단함에 미래를 준비할 여력이 없다고 계속 미루다 보면 어느새 준비해야 할 시기를 놓치게 됩니다. 직장에서부터 누구보다 빠르게 시작하여 지속적으로 치밀하게 쌓아온 준비가 향후 사업의 성공에 많은 영향을 주게 됩니다. 누구나 사업을 하면 성공만을 예상하며 직장을 관둔 후부터 아이디어를 발굴하여 사업을 시작하지만 그만큼 많은 노력과 준비된 상태가 아닌 이상 원하는 바를 이루기는 어렵습니다. 직장에서 지속적인 준비를 통해 미래의 스타트업 사업을 하기 위해서는 세 가지가 필요합니다. 바로 **인맥, 자본, 기술**입니다. 첫 번째 사업을 초기 진행하다 보면 많은 **인맥**이 필요하다는 것을 느끼게 됩니다. IT 시장에서의 인맥은 아주 중요한 성공의 열쇠를 지니고 있습니다. IT 같은 계열의 직업군만이 아닌 다양한 직업군에 속해 있는 사람들과 인맥을 형성한다면 미래의 자기 사업에 많은 도움을 받을 수 있을 것입니다. 같은 기획자끼리만 인맥을 형성하는 것도 중요하지만 편중되다 보면 자칫 기획자 직무에서의 한정적인 시각을 가지게 되어 미래 자기사업에 대한 아이디어뿐만 아니라 사업의 폭도 좁아지게 됩니다. 다양한 인맥을 형성하기 위해서는 인터넷상에 같은 취향이나 스포츠 등의 온라인 동호회 모임을 자주 가는 것이 좋습니다. 두 번째는 사업을 하기 위한 자본의 확보입니다. 대부분의 직장인이 단기간에 많은 사업자본을 가지고 시작하기에는 어려움이 많습니다. 이런 상황에서 가장 좋은 방법은 초기 자본을 정부에서 진행하는 중소기업 창업 투자 지원이나 엔젤 투자를 이용하는 방법입니다. 획기적인 사업 아이템과 여러분이 가지고 있는 기술력을 인정받는다면 벤처기업 육성 센터 및 대학교 산학연 컨소시엄 사업에 참여하여 보다 저렴한 비용으로 사무실을 장기간 대여 또는 지원 받을 수 있습니다. 세 번째는 기술입니다. 기술은 다른 의미로 사업을 실행하기 위한 인적 자원으로 정의할 수 있으며 가장 신중하게 결정해야 합니다. 서로 살아온 방식이 다르고 환경도 다르기에 때로는 많은 장벽에 봉착하기도 합니다. 그러므로 사업을 같이 진행할 때는 서로의 목표가 동일하고 신뢰할 만한 사람과 진행하는 것이 좋습니다. 무엇보다 각자 자기의 맡은바 기술에 대한 영역을 일당백으로 해내야 하기에 실력으로나 인성으로나 신중하게 파트너를 고르시는 것이 좋습니다.

4_ 마치며

성장하는 기획자는 정체되지 않고 지속적으로 변화해야 합니다. 사회 초년생에서 배워야 할 기획이란 업무와 중간 및 고급 기술자로 연차가 높아질수록 자신이 해결해야 할 기술과 능력이 달라져야 하기에 기획자는 매번 앞으로의 연차에 맞는 기술에 대한 학습이 새롭게 요구됩니다. 초기에는 웹사이트 및 앱에 대한 UI를 그리는 역할을 했다면 향후 연차가 늘어남에 따라 팀원들이 생기는 시기에는 기존 기술을 벗어나 제안서 제작이나 사업 기획 등으로 자신의 직무기술이 확장됨을 느끼실 겁니다. 또한, 점차 사업 기획을 하다 보면 기획자 자신만의 아이디어가 생겨나고 그것을 사업화시켜 사업을 진행하는 등 단계적으로 가져야 할 기술과 능력이 다르고 준비해야 할 것들도 많습니다. 마지막으로 당부드리면 기획자로서 성장하기 위해서는 꼭 자신이 가장 잘하고 즐길 수 있는 기획분야(학습, 금융, SI, 쇼핑, 콘텐츠 등)를 선택하여 시작하시기 바랍니다. 기획 업무를 업무 자체로 보면서 기획하는 것보다 자신의 취향과 관심거리가 맞는 분야의 기획을 하다 보면 즐기면서 일하실 수 있고 더욱 발전하실 수 있습니다. 기획자란 직업은 많은 부분을 학습하고 경험하면서도 실제로는 성과가 눈에 보이지 않는 직업입니다. 또한, 디자인 및 개발이란 직무보다 발전 속도가 더디고 많은 프로젝트에서 힘든 과정을 겪고, 이런 경험이 우러나야 비로소 제대로 된 기획자란 역할을 수행할 수 있을 정도로 경험이 요구되는 직업입니다. 사람과의 커뮤니케이션도 클라이언트, 디자이너, 개발자 등 많은 프로젝트에 속한 사람들과 소통해야 하는 직업이기에 직무 경험이 서툰 초급 기획자 대부분이 힘겨워 하고 있습니다. 기획자란 직업은 모래를 품은 조개가 점차 오래될수록 값진 진주가 되듯 다양하고 많은 프로젝트를 수행하면서 얻어진 경험이 여러분을 멋진 기획자로 만들어 줄 것입니다. 기획자에게 필수요소으로 멈추지 않는 끊임없는 탐구와 기획에 대한 욕심 그리고 창조적인 활동을 하다 보면 어느새 성장한 자신의 모습을 보시게 될 것입니다.

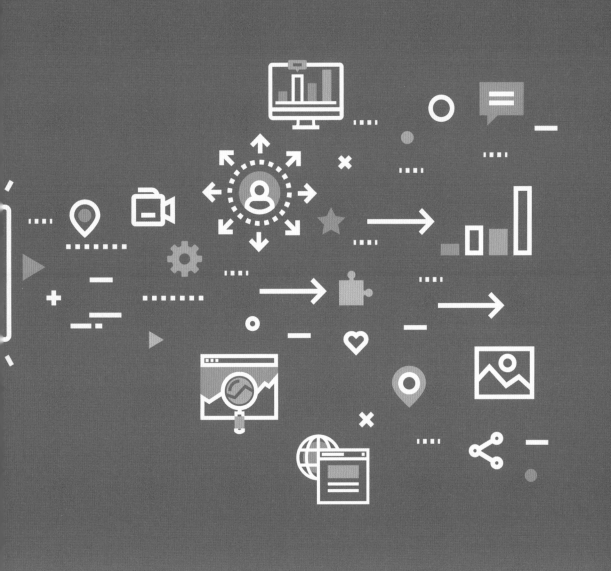

appendix

웹/모바일 관련 용어의
사용 사례와 해설

1_ 비즈니스 용어

1-1 전자상거래 종류

B2B(Business to Business)

기업과 기업 사이의 거래를 기반으로 한 비즈니스 모델을 의미한다. 기업이 필요로 하는 장비, 재료나 공사 입찰 같은 것들이 B2B의 예가 된다.

출처 위키피디아 https://ko.wikipedia.org/wiki/B2B

B2C(Business to Consumer)

기업이 제공하는 물품 및 서비스가 소비자에게 직접 제공되는 거래 형태를 설명하는 용어로 전자상거래(e-commerce)가 대표적이다.

출처 네이버 지식백과(시사상식사전)
http://terms.naver.com/entry.nhn?docId=932639&cid=43667&categoryId=43667

B2E(Business to Employee)

기업과 직원 사이의 전자상거래를 말한다. 기업이 서비스를 의뢰하면, 기업들의 복리 후생을 대행해주거나 직원들에게 교육을 제공하는 등의 상거래이다.

출처 네이버 지식백과(두산백과)
http://terms.naver.com/entry.nhn?docId=1211091&cid=40942&categoryId=31821

B2G(Business to Government)

인터넷에서 이루어지는 기업과 정부 간의 상거래를 말한다. 여기서 G는 단순히 정부뿐만 아니라 지방정부, 공기업, 정부투자기관, 교육기관 등을 의미하기도 한다.

출처 네이버 지식백과(두산백과)
http://terms.naver.com/entry.nhn?docId=1208384&cid=40942&categoryId=31821

B2B2C(Business to Business to Consumer)

기업과 기업과의 거래, 기업과 소비자와의 거래를 결합시킨 형태의 전자상거래이다. 기업들을 모집하여 소비자와 만나게 해주고, 소비자에게 각종 서비스를 제공해주고 비용을 받는 형태로 되어 있다.

출처 네이버 지식백과(두산백과)
http://terms.naver.com/entry.nhn?docId=1228511&cid=40942&categoryId=32828

C2B(Customer to Business)

소비자가 주체가 돼서 기업과 상거래를 한다는 의미로 역경매가 대표적이다.

출처 네이버 지식백과(시사상식사전)

http://terms.naver.com/entry.nhn?docId=74414&cid=43667&categoryId=43667

C2C(Customer to Customer)

소비자와 소비자 간 전자상거래는 인터넷 경매 또는 벼룩시장과 같이 어떤 중개 기관을 거치지 않고 소비자들이 인터넷을 통해 직거래하는 방식이다. 미국의 이베이와 한국의 옥션이 대표적인 사례라고 할 수 있다.

출처 위키피디아 https://ko.wikipedia.org/wiki/C2C_(전자_상거래)

C2G(Customer to Government)

소비자와 정부 간의 전자상거래로 세금이나 각종 부가세 등을 인터넷으로 처리하는 것을 말한다.

출처 네이버 지식백과(한경 경제용어사전)

http://terms.naver.com/entry.nhn?docId=2062411&cid=42107&categoryId=42107

C&C2B(Consumer and Customer to Business)

공동 구매처럼 다수의 소비자가 기업을 상대로 물건을 구입하는 것을 말한다.

출처 네이버 지식백과(매일경제)

http://terms.naver.com/entry.nhn?docId=18110&cid=43659&categoryId=43659

G2B(Government to Business)

정부와 기업 간의 거래로 정부 전자조달, 물품이나 용역의 입찰, 공문서 교환 등을 말한다.

출처 네이버 지식백과(시사상식사전)

http://terms.naver.com/entry.nhn?docId=74414&cid=43667&categoryId=43667

G2C(Government to Customer)

정부와 소비자간 전자상거래는 인터넷을 통한 민원 서비스 등 대국민 서비스 향상을 그 주된 목적으로 하고 있다.

출처 네이버 지식백과(NEW 경제용어사전)

http://terms.naver.com/entry.nhn?docId=783499&cid=50305&categoryId=50305

G2G(Government to Government)

국가기관과 국가기관 간의 거래로 방위산업체가 대표적이다.

출처 네이버 지식백과(시사상식사전)

http://terms.naver.com/entry.nhn?docId=932562&cid=43667&categoryId=43667

1-2 일반 용어

ASP(Application Service Provider)

소프트웨어를 패키지 형태로 판매하지 않고 일정한 요금을 받고 인터넷을 통해 임대해주는 서비스를 말한다.

> **출처** 네이버 지식백과(시사상식사전)
> http://terms.naver.com/entry.nhn?docId=932637&cid=50375&categoryId=50375

CMS(Contents Management System)

e-비즈니스에 포함되는 모든 콘텐츠를 생성, 보관, 관리하는 일련의 작업과 과정을 일컫는 말로 기업 내에 존재하는 다양한 포맷의 문서, 이미지, 동영상, 소리 등을 제작, 출판, 관리하는 콘텐츠 시스템 솔루션을 말한다.

> **출처** 네이버 지식백과(한경 경제용어사전) 참고
> http://terms.naver.com/entry.nhn?docId=2064448&cid=50305&categoryId=50305

CP(Content Provider)

인터넷에서 서비스할 수 있는 콘텐츠를 생산해 공급하는 기업 또는 개인을 말한다.

> **출처** 도서 『웹 기획 & 웹 프로젝트 매니지먼트』(영진닷컴, 2002, 절판)

CRM(Customer Relationship Management)

고객 관계 관리의 약자로 기업이 고객과 관련된 내외부 자료를 분석 · 통합해 고객 중심 자원을 극대화하고 이를 토대로 고객 특성에 맞게 마케팅 활동을 계획 · 지원 · 평가하는 과정이다.

> **출처** 네이버 지식백과(시사상식사전)
> http://terms.naver.com/entry.nhn?docId=74459&cid=43667&categoryId=43667

ERP(Enterprise Resource Planning)

전사적 자원 관리 시스템이라고 불리는 ERP는 기업의 경영 활동 수행을 위해 여러 개의 시스템 즉 생산, 판매, 인사, 회계, 자금, 원가, 고정 자산 등의 운영 시스템 전 부문에 걸쳐 있는 경영 자원을 하나의 체계로 통합하여 시스템을 전사적으로 재구축함으로써 생산성을 극대화하려는 대표적인 기업 리엔지니어링 기법이다.

> **출처** 도서 『웹 기획 & 웹 프로젝트 매니지먼트』(영진닷컴, 2002, 절판)

KMS(Knowledge Management System)

지식 관리 시스템으로 불리고 있으며, 조직 내의 인력 각자가 독자적으로 축적해 온 지식을 체계적으로 공유함으로써 기업 경쟁력을 향상시키기 위한 기업 정보 시스템을 말한다.

> **출처** 도서 『웹 기획 & 웹 프로젝트 매니지먼트』(영진닷컴, 2002, 절판)

LMS(Learning Management System)

컴퓨터 온라인을 통하여 학생들의 성적과 진도는 물론 출석과 결석 등 학사 전반에 걸친 사항들을 관리해주는 시스템이다. 학습 콘텐츠의 개발과 전달 · 평가 · 관리에 이르기까지 교수 학습의 전반적 과정을 통합적으로 운영 · 관리할 수 있는 시스템으로, 학습 관리 시스템 또는 학사 관리 운영 플랫폼이라고도 한다.

출처 네이버 지식백과(두산백과)
http://terms.naver.com/entry.nhn?docId=1228508&cid=40942&categoryId=31725

Mash up

웹 서비스 업체들이 제공하는 각종 콘텐츠와 서비스를 융합하여 새로운 웹 서비스를 만들어 내는 것을 의미한다.

출처 네이버 지식백과(두산백과)
http://terms.naver.com/entry.nhn?docId=1346266&cid=40942&categoryId=32854

MCN(Multi Channel Network)

유튜브 내에서 동영상 채널을 운영하는 1인 창작자들과 파트너 관계를 맺고 프로그램 기획, 교차 프로모션, 파트너 관리, 디지털 저작권 관리, 수익 창출 및 잠재 고객 개발 등을 수행하는 회사들을 뜻한다.

출처 아웃스탠딩(IT NEWS 웹사이트) http://outstanding.kr/양띵과-나영석pd는-mcn-세계에선-동급입니다/

MIS(Management Information System)

경영 정보 시스템으로 불리며 기업 경영에서 의사 결정의 유효성을 높이기 위하여, 경영에 관련된 정보를 필요에 따라 즉시 수집하고, 전달하고, 처리할 수 있도록 도와주는 시스템을 말한다.

출처 네이버 지식백과(두산백과)
http://terms.naver.com/entry.nhn?docId=1060231&cid=40942&categoryId=31909

N스크린(NScreen)

N스크린은 하나의 멀티미디어 콘텐츠(영화, 음악 등)를 스마트폰, 태블릿, TV 등 N개의 디바이스에서 연속적으로 즐길 수 있는 기술을 말한다.

출처 네이버 캐스트 참고 http://navercast.naver.com/contents.nhn?rid=122&contents_Id=5966

O2O(Online to Offline)

PC, 스마트폰 등 온라인으로 상품이나 서비스 주문을 받아 오프라인으로 해결해주는 서비스를 말한다. 배달 음식 주문 App 카카오 택시 App 등 음식 배달과 교통수단부터 배송 · 물류, 가사, 숙박까지 다양한 서비스가 등장하고 있다.

출처 네이버 지식백과(한경 경제용어사전)
http://terms.naver.com/entry.nhn?docId=2424506&cid=42107&categoryId=42107

P2P(Peer to Peer)

인터넷에서 개인과 개인이 직접 연결되어 파일을 공유하는 것을 이야기한다. 기존의 서버와 클라이언트 개념이나 공급자와 소비자 개념에서 벗어나 개인 컴퓨터끼리 직접 연결하고 검색함으로써 모든 참여자가 공급자인 동시에 수요자가 되는 형태이다.

> **출처** 네이버 지식백과(두산백과)
> http://terms.naver.com/entry.nhn?docId=1213240&cid=40942&categoryId=32854

PG(Payment Gateway)

신용카드사와 가맹점 계약을 체결하는 것이 곤란한 중소 쇼핑몰을 대신해 카드사와 대표 가맹점 계약을 맺고 신용카드 결제 및 지불을 대행한 뒤 하부 쇼핑몰에서 수수료를 받는 업체를 지칭한다.

> **출처** 네이버 지식백과(매일경제용어사전) 참고
> http://terms.naver.com/entry.nhn?docId=18849&cid=43659&categoryId=43659

R&R(Role and Responsibilities)

기업에서 조직 구성원들이 수행해야 할 역할과 그 역할 수행에 따른 책임 관계의 정립을 의미한다.

RSS(Really Simple Syndication)

업데이트가 빈번한 웹사이트의 정보를 사용자에게 보다 쉽게 제공하기 위하여 만들어진 XML 기반의 콘텐츠 배급 포맷을 말한다.

> **출처** 네이버 지식백과(두산백과)
> http://terms.naver.com/entry.nhn?docId=1977778&cid=40942&categoryId=32848

UCC(User Created Contents)

인터넷을 사용하는 사람들이 직접 글·사진·동영상 등을 만들어 웹상에 올리는 사용자 제작 콘텐츠를 말한다.

> **출처** 네이버 지식백과(시사상식사전)
> http://terms.naver.com/entry.nhn?docId=932679&cid=43667&categoryId=43667

VOC(Voice Of Customer)

콜센터에 접수되는 고객 불만 사항을 접수부터 처리가 완료될 때까지 처리 상황을 실시간으로 관리하고 처리 결과를 관서별로 지표화하여 관리·평가함으로써 고객의 체감 서비스를 향상시키는 고객 관리 시스템을 말한다.

> **출처** 네이버 지식백과(지식경제용어사전)
> http://terms.naver.com/entry.nhn?docId=303757&cid=50304&categoryId=50304

롱테일 법칙(Long Tail Theory)

결과물의 80%는 조직의 20%에 의하여 생산된다는 파레토법칙에 반대되는 개념으로, 80%의 '사소한 다수'가 20%의 '핵심 소수'보다 뛰어난 가치를 창출한다는 이론이다.

출처 네이버 지식백과(두산백과)
http://terms.naver.com/entry.nhn?docId=1310643&cid=40942&categoryId=318

백오피스(Back Office)

백오피스는 일반 고객이 접근하는 프론트 페이지의 원활한 운영을 위해 경영 관리, 회계, 마케팅 등 회사의 모든 지원 요소를 포함하고 있는 시스템을 의미한다. 인터넷 서비스에서는 백오피스와 관리자 페이지를 같은 의미로 사용한다.

벤치마킹(Benchmarking)

측정의 기준이 되는 대상을 설정하고 그 대상과 비교 분석을 통해 장점을 따라 배우는 행위를 말한다. 기업 경영 분야에서 '벤치마킹'이란 어떤 기업이 다른 기업의 제품이나 조직의 특징을 비교 분석하여 그 장점을 보고 배우는 경영 전략 기법을 말한다. 컴퓨터 분야에서 '벤치마킹'이란 어떤 정보 시스템이나 홈페이지 등을 다른 정보 시스템이나 홈페이지 등과 비교 분석하여 평가하고 그 장점을 따라 배우는 것을 말한다.

출처 위키피디아 https://ko.wikipedia.org/wiki/벤치마킹

빅데이터(Big Data)

디지털 환경에서 생성되는 데이터로 그 규모가 방대하고, 생성 주기도 짧고, 형태도 수치 데이터뿐 아니라 문자와 영상 데이터를 포함하는 대규모 데이터를 말한다.

출처 네이버 지식백과 http://terms.naver.com/entry.nhn?docId=1691554&cid=42171&categoryId=42183

사물인터넷(IoT, Internet of Things)

각종 사물에 센서와 통신 기능을 내장하여 인터넷에 연결하는 기술을 의미한다. 여기서 사물이란 가전제품, 모바일 장비, 웨어러블 컴퓨터 등 다양한 디바이스가 된다.

출처 위키피디아
https://ko.wikipedia.org/wiki/%EC%82%AC%EB%AC%BC_%EC%9D%B8%ED%84%B0%EB%84%B7

사업 계획서(Business Plan)

창업, 자금 조달, 신규사업, 투자 유치, 신년도 사업 계획 등 사업을 추진함에 있어 사업의 내용을 정리하고 계획을 수립한 문서이다.

출처 네이버 지식백과(예스폼 서식사전)
http://terms.naver.com/entry.nhn?docId=1829765&cid=42279&categoryId=42279

스트리밍 서비스(Streamming Service)

인터넷에서 음성이나 영상 등을 실시간으로 재생하는 기법으로 데이터를 작은 조각으로 분할하여 온라인으로 사용자에게 전송함으로써 클라이언트 쪽에서 실시간으로 해당 영상 데이터가 재생되도록 하는 기술을 말한다.

> **출처** 네이버 지식백과(두산백과) 참고
> http://terms.naver.com/entry.nhn?docId=1220794&cid=40942&categoryId=32828

오픈마켓(Open Market)

온라인상에서 개인이나 소규모 업체가 개설한 점포를 통해 구매자에게 직접 상품을 판매할 수 있도록 하는 전자상거래 사이트를 총칭한다.

> **출처** 네이버 지식백과(시사상식사전)
> http://terms.naver.com/entry.nhn?docId=931151&cid=43667&categoryId=43667

온디맨드(On Demand)

공급 중심이 아니라 수요가 모든 것을 결정하는 시스템이나 전략 등을 총칭하는 의미로 기존 시장에서는 고객이 재화와 서비스가 있는 곳으로 찾아가는 공급자 위주였다면, 온디맨드는 고객의 요구나 주문에 맞춰 언제든지 필요한 물품과 서비스를 제공하는 수요자 위주의 방식을 말한다.

> **출처** 네이버 지식백과(시사상식사전) 참고
> http://terms.naver.com/entry.nhn?docId=932754&cid=43667&categoryId=43667

웹 2.0(Web 2.0)

인터넷 전문 기술자 팀 오라일리(Tim O'reilly)에 의해 성립된 것으로 이용자 참여 중심의 인터넷 환경을 뜻한다. 서비스 사업자가 일방적으로 제공하는 인터넷 환경을 웹 1.0으로 보고, 사용자 중심의 UCC 인터넷 환경을 웹 2.0이라 부른다. 핵심개념으로 참여, 공유, 개방을 통한 집단지성을 내포하고 있다.

> **출처** 네이버 지식백과(시사상식사전)
> http://terms.naver.com/entry.nhn?docId=932523&cid=43667&categoryId=43667

인트라넷(Intranet)

기업체, 연구소 등 조직 내부의 각종 업무를 인터넷과 같은 손쉬운 방법으로 처리할 수 있도록 한 새로운 개념의 네트워크 환경이다. 즉, 회사나 학교 등 한정된 공간에서의 네트워크 환경을 기반으로 웹과 같은 손쉬운 인터페이스로 기간 업무를 수행할 수 있도록 구축한 정보 시스템을 의미한다.

> **출처** 네이버 지식백과(컴퓨터인터넷IT용어대사전)
> http://terms.naver.com/entry.nhn?docId=826534&cid=42344&categoryId=42344

제안요청서(RFP, Request For Proposal)

프로젝트 발주자가 특정 과제의 수행에 필요한 요구사항을 체계적으로 정리하여 제시함으로써 제안자가 제안서를 작성하는데 도움을 주기 위한 문서이다. 제안요청서에는 해당 과제의 제목, 목적 및 목표, 내용, 기대 성과, 수행 기간, 금액(Budget), 참가 자격, 제출 서류 목록, 요구사항, 제안서 목차, 평가 기준 등의 내용이 포함된다.

출처 위키피디아 https://ko.wikipedia.org/wiki/제안요청서

제안서(Proposal)

서비스 및 제품을 제공하는 기업이 사업 제안을 의뢰한 기업으로부터 제안받은 사업을 어떻게 수행할 것인지에 대해 포괄적으로 정리한 자료를 말한다.

출처 네이버 지식백과(예스폼 서식사전)
　　　http://terms.naver.com/entry.nhn?docId=1831064&cid=42279&categoryId=42279

클라우드 컴퓨팅(Cloud Computing)

인터넷상의 서버를 통하여 데이터 저장, 네트워크, 콘텐츠 사용 등 IT 관련 서비스를 한 번에 사용할 수 있는 컴퓨팅 환경이다.

출처 네이버 지식백과(두산백과)
　　　http://terms.naver.com/entry.nhn?docId=1350825&cid=40942&categoryId=32828

핀테크(Fintech)

금융(Finance)과 기술(Technology)의 합성어로, 금융과 IT의 융합 분야에서 활약하는 스타트업(Start-up) 등에 의해 생겨난 새로운 금융 서비스를 의미한다. 서비스 영역은 가계부 및 회계 소프트웨어, 결제, 송금, 자산 운용 및 대출 등 기본적인 금융 영역으로부터 다양하고 폭넓게 확장되고 있다.

출처 네이버 지식백과(두산백과)
　　　http://terms.naver.com/entry.nhn?docId=2850243&cid=40942&categoryId=32828

2_ 스타트업 용어

기업공개(IPO, Initial Public Offering)

기업 설립 후 처음으로 외부 투자자에게 주식을 공개하고, 이를 매도하는 업무를 의미한다. 주식을 공개하는 방법으로는 자신의 회사 주를 주식시장에 등록하는 작업을 들 수 있다. 기업공개 과정 가운데, 회사는 외부 자금을 빌리는 경우가 많다 하지만 일단 상장 거래가 된 후, 주가가 높아졌을 시, 추가적인 주식 발행을 통해 자금 조달을 할 수 있다.

출처 위키피디아 https://ko.wikipedia.org/wiki/기업공개

데모데이(Demoday)

인큐베이팅이나 액셀러레이팅을 받은 스타트업이 투자자 및 일반인들 앞에서 서비스와 비즈니스 모델을 발표하는 행사를 말한다.

출처 플래텀 http://platum.kr/archives/21703

린 스타트업(Lean Startup)

아이디어를 빠르게 최소요건 제품(MVP, Minimum Viable Product, 시제품)으로 제조한 뒤, 시장의 반응을 보고 다음 제품에 반영하는 것을 반복해 성공 확률을 높이는 경영 방법론을 말한다.

출처 플래텀 http://platum.kr/archives/21703

밸류에이션(Valuation)

기업이 가진 가치를 말한다. 향후 얼마나 벌 수 있을지를 예상해 현재 시점의 현금 가치로 환산한 값이다. 이에 동원되는 지표로는 기업의 매출과 이익, 현금흐름, 증자, 배당, 대주주의 성향 등 다양한데 그 중 '해당 기업의 한 주당 주식의 가격×총 발행 주식' 방식을 주로 이용한다.

출처 플래텀 http://platum.kr/archives/21703

벤처캐피털(VC, Venture Capital)

잠재력이 있는 벤처기업에 자금을 대고 경영과 기술 지도 등을 종합적으로 지원하여 높은 자본 이득을 추구하는 금융 자본을 말한다. 주로 기술력은 뛰어나지만, 경영이나 영업의 노하우 등이 없는 초창기의 벤처 기업을 대상으로 한다.

출처 위키피디아 https://ko.wikipedia.org/wiki/벤처_캐피털

손익분기점(BEP, Break-Even Point)

일정 기간의 매출액이 해당 기간의 총비용과 일치하는 점으로 손익분기점이라고 말한다. 이론상으로 시작한 지 16~18개월 정도에 월 손익 분기점을 맞추는 것이 좋다고 말한다.

출처 플래텀 http://platum.kr/archives/21703

스타트업(Startup)

설립한 지 오래되지 않은 신생 벤처기업을 뜻한다. 미국 실리콘밸리에서 생겨난 용어로서, 혁신적 기술과 아이디어를 보유한 설립된 지 얼마 되지 않은 창업 기업이다. 자체적인 비즈니스 모델을 가지고 있는 작은 그룹이나 프로젝트 성 회사이다.

출처 위키피디아 https://ko.wikipedia.org/wiki/스타트업_컴퍼니

시리즈 A-B-C 투자

통상 첫 번째 투자를 시리즈 A, 두 번째 투자를 시리즈 B, 세 번째 투자를 시리즈 C라고 지칭하며, 일반적으로 시리즈 A는 10~20억 원, 시리즈 B는 20~100억 원, 시리즈 C는 100억 원 이상의 투자를 받는다.

출처 스타트업 리포트 블로그 글 참고 http://blog.naver.com/startreport/220160041558

액셀러레이션(Acceleration)

스타트업(특히 초기 단계)을 지원하는 관점의 프로그램으로 창업 지식과 경험, 비즈니스 인사이트를 알려주는 등 소프트웨어 중심의 지원을 제공한다.

출처 플래텀 http://platum.kr/archives/21703

엔젤 투자(Angel Investment)

개인이 돈을 모아 벤처기업에 필요한 자금을 대고 주식으로 그 대가를 받는 투자 형태를 말한다. 투자한 기업이 성공적으로 성장하여 기업 가치가 올라가면 수십 배 이상의 이득을 얻을 수 있는 반면 실패할 경우에는 투자액의 대부분이 손실로 확정된다. 기업을 창업하는 사람들 입장에서는 천사 같은 투자라고 해서 붙여진 이름이다.

출처 네이버 지식백과(한경 경제용어사전)
http://terms.naver.com/entry.nhn?docId=2066980&cid=42107&categoryId=42107

인수 합병(M&A, Mergers and Acquisitions)

인수와 합병을 아울러 부르는 말이다. '인수'는 하나의 기업이 다른 기업의 경영권을 얻는 것이고, '합병'은 둘 이상의 기업들이 하나의 기업으로 합쳐지는 것이다.

출처 위키피디아 https://ko.wikipedia.org/wiki/인수_합병

인큐베이션(Incubation)

스타트업(특히 초기 단계)을 지원하는 관점의 프로그램으로 공간이나 설비, 업무 보조 등 하드웨어 중심의 지원을 제공한다.

출처 플래텀 http://platum.kr/archives/21703

투자 회수(EXIT)

투자자가 투자금을 회수하는 방법으로 기업공개(IPO), 인수 합병(M&A), 기타 방법으로 분류한다.

피봇(Pivot)

제품의 시장 적합도를 맞춰 보는 과정에서 반응이 없는 경우 새로운 고객과 수익성을 위해 서비스나 제품 혹은 사업 모델을 다른 방향으로 전환하는 것을 말한다.

출처 플래텀 http://platum.kr/archives/21703

핵심 성과 지표(KPI, Key Performance Indicator)

조직이 추구하는 핵심 목표를 가리킨다. 회사의 성장세를 보여주는 근거가 되기 때문에 어떤 수치를 KPI로 삼을지 현명하게 결정해야 한다. 커뮤니티 서비스라면 월활성이용자(MAU), 모바일 게임 앱이라면 유료 결제 회원 수가 될 수 있겠다.

출처 블로터 http://www.bloter.net/archives/213093

3_ 마케팅 용어

3-1 광고 용어

CPA(Cost Per Action, 행동당 비용)

사용자가 광고를 클릭해 광고주의 사이트로 이동한 후 광고주가 원하는 특정 액션(구매, 회원가입 등)을 한 횟수에 따라 과금하는 방식을 말한다.

출처 네이버 광고 용어 사전 http://saedu.naver.com/dic/term.nhn?term=4

CPC(Cost Per Click, 클릭당 비용)

사용자가 검색 결과로 보여진 광고를 클릭해 광고주의 사이트로 이동했을 때에 광고비가 소진되는 과금 방식을 말한다.

출처 네이버 광고 용어 사전 http://saedu.naver.com/dic/term.nhn?term=195

CPM(Cost Per Mille, 노출당 비용)

온라인 광고의 가격을 책정하는 방법의 하나로 1,000회 광고 노출을 기준으로 가격을 책정하는 과금 체계를 말한다. (Mille.는 라틴어로 1천을 의미)

출처 네이버 광고 용어 사전 http://saedu.naver.com/dic/term.nhn?term=196

CTR(Click Through Ratio)

인터넷상에서 배너 하나가 노출될 때 클릭 되는 횟수를 뜻한다. 보통은 '클릭률'이라고 한다. 예컨대 특정 배너가 1백 번 노출됐을 때 3번 클릭 된다면 CTR은 3%가 되는데, 일반적으로 1~1.5%가 광고를 할 만한 수치이다.

출처 네이버 지식백과(매일경제)
http://terms.naver.com/entry.nhn?docId=1592188&cid=50304&categoryId=50304

검색 광고(Search Ads)

검색 사용자가 인터넷 매체에서 특정 키워드를 검색하거나 임의의 주제와 관련된 정보를 확인할 때, 검색 결과 페이지, 혹은 정보 페이지 상/하단에 해당 내용과 관련한 광고를 노출해 광고매체 이용자에게 보여 주는 방식의 인터넷 광고방식을 말한다.

출처 네이버 광고 용어 사전 http://saedu.naver.com/dic/term.nhn?term=182

검색엔진 최적화(SEO, Search Engine Optimization)

각종 검색엔진에 내 글을 효과적으로 싣고 널리 알릴 수 있도록 웹 페이지를 구성해서 검색 결과의 상위에 오르도록 하는 작업을 말한다.

출처 네이버 지식백과(IT용어사전)
http://terms.naver.com/entry.nhn?docId=2070776&cid=42346&categoryId=42346

구매 전환(Conversion)

광고를 통해 사이트로 유입된 방문객이 광고주가 원하는 특정 행동상담신청, 회원가입, 상품 구매, 장바구니 담기 등을 취하는 것을 말한다.

출처 네이버 광고 용어 사전 http://saedu.naver.com/dic/term.nhn?term=137

구매 전환율(CVR, Conversion Rate)

광고를 클릭하여 사이트에 들어온 방문자가 실제 구매 활동, 회원 가입, 구매, 장바구니 담기 등 광고주가 원하는 특정 행위를 하는 비율을 말한다.

출처 네이버 광고 용어 사전 http://saedu.naver.com/dic/term.nhn?term=50

노출(Impression)

광고가 사용자에게 보여 지는 것 또는 검색 사용자에게 광고가 노출된 횟수를 말한다.

출처 네이버 광고 용어 사전 http://saedu.naver.com/dic/term.nhn?term=186

랜딩 페이지(Landing Page)

인터넷 사용자가 광고를 클릭하고 광고주의 사이트에 방문했을 때 최초로 보게 되는 웹 페이지를 말한다.

출처 네이버 광고 용어 사전 http://saedu.naver.com/dic/term.nhn?term=187

문맥 광고(Context Ads)

페이지 내 콘텐츠를 분석하여 관련 키워드를 추출하고 광고를 노출하는 방식을 말한다.

출처 네이버 광고 용어 사전 http://saedu.naver.com/dic/term.nhn?term=69

투자 수익률(ROI, Return on Investment)

투자 비용 대비 수익 혹은 손실의 비율을 말한다.

3-2 로그 분석 용어

로그 파일(Losg File)

컴퓨터나 네트워크 서비스 중에 실행된 내용을 기록해 두는 파일이다. 대부분의 웹 서버는 서버에 내려진 모든 요청 사항을 기록한 로그 파일을 보유하게 되는데, 이 로그 파일 분석 도구를 이용하여 방문객들이 어디에서 오는지, 얼마나 자주 반복 방문하는지, 사이트를 어떻게 이용하는지 등을 파악할 수 있다.

출처 도서 『웹 기획 & 웹 프로젝트 매니지먼트』(영진닷컴, 2002, 절판)

로그 분석(Weblogs Analysis)

사이트에 방문한 사용자의 행태를 분석하는 서비스로 예를 들어, 광고를 통해 유입된 트래픽 중 실제로 제품 구매, 회원가입 등의 전환이 얼마나 발생하였는지에 대해 광고 효과를 측정하는 것을 말한다.

출처 네이버 광고 용어 사전 http://saedu.naver.com/dic/term.nhn?term=63

반송 수(Bounces, Single Page Visits)

1개 페이지만을 방문하고 이탈한 수치. 즉, 검색 등을 통해 웹사이트 방문 후 타 페이지로 이동하지 않고 서핑을 종료한 횟수를 말한다.

방문 수(Visits, Sessions)

한 방문자가 웹 사이트에 방문한 수로 한 명의 방문자는 여러 번의 방문 기록을 만들 수 있다.

출처 위키피디아 참고 https://ko.wikipedia.org/wiki/페이지_뷰

순 방문자 수(UV, Unique Visitors)

일정 기간 사이트에 같은 사람이 방문한 횟수를 제외한 수치를 말한다.

출처 네이버 광고 용어 사전 http://saedu.naver.com/dic/term.nhn?term=36

순 페이지뷰 수(Unique Page View)

동일 세션 동안 동일 사용자에 의해 발생한 누적 페이지뷰 수로 순 페이지뷰는 세션 동안 오직 1회만 카운트되며, 순 페이지뷰의 합은 방문 수보다 클 수는 없다.

페이지뷰(PV, Page View)

사이트 접속자가 둘러 본 페이지 수로 웹사이트의 특정 웹 페이지에 이용자가 접속하여 페이지의 내용이 브라우저에 나타날 때, 그 1회의 접속을 1 페이지뷰라고 한다.

출처 네이버 지식백과(시사상식사전)
http://terms.naver.com/entry.nhn?docId=932607&cid=50375&categoryId=50375

체류 시간(DT, Duration Time)

사용자가 사이트에 들어와 떠날 때까지의 체류 시간으로 PV와 더불어 고객 충성도를 나타내는 지표를 말한다.

4_ 구축 관련 용어

4-1 일반 용어

HTML(HyperText Markup Language)

웹 문서를 만들기 위하여 사용하는 기본적인 프로그래밍 언어의 한 종류로 하이퍼텍스트를 작성하기 위해 개발되었다. 문서의 글자 크기, 글자색, 글 모양, 그래픽, 문서 이동(하이퍼링크) 등을 정의하는 명령어로서 홈페이지를 작성 등에 쓰인다.

> **출처** 네이버 지식백과(두산백과) 참고
> http://terms.naver.com/entry.nhn?docId=1168097&cid=40942&categoryId=32838

UI(User Interface)

사용자 인터페이스의 약자로 사람(사용자)과 사물 또는 시스템, 특히 기계, 컴퓨터 프로그램 등 사이에서 의사소통을 할 수 있도록 일시적 또는 영구적인 접근을 목적으로 만들어진 물리적, 가상적 매개체를 뜻한다. 즉, 정보기기나 소프트웨어의 화면 등 사람과 접하는 면을 의미한다.

> **출처** 위키피디아 참고 https://ko.wikipedia.org/wiki/사용자_인터페이스

UX(User eXperience)

사용자 경험의 약자로 사용자가 어떤 시스템, 제품, 서비스를 직간접적으로 이용하면서 느끼고 생각하게 되는 총체적 경험을 말한다. UX는 UI를 포함하는 개념으로 사용된다.

> **출처** 네이버 지식백과(휴머니타스 테크놀로지)
> http://terms.naver.com/entry.nhn?docId=1691521&cid=42171&categoryId=42190

WBS(Work Breakdown Structure)

작업 명세 구조도라고 부르며 프로젝트의 범위, 전체 일정, 최종 산출물을 세부 요소로 분할한 계층적 구조도를 말한다.

웹 표준(Web Standards)

웹에서 표준적으로 사용되는 기술의 총칭으로 대표적인 국제적 표준화 단체인 W3C가 정한 웹을 만드는 기술 권고안을 말한다.

웹 접근성(Web Accessibility)

장애를 가진 사람과 장애를 가지지 않은 사람 모두가 웹사이트를 이용할 수 있게 하는 방식을 가리킨다.

> **출처** 위키피디아 https://ko.wikipedia.org/wiki/웹_접근성

페르소나(Persona)

어떤 제품 혹은 서비스를 사용할 만한 목표 인구 집단 안에 있는 다양한 사용자 유형들을 대표하는 가상의 인물이다. 페르소나는 가상의 인물을 묘사하고 그 인물의 배경과 환경 등을 설명하는 문서로 꾸며지는데 가상의 이름, 목표, 평소에 느끼는 불편함, 그 인물이 가지는 필요 니즈 등으로 구성된다.

> 출처 위키피디아 https://ko.wikipedia.org/wiki/페르소나_(방법론)

표적집단면접(FGI, Focus Group Interview)

표적 시장으로 예상되는 소비자를 일정한 자격 기준에 따라 6~12명 정도 선발하여서 한 장소에 모이게 한 후 면접자의 진행 아래 조사 목적과 관련된 토론을 함으로써 자료를 수집하는 마케팅 조사 기법이다.

> 출처 네이버 지식백과(두산백과)
> http://terms.naver.com/entry.nhn?docId=1225366&cid=40942&categoryId=31915

4-2 화면설계 용어

Footer

페이지 하단에 위치한 공통 노출 요소로써, 보통 회사 관련 정보 및 서비스의 정책, 각종 신고 정보(사업자 등록 번호, 통신 판매업 신고) 등을 수록한다.

GNB(Global Navigation Bar)

Home, Login, Sitemap 등 어느 페이지에서 들어가든 공통적으로 사용할 수 있는 메뉴 그룹을 지칭한다. 보통 사이트 최상단에 위치한다.

IA(Information Architecture)

콘텐츠나 서비스에 직관적으로 접근할 수 있도록 정보를 설계하고, 이것을 명확한 의미로 전달할 수 있도록 레이블링(Labeling)하는 것을 말한다. Sitemap은 IA에 포함되는 개념이다.

Interaction

사람(사용자)의 입력(조작)에 따른 디바이스의 출력(반응)을 의미하며 시각, 청각, 촉각적 입출력과 피드백을 통칭한다.

LNB(Local Navigation Bar)

웹사이트에서 2 Depth 이하 메뉴 단계를 표기할 때 사용한다. 왼쪽에 위치해서 'Left Navigation Bar'로 혼용하기도 하며 SNB(Side Navigation Bar)와도 같은 의미로 사용한다.

RNB(Right Navigation Bar)

정식 용어로 보기는 힘들며, 일반적으로 우측에 위치한 메뉴를 지칭한다.

UML 다이어그램(Unified Modeling Language Diagram)

UML은 요구 분석, 시스템 설계, 시스템 구현 등의 시스템 개발 과정에서, 개발자 간의 의사소통을 원활하게 이루어지게 하기 위하여 표준화한 통합 모델링 언어이다. UML 다이어그램은 시스템 상호작용, 업무 흐름, 객체 간의 메시지 전달, 시스템의 구조, 컴포넌트 관계 등을 그린 도면을 말한다.

> 출처 네이버 지식백과(두산백과, IT용어사전)
> http://terms.naver.com/entry.nhn?docId=1181048&cid=40942&categoryId=32838
> http://terms.naver.com/entry.nhn?docId=2454965&cid=42346&categoryId=42346

뎁스(Depth)

메뉴의 단계(깊이)를 의미하는 용어로, 일반적으로 1 Depth, 2 Depth와 같은 형식으로 사용한다.

라이트 박스(Light Box)

팝업이 뜨는 동시에 백그라운드 화면이 어두워지거나 밝아지는 효과를 말한다. 딤드(Dimmed)라고도 지칭한다.

> 출처 PXD 블로그 참고 〈UX 신입 디자이너가 알아야 할 UI 디테일 용어〉 http://story.pxd.co.kr/647

사이트맵(Sitemap)

웹사이트의 웹 페이지를 계층적으로 분류한 목록으로, 해당 웹사이트를 구성하고 있는 전체 구조를 보여주며, 웹 디자인을 계획하는 문서로 사용될 수도 있다.

> 출처 네이버 지식백과(시사상식사전)
> http://terms.naver.com/entry.nhn?docId=932468&cid=43667&categoryId=43667

스와이프(Swipe)

손가락을 댄 후, 일직선으로 드래그하는 것을 말한다. 직선 움직임이라는 제한이 있으나 시간의 제한은 없으므로 손가락을 뗄 때까지 스와이프 동작을 인식한다.

> 출처 thankee 블로그 http://thankee.tistory.com/117

스토리보드(SB, Story Board)

웹사이트 제작에 있어 아직 만들어지지 않은 페이지의 구성과 기능들을 화면의 흐름에 따라 표현한 그림을 말한다. 디자이너/개발자가 참고하는 최종적인 산출 문서로써 UI 및 개발적인 이슈가 담겨 있으며, 해당 문서를 바탕으로 커뮤니케이션을 진행한다.

> 출처 도서 『웹 기획 & 웹 프로젝트 매니지먼트』(영진닷컴, 2002, 절판)

스플래시 스크린(Splash Screen)

App이 실행될 때 표시되는 이미지를 말한다. 평균 2~3초간 지속되는 시간 동안 애플리케이션의 로고와 함께 App에 대해 간략한 소개를 하거나, 로딩 진행률을 애니메이션으로 표시하기도 한다.

> 출처 PXD 블로그 참고 〈UX 신입 디자이너가 알아야 할 UI 디테일 용어〉 http://story.pxd.co.kr/718

슬라이딩 메뉴(Sliding Menu)

평상시에는 닫혔다가 당길 때 열리는 서랍과 같다고 'Drawer'라고 부르기도 하며 슬라이딩 되면서 나오는 모션에서 착안하여 'Sliding Menu'라고도 부르기도 한다. 일반적으로 App의 최상위 메뉴를 표시하며, 최근 활동이나 알림 등 각 App의 부가적인 기능을 모아 볼 수 있는 공간으로 쓰인다.

출처 PXD 블로그 참고 〈UX 신입 디자이너가 알아야 할 UI 디테일 용어〉 http://story.pxd.co.kr/718

와이어 프레임(Wire-Frame)

스토리보드의 전 단계로 서비스 레이아웃을 구상하는 단계에서 손으로 그리거나 PPT로 간단하게 그린 그림을 뜻하며 모크업이라고도 부른다.

출처 〈웹만사〉 네이버 카페 용어사전 참고 http://cafe.naver.com/netmaru/23945

코치 마크(Coach Marks)

App을 처음 사용하는 사용자를 위해 간단한 도움말을 제공하는 패턴으로 화면에 반투명한 화면을 덮어 그 위에 각 메뉴에 대한 도움말을 표시한다.

출처 PXD 블로그 참고 〈UX 신입 디자이너가 알아야 할 UI 디테일 용어〉 http://story.pxd.co.kr/718

토스트 팝업(Toast Pop-up)

토스터기에서 토스트가 나오는 모양과 유사해서 붙여진 이름으로 PC에서는 주로 모니터의 우측 하단에서 몇 초간 나타났다가 사라지는 형태를 취하며, 모바일의 경우 화면의 중앙에 주로 위치한다.

출처 PXD 블로그 참고 〈UX 신입 디자이너가 알아야 할 UI 디테일 용어〉 http://story.pxd.co.kr/647

페이지네이션(Pagination)

페이지에 번호를 매겨서 정확한 페이지로 구분하는 것을 말한다.

팬(Pan)

손가락을 댄 후, 손을 떼지 않고 계속 드래그하는 움직임을 말한다.

출처 thankee 블로그 http://thankee.tistory.com/117

프로그레스 인디케이터(Progress Indicator)

콘텐츠가 로딩되고 있음을 시각적으로 보여주는 효과로 로딩이 완료되는 시기를 예측하기 어려운(Indeterminate), 예측이 가능한(Determinate) 두 타입으로 나누어 진다.

출처 PXD 블로그 참고 〈UX 신입 디자이너가 알아야 할 UI 디테일 용어〉 http://story.pxd.co.kr/647

프로토타입(Prototype)

설계가 끝난 화면이 어떻게 구동되는지 직접 실행해 볼 수 있도록 스크립트를 이용해 구현한 데모를 말한다.

출처 〈웹만사〉 네이버 카페 용어사전 참고 http://cafe.naver.com/netmaru/23945

플로차트(Flowchart)

논리(Logic)의 흐름을 특정한 순서도 기호(Flow Chart Symbol)를 사용하여 도식적으로 표현한 다이어그램을 가리킨다.

출처 네이버 지식백과(컴퓨터인터넷IT용어대사전)
http://terms.naver.com/entry.nhn?docId=823653&cid=42344&categoryId=42344

플릭(Flick)

스와이프에서 좀 더 제한적인 동작으로 빠르게 한쪽 방향으로 쓱~ 긋는 것을 말한다.

출처 thankee 블로그 http://thankee.tistory.com/117

핀치(Pinch)

화면의 일정 부분을 두 손가락으로 모으거나 벌리는 동작을 말한다.

4-3 모바일 서비스 용어

네이티브 앱(Native App)

모바일 OS 제조사에서 제공하는 개발 언어를 이용하여 자신들의 제품에서만 동작되는 앱을 말한다. 네이티브 앱의 장점으로는 특정 플랫폼에 함께 탑재되어 있는 다른 애플리케이션과의 인터페이스나 API의 사용이 가능하여 애플리케이션 간의 확장성이 용이하고 UI 구성 요소가 대부분 패키지화 또는 라이브러리 형식으로 기본 제공되기 때문에 빠른 로딩 속도가 장점이다.

출처 개인 블로그 참고(biew) http://biew.co.kr/?page=16

모바일 웹(Mobile Web)

웹 페이지를 작업할 때 사용하는 HTML5, CSS, JavaScript 등을 활용하여 작성된 브라우저에서 동작하는 화면을 말한다. 개발 시 화면 체크를 바로바로 확인할 수 있고, 바로 변경 및 수정이 가능하기 때문에 즉각적인 대응이 가능하다는 장점이 있지만, 모바일에서 사용되는 API 활용이 불가능하고 UI의 구성 요소를 실시간으로 로딩하므로, 처리 속도가 느리다는 점, 인터넷이나 와이파이의 연결 상태에 영향을 받는다는 단점이 있다.

출처 개인 블로그 참고(biew) http://biew.co.kr/?page=16

반응형 웹(Responsive Web)

디스플레이 종류에 따라 화면의 크기가 자동으로 최적화되도록 조절되는 웹 페이지를 말한다.

출처 네이버 지식백과(IT용어사전)
http://terms.naver.com/entry.nhn?docId=2070850&cid=50376&categoryId=50376

하이브리드 앱(Hybrid App)

네이티브 앱과 동일한 환경을 가지고 있지만, 부분적으로 HTML, CSS로 작성된 앱을 말한다. 인터넷 환경과 와이파이 환경에 따른 영향에도 유연하고, 모바일 앱보다는 빠른 로딩 속도와 스마트폰에서 바로 실행이 가능하다는 장점이 있다. 모바일 웹과 네이티브 앱의 장, 단점을 적절히 융합한 형태의 앱이다.

출처 개인 블로그 참고(biew) http://biew.co.kr/?page=16

4-4 디자인 용어

스큐어모피즘(Skeuomorphism)

사물의 모양을 실제와 동일하게 인식할 수 있도록 제작하는 iOS7 이전의 디자인 패턴을 말한다.

머티리얼 디자인(Material Design)

구글이 안드로이드 5.0과 함께 공개된 디자인 철학이자, 가이드라인이다. 그리드 기반의 레이아웃, 응답 및 전환 애니메이션, 조명 및 그림자와 같은 사물에 대한 깊은 묘사가 주 특징이다.

플랫 디자인(Flat Design)

입체감을 주는 디자인이 아닌 평평한 느낌을 주는 디자인을 말한다. 대표적인 플랫 디자인은 MS의 윈도우 8, 애플의 iOS7에서부터 적용되었다.

5_ 개발 용어

.NET

닷넷이라고 불리며 마이크로소프트사에서 추진하고 있는 통합 프로그램 환경을 말한다. ASP의 업그레이드 버전이며 윈도우 계열 서버에서 돌아간다.

Apache

Linux 및 Unix 시스템에서 주로 사용하는 웹 서버 프로그램을 말한다. 공개 버전으로 무료로 상업적 서비스를 할 수 있고, 안정성을 인정받아 세계적으로 가장 많이 사용하는 웹 서버이다.

> 출처 도서 『웹 기획 & 웹 프로젝트 매니지먼트』(영진닷컴, 2002, 절판)

API(Application Programming Interface)

운영 체제와 응용 프로그램 사이의 통신에 사용되는 언어나 메시지 형식을 말한다.

> 출처 네이버 지식백과(두산백과)
> http://terms.naver.com/entry.nhn?docId=1179553&cid=40942&categoryId=32837

ASP(Active Server Page)

마이크로소프트에서 제작한 웹 서버 IIS에서 컴파일 없이 구동되는 웹 프로그램이다. 윈도우 계열 서버에서 돌아가며 My-SQL을 사용한다.

BackBone

네트워크를 구성하는 데 있어 대형 경로를 구성하는 초고속 라인을 말한다.

> 출처 도서 『웹 기획 & 웹 프로젝트 매니지먼트』(영진닷컴, 2002, 절판)

Backend

비즈니스 로직 프로그래밍을 하는 개발자를 의미한다. 백엔드 개발자는 프론트엔드(Frontend)에 대한 이해와 데이터베이스, 웹 서버, 네트워킹 등 웹 애플리케이션의 전반적인 인프라에 대한 이해가 필요하다.

> 출처 위키피디아 참고 https://ko.wikipedia.org/wiki/웹_개발자

Browser Cashing

인터넷 페이지 로딩을 높이기 위하여 브라우저가 최근에 사용한 페이지를 사용자의 디스크에 저장해 두고, 동일한 페이지를 방문할 때 서버에서 다시 로딩하지 않고 디스크에 저장된 페이지를 보여주는 방법을 말한다.

> 출처 도서 『웹 기획 & 웹 프로젝트 매니지먼트』(영진닷컴, 2002, 절판)

Component

소프트웨어 개발을 마치 레고(Lego) 블록을 쌓듯이 쉽게 할 수 있도록 하는 기술을 말한다. 즉, 기존의 코딩 방식에 의한 개발에서 벗어나 소프트웨어 구성단위(Module)를 미리 만든 뒤 필요한 응용 기술을 개발할 때 이 모듈을 조립하는 기술을 말한다.

출처 네이버 지식백과(매일경제)
http://terms.naver.com/entry.nhn?docId=17120&cid=43659&categoryId=43659

DB(DataBase)

여러 사람에 의해 공유되어 사용될 목적으로 통합하여 관리되는 데이터의 집합을 말한다.

출처 네이버 지식백과 (두산백과)
http://terms.naver.com/entry.nhn?docId=1082446&cid=40942&categoryId=32840

DBMS(DataBase Management System)

데이터베이스 관리 시스템을 뜻하는 것으로, 데이터베이스에 저장, 수정, 그리고 정보를 추출할 수 있도록 허용하는 프로그램의 집합을 말한다.

출처 도서 『웹 기획 & 웹 프로젝트 매니지먼트』(영진닷컴, 2002, 절판)

DNS(Domain Name System)

도메인 이름을 IP 주소로 변환하는 인터넷 서비스를 말한다. 일반 이용자들은 서버에 접속할 때 기억하기 쉬운 도메인 이름으로 접속하게 되는데 실제의 인터넷은 IP 주소에 기반을 두고 있기 때문에 도메인 이름을 사용할 때마다 DNS 서비스가 그 이름을 관련된 IP 주소로 변환해 주는 기능을 하고 있다.

출처 도서 『웹 기획 & 웹 프로젝트 매니지먼트』(영진닷컴, 2002, 절판)

DRM(Digital Rights Management)

디지털 콘텐츠의 무단 사용을 막아, 제공자의 권리와 이익을 보호해주는 기술과 서비스를 통틀어 일컫는 말이다. 불법 복제와 변조를 방지하는 기술 등을 제공한다.

출처 네이버 지식백과(두산백과)
http://terms.naver.com/entry.nhn?docId=1221171&cid=40942&categoryId=32828

ERD(Entity Relationship Diagram)

데이터 및 데이터들의 관계를 표현한 도식화된 그림(Diagram)을 말한다.

Fire Wall

방화벽이라 불리며, 컴퓨터의 정보 보안을 위해 불법 접근을 차단하는 보안 시스템으로 기업이나 조직 내부의 네트워크와 인터넷 간에 전송되는 정보를 선별하여 처리할 수 있는 보안 프로그램이나 장비를 말한다.

출처 도서 『웹 기획 & 웹 프로젝트 매니지먼트』(영진닷컴, 2002, 절판)

Frontend

UI를 주로 제작하며 사용자에게 보이는 클라이언트 측면의 프로그래밍 작업을 수행한다. HTML과 CSS, JAVASCRIPT/AJAX, JSP, PHP, ASP 등의 코딩 업무를 수행한다.

출처 위키피디아 참고 https://ko.wikipedia.org/wiki/웹_개발자

Host

인터넷 호스트는 고유 IP 주소를 가지고 있는 인터넷에 연결된 하나의 컴퓨터를 말하며, 호스트 컴퓨터는 정보처리 시스템에서 중심적인 역할을 담당하는 범용 컴퓨터를 말한다.

출처 도서 『웹 기획 & 웹 프로젝트 매니지먼트』(영진닷컴, 2002, 절판)

IDC(Internet Data Center)

대용량의 인터넷 전용선(주로 백본)을 설치하고, 많은 서버를 동시에 관리할 수 있는 곳을 말한다. 인터넷 이용자는 빠르게 사이트에 접속할 수 있으며, 운영자의 입장에서는 회선에 대한 관리나, 보안, 정전 등에 대해 자유로워질 수 있다.

출처 도서 『웹 기획 & 웹 프로젝트 매니지먼트』(영진닷컴, 2002, 절판)

IP 주소(Internet Protocol Address)

인터넷에 연결된 컴퓨터에 부여되는 고유의 식별 주소다. 인터넷 연결을 위해서는 정보를 주고받는 상대 간의 약속이 필요한데 이를 인터넷 프로토콜(IP)이라고 한다.

출처 네이버 지식백과(한경 경제용어사전)
http://terms.naver.com/entry.nhn?docId=2079754&cid=50305&categoryId=50305

Java

인터넷 사용에 적합하도록 만들어 주는 여러 가지의 특성을 가진 범용 웹 프로그래밍 언어이다. 확장성과 호환성이 뛰어나 ASP, PHP와 더불어 가장 많이 사용되는 웹 프로그램 언어 중의 하나이다.

출처 도서 『웹 기획 & 웹 프로젝트 매니지먼트』(영진닷컴, 2002, 절판)

JavaScript

넷스케이프에 의해 개발된 스크립트형 언어로 HTML 소스 코드에 삽입되어 다이나믹한 웹 페이지를 만들 수 있으며, 브라우저에서 실행되는 언어이다.

출처 도서 『웹 기획 & 웹 프로젝트 매니지먼트』(영진닷컴, 2002, 절판)

jQuery

제이쿼리는 브라우저 호환성이 있는 HTML 속 자바 스크립트 라이브러리이며 클라이언트 사이드 스크립트 언어를 단순화할 수 있도록 설계되었다. jQuery는 오늘날 가장 인기 있는 자바스크립트 라이브러리 중 하나이다.

출처 위키피디아 https://ko.wikipedia.org/wiki/JQuery

JSP(JavaServer Pages)

HTML 내에 자바 코드를 삽입하여 웹 서버에서 동적으로 웹 페이지를 생성하여 웹 브라우저에 돌려주는 언어이다. 보안이 좋아 대다수의 공공 기관에서 채택하여 사용한다.

출처 위키피디아 참고 https://ko.wikipedia.org/wiki/자바서버_페이지

Linux(리눅스)

유닉스 기반의 운영 체제로 소스가 공개되어 여러 사람이 동시에 개발 및 업데이트를 하고 있다. 공개 프로젝트로 진행하는 관계로 무료로 제공되며, 현재 가장 많은 웹 서버의 운영 체제로 사용되고 있다.

출처 도서 『웹 기획 & 웹 프로젝트 매니지먼트』(영진닷컴, 2002, 절판)

MS-SQL

마이크로소프트사에서 출시된 관계형 데이터베이스 서버 프로그램이다.

출처 도서 『웹 기획 & 웹 프로젝트 매니지먼트』(영진닷컴, 2002, 절판)

My-SQL

공개된 무료 관계형 데이터베이스 서버 프로그램으로 상용 서비스 못지않은 성능을 가지고 있는 것이 특징이다. 주로 아파치 웹 서버와 함께 사용된다.

출처 도서 『웹 기획 & 웹 프로젝트 매니지먼트』(영진닷컴, 2002, 절판)

Parsing

언어 해석기인 컴파일러 또는 인터프리터가 프로그램을 이해하여 기계어로 번역하는 과정의 한 단계로, 각 문장의 문법적인 구성 또는 구문을 분석하는 과정을 말한다.

출처 네이버 지식백과(IT용어사전)
http://terms.naver.com/entry.nhn?docId=849813&cid=42346&categoryId=42346

PHP(Hypertext Preprocessor)

HTML에 포함되어 동작하는 스크립트 언어로 별도의 실행 파일을 만들 필요 없이 HTML 문서 안에 직접 포함시켜 사용하며, C, 자바, 펄 언어 등에서 많은 문장 형식을 준용하고 있어 동적인 웹 문서를 빠르고 쉽게 작성할 수 있다.

출처 네이버 지식백과(IT용어사전)
http://terms.naver.com/entry.nhn?docId=858169&cid=42346&categoryId=42346

Server

클라이언트에 네트워크상의 서비스를 해 주는 컴퓨터 및 프로그램이다. 최근의 인터넷은 쌍방향으로 진행이 되므로 어떤 쪽이 서버인지를 판단하기가 힘든 경우도 발생하고 있으나, 기본적인 개념은 서비스하는 쪽이 서버이며, 서비스를 받고 요청하는 쪽이 클라이언트이다.

출처 도서 『웹 기획 & 웹 프로젝트 매니지먼트』(영진닷컴, 2002, 절판)

SSL(Secure Sockets Layer)

인터넷을 통해 은밀한 문서를 전송하기 위해 Netscape사가 개발한 프로토콜로, SSL 연결을 통해 전송될 데이터를 암호화하기 위해 비밀키를 사용함으로써 동작하게 된다. 주로 신용카드번호 같은 보안이 필요한 사용자 정보를 전송하는 데 사용한다.

> 출처 도서 『웹 기획 & 웹 프로젝트 매니지먼트』(영진닷컴, 2002, 절판)

SSO(Single Sign-On)

하나의 아이디로 여러 사이트를 이용할 수 있는 시스템으로 'Single Sign On'의 첫 글자를 따서 SSO라고도 한다. 여러 개의 사이트를 운영하는 대기업이나 인터넷 관련 기업이 각각의 회원을 통합 관리할 필요성이 생김에 따라 개발된 방식이다.

> 출처 네이버 지식백과(두산백과)
> http://terms.naver.com/entry.nhn?docId=1221151&cid=40942&categoryId=32828

SQL(Structured Query Language)

관계형 데이터베이스 관리 시스템(RDBMS)의 데이터를 관리하기 위해 설계된 특수 목적의 프로그래밍 언어이다. 자료의 검색과 관리, 데이터베이스 스키마 생성과 수정, 데이터베이스 객체 접근 조정 관리를 위해 고안되었다.

> 출처 위키피디아 참고 https://ko.wikipedia.org/wiki/SQL

UNIX

컴퓨터 운영 체제 중의 하나로 여러 사람이 동시에 사용할 수 있도록 설계되어 있으며, 인터넷 서버 운영 체제로 가장 오래되고, 안정성이 확보된 운영 체제로 인정받고 있다.

> 출처 도서 『웹 기획 & 웹 프로젝트 매니지먼트』(영진닷컴, 2002, 절판)

Web Hosting

대형 통신업체나 전문회사가 자신들의 웹 서버를 개인 또는 개별업체에 제공하거나 임대해 주는 서비스를 말한다.

> 출처 네이버 지식백과(두산백과)
> http://terms.naver.com/entry.nhn?docId=1220800&cid=40942&categoryId=31851

Web Server

웹에 항상 접속되어 있는 서버로 인터넷 서버 또는 웹 서버라고도 한다. 대표적인 웹 서버로는 아파치(Apache)와 인터넷 정보 서버(IIS), 엔터프라이즈 서버 등이 있다.

> 출처 네이버 지식백과(용어해설, IT용어사전)
> http://terms.naver.com/entry.nhn?docId=1586213&cid=50372&categoryId=50372
> http://terms.naver.com/entry.nhn?docId=855038&cid=42346&categoryId=42346

XML(eXtensible Markup Language)

기존의 고정된 태그로 되어 있는 HTML의 단점을 극복하고, 개발자가 임의로 자신만의 특정한 태그를 만들어 사용하여, 구조적인 문서를 만들 수 있도록 하는 언어를 말한다.

암호화, 복호화(Encryption, Decryption)

허가된 자를 제외하고 제삼자는 읽을 수 없도록 평문(Plaintext)을 부호화하여 암호문(Ciphertext)으로 만드는 것을 암호화라고 하고 암호문을 평문으로 역 부호화하는 것을 복호화라고 한다. 암호화와 복호화를 위해 일반적으로 비밀키를 이용한다.

출처 　네이버 지식백과(저작권 기술 용어사전)

　　　http://terms.naver.com/entry.nhn?docId=2075794&cid=42386&categoryId=42386

6_ 참고자료

- **PXD 블로그** … http://pxd.co.kr/#blog
- **thankee 블로그** … http://thankee.tistory.com/
- **네이버 지식백과** … http://terms.naver.com/
- **네이버 광고 용어 사전** … http://saedu.naver.com/dic/index.nhn
- **스타트업 리포트 블로그(IT 뉴스 블로그)** … http://blog.naver.com/gimnryustart
- **아웃스탠딩(IT 뉴스 블로그)** … http://outstanding.kr/
- **위키피디아** … https://ko.wikipedia.org/
- **『웹 기획 & 웹 프로젝트 매니지먼트』(영진닷컴, 2002, 절판)**
- **〈웹만사〉 네이버 카페 용어사전** … http://cafe.naver.com/netmaru/
- **플래텀(IT 뉴스 사이트)** … http://www.platum.kr/
- **블로터(IT 뉴스 사이트)** … https://www.bloter.net/

3명의 기획자가 들려주는
웹&모바일 기획의 기초와 기획력 있는 기획자로 살아가는 노하우

태생부터 훌륭한 기획자란 없다.

기획력은 몸에 새기고 태어나는 것이 아니라 호기심과 관심에서 나온다.

이 책에서는 그 누구도 이야기해주지 않았던 기본의 중요성과

초보 기획자가 겪는 어려움을 짚어 술술 풀어준다.

정가 **28,000원**

이 책의 내용

- 경험 기반의 기획 방법론과 기획의 업무 역량을 키워주는 실무 적용 사례
- 트렌드를 뛰어넘는 기획자의 생생한 현장 노하우
- 서비스 분야별 웹사이트 기획 팁

웹 기획 / 모바일 기획

ISBN 978-89-6848-299-1

93000

9 788968 482991